Comunicación plurilingüe en la educación: una aproximación etnográfica de la intercomprensión en ambientes universitarios

Ángela Erazo Muñoz

Blue Mounds, Wisconsin, USA

> **Deep Institute Online !**
> **www.deepinstitute.net**
> **www.deepapproach.com**
> Certificate in Deep Education

Copyright © 2020 by *Deep Education Press*

A subsidiary of Deep University Inc., Wisconsin, USA

Member of Independent Book Publishers Association (IBPA)

All rights reserved. Permission is granted to copy or reprint portions up to 5% of the book for noncommercial use, except they may not be posted online without written permission from the publisher.

For permissions, contact: publisher@deepeducationpress.org

ISBN   978-1-939755-47-6 (Paperback)

Library of Congress Cataloguing-in-Publication Data

1. Bilingual Education, Intercomprehension, Multilingualism, Language Education Policies, Ethnolinguistic

Palabras claves: intercomprensión, plurilingüismo, educación bi/plurilingüe, políticas del lenguaje, etnolingüística

Público: docentes, investigadores, estudiantes y gestores educativos

Foto de carátula: Carlos Andrés Varela; Dibujo carátula (verso) e interior: Valdilena Rammé

índice

Abreviaturas	6
Agradecimientos	9
Resumen	10
Prólogo	11
Introducción	15
Problemática y justificativa	18

Parte I Encuentros interdisciplinares y plurilingües — 26

1. Sociolingüística de encuentros interdisciplinares y plurilingües	28
1.1 La sociolingüística y etnolingüística en las ciencias del lenguaje	28
1.2 Contacto de lenguas y sociolingüística de contacto	39
1.2.1 Contacto de culturas y relaciones interculturales	41
1.2.2 Modalidades geográficas y demográficas de contacto: migraciones e identidades	44
1.3 Lenguas en contacto, fenómenos lingüísticos y didáctica de lenguas	48
1.3.1 Marcas transcódicas, alternancias e inferencias	51
1.3.2 Conversación exolingüe / endolingüe	57
2. Perspectivas plurilingües en educación	64
2.1 Bilingüismo, plurilingüismo y multilingüismo	64
2.2 Ejemplos y perspectivas de educación bi/plurilingüe	72
2.3 Didáctica del plurilingüismo	79
3. Intercomprensión	83
3.1 Principios generales de la intercomprensión	84
3.2 Intercomprensión y universidades latinoamericanas	87
3.2.1 Universidades argentinas	88
3.2.2 Universidades chilenas	90
3.2.3 Universidades brasileñas	92

Parte II Etnográfica al interior de una comunidd académica plurilingüe: contexto y metodología — 96

4. Presentación de la Universidad Federal de Integración Latinoamericana	97
4.1 El Mercosur y la Universidad Latinoamericana	99
4.2 UNILA: Proceso histórico de formación, vocación, objetivos y misión	106
4.3 Bilingüismo, integración e interdisciplinariedad: los pilares de la UNILA	111

4.4 Organización institucional actual: localización geográfica, población y distribución académica — 118
5. Planteamientos previos metodológicos — 130
5.1 Elección del enfoque de investigación: metodología cualitativa en las ciencias del lenguaje — 131
5.2 Aportes del método etnográfico para los estudios lingüísticos y educativos — 137
5.3 Diseño metodológico: procedimientos, técnicas, herramientas de recolección de datos y de análisis — 145
5.3.1 Antes de ir al escenario: observación empírica, encuentros y bibliografía — 146
5.3.2 Al inicio del trabajo de campo: Observación, entrevistas semi-estructuradas y grupos focales. — 150
5.3.3 Al retirarse del escenario: transcripción, anonimato y códigos de identificación — 173

Parte III Intercomprensión académica: aprendizaje y experiencias — **179**

6. Discurso y situación — 182
6.1 Tratamiento de la dimensión narrativa — 182
6.2 Situaciones de aprendizaje y paisaje lingüístico — 186
7. Procedimientos de comunicación y de aprendizaje en el contexto académico — 194
7.1 Las clases bilingües: situación formal y no formal de aprendizaje — 194
7.2 Ciudades de frontera, tránsito de población y moradías estudiantiles: situación informal de aprendizaje — 208
7.3 Convivencia y fenómenos de contacto: identificación y marcas trascódicas — 218
8. Contacto y comunicación: conversación plurilingüe, asimetrías e intercomprensión — 237
8.1 Comunicación bi-plurilíngüe — 239
8.2 Diglosia y asimetrías emergentes en contextos plurilingües — 250
8.3 Prácticas intercomprensivas — 260
Discusiones y conclusiones — 272
Biografía — 289
Referencias — 290
Deep Education Press — 313

Este trabajo, con sus debidas adaptaciones es fruto de la investigación de la tesis doctoral: ***L'intercompréhension dans le contexte plurilingue de l'Université Fédérale de l'intégration Latino-Américaine (UNILA): expériences, contact et interaction plurilingue*** realizada en la Universidad Grenoble Alpes (Francia) bajo la dirección de Christian Degache y co-dirigida por Francisco Carlos Fogaça y sustentada el 06/07/2016. Debido a la naturaleza multilingüe tanto de la investigación como del autor, el recorrido y la lectura por la misma debe realizando en transitando por las lenguas que dieron voz a este trabajo.

Abreviaturas utilizadas

ADDU: Atlas lingüístico diatópico y diastrático del Uruguay
AICLE: Aprendizaje integrado de contenido y lenguas extranjeras
ALFAL: Asociación de Lingüística y Filología de América Latina
ALADI: Asociación Latinoamericana de Integración
AUGM: Asociación de Universidades Grupo Montevideo
BI-UNILA: Biblioteca Latinoamericana de la UNILA
BICS: Basic Interpersonal Communicative Skills y la segunda
CALP: Cognitive-Academic Language Proficiency
CATELAM: Colegio de Cátedras Latinoamericanas
CARAP: Cadre de Référence pour les Approches Plurielles des Langues et des Cultures.
CEDEFOP: Glosario de terminología de la política europea de educación y formación Profesional
CdE: Consejo de Europa (COE: Council of Europe)
CELIN: Centro de Lenguas e Interculturalidad de la Universidad Federal de Paraná
CEPAL: Comisión Económica para América Latina y el Caribe
CI-UNILA: Comissão de Implantação da Universidade Federal da Integração Latino-Americana
CLIL Content and Language Integrated Learning
CNRS: Centre Natinal de Recherche Scientifique- France
CONSULTIN: Consejo Consultivo Latinoamericano
CVC: Centro Virtual Cervantes (Instituto Cervantes)
ELE: Español Lengua Extranjera
EMILE Enseignement de Matières par l´Intégration d´une Langue Étrangère

FOCE:	Fundo de Convergência Estrutural do Ministério da Educação (Brasil)
GFs:	Grupos Focales
IC:	Intercomprensión / intercompréhension / intercompreenção
ICC:	Instituto Caro y Cuervo - Colombia
IMEA:	Instituto Mercosul de Estudos Avançados
ILAACH:	Instituto Latinoamericano de Historia, Arte y Cultura
ILAESP:	Instituto Latinoamericano de Economía, Sociedad y Política
ILACVN:	Instituto Latinoamericano de Ciencias de la Vida y de la Naturaleza
ILATIT:	Instituto Latinoamericano de Tecnologías, Infraestructura y Territorio
LE:	Lengua extranjera
LIDES:	Language Interaction Data Exchange System
L1:	Primera lengua o la primera lengua que aprende un ser humano en su infancia y que normalmente deviene su instrumento natural de pensamiento y comunicación.
L2:	Lengua segunda
L3:	Tercera lengua
MAREP (CARAP):	Marco de Referencia para los Enfoques Plurales de las Lenguas y de las Culturas
MCER:	Marco común europeo de referencia para las lenguas: aprendizaje, enseñanza, evaluación
MEC:	Ministerio de Educación de Brasil
MERCOSUR/ MERCOSUL:	Mercado Común del Sur - Mercado Comun do Sul
NAFTA:	North American Free Trade Agreement
PDI – UNILA:	Plan de Desarrollo Institucional
PPCCE:	Plan Pedagógico del Ciclo Común de Estudios (UNILA)
PROUNI:	Programa Universidad para Todos

PTI:	Parque Tecnológico de ITAIPU
RAE:	Real Academia de la lengua Española
TAL:	Tratamiento Automático de Lenguas
TICE:	Tecnologías de la información y la comunicación aplicadas a la enseñanza
UDUAL:	Unión de Universidades de América Latina
UDELAR:	Universidad de la República (Uruguay)
UFPR:	Universidad Federal de Paraná
UFRN:	Universidad de Rio Grande do Norte
UNASUR:	Unión de Naciones Suramericanas
UNC:	Universidad Nacional de Cordoba
UNILA:	Universidad Federal de Integración Latinoamericana
UNILAB:	Universidade da Integração Internacional da Lusofonia Afro-Brasileira
UNICAMP:	Universidad Estadual de Campinas
UNESCO:	Organización de las Naciones Unidas para la Educación, la Ciencia y la Cultura
UPLA:	Universidad de Playa Ancha
USP:	Universidad de São Paul

Agradecimientos

Quiero expresar mi reconocimiento y el más profundo agradecimiento a todas las personas que desde Europa y América participaron y me acompañaron durante esta etapa tan importante de mi vida, plena de emociones. Este trabajo no solo fue para mí un tema de investigación, sino también, una experiencia personal enriquecedora, desafiante y liberadora, un nuevo reencuentro con los universos de mi continente. A Christian Degache, mi director de tesis, por acompañarme en esta aventura. A los miembros del tribunal de mi tesis: Francisco Calvo del Olmo, Francisco Carlos Fogaça, Laurent Gajo, Philippe Blanchet, les agradezco por sus valiosos aportes, comentarios y el tiempo dedicado, Merci Beaucoup! A los profesores y profesoras Zahyra Camargo, Graciela Uribe, Mariela Muñoz, Angelita Martins, Janine Jacob, Enrique Hamel, Pierre Escudé, quienes enriquecieron sustancialmente mi trabajo de investigación. A la comunidad de estudiantes, técnicos y docentes de la UNILA que hicieron posible la realización de este trabajo. De igual manera, doy las gracias a toda la familia extendida de colegas y amigos que trabajan con la temática de la intercomprensión. A los editores, revisores, colaboradores, correctores, diseñadores/as y todas las manos generosas que ayudaron y estuvieron presentes en todo el proceso de creación de esta publicación: Isabelle, François, Paco, Daniel, Carlos Andrés, Valdilena, Dina, Thank you! A mi familia, amigos y compañeros quienes me estimularon constantemente y expresaron siempre su cariño. ¡Gracias! Obrigada!

Resumen

Las directrices y modelos de educación desempeñan un papel fundamental en la difusión del plurilingüismo y contribuyen en los procesos de integración y movilidad académica, promoviendo el contacto entre saberes, idiomas y culturas. El presente trabajo es producto de una investigación de cuño etnográfico que plantea explorar y describir ciertas prácticas lingüísticas emergentes en un espacio académico multilingüe y de contacto lingüístico, localizado en el corazón de Suramérica, más precisamente en la frontera entre Argentina, Brasil y Paraguay. De este modo, por medio de un enfoque cualitativo, indagamos aspectos relacionados con las situaciones en las que los intercambios lingüísticos y comunicativos se manifiestan dentro de una institución universitaria que toma el bilingüismo como una herramienta para la integración cultural e intelectual de su comunidad académica. Así, a través de una lectura comparada entre la documentación oficial y las prácticas observadas tejimos un panorama sobre la situación lingüística de la institución. El interés por llevar a cabo un estudio etnosociolingüístico en una institución universitaria y fronteriza se debe al carácter inédito de un proyecto académico en el cual la instrucción se realiza en español y portugués. Este contexto permite a sus miembros el acceso a un entorno en donde el cuerpo universitario debe convivir y llevar procesos de aprendizaje en una lengua extranjera, permeados por diversas culturas académicas, lo cual ofreció un terreno fértil de observación, reflexión y análisis de una amalgama de prácticas comunicativas plurilingües y de intercomprensión académica.

Prólogo

Francisco Calvo del Olmo
francisco.olmo@ufpr.br
Universidade Federal do Paraná

El libro que tienen en sus manos recoge y sintetiza los resultados de la tesis de doctorado que la profesora Ángela Erazo Muñoz defendió en la Universidad Grenoble-Alpes (UGA), Francia, en 2016. Tuve el placer de seguir la investigación a lo largo de su desarrollo y de participar en el jurado que la evaluó; ahora me ha sido otorgado el honor de prologar este libro presentando algunos aspectos que, desde mi punto de vista, destacan en el conjunto general de la obra.

Antes de nada, es necesario recordar el foco central de su trabajo, estamos hablando de una investigación de campo que asume una perspectiva etnográfica para trazar las coordenadas de una comunidad plurilingüe y multicultural formada por el cuerpo de estudiantes y docentes de la Universidad Federal para la Integración Latino-Americana (UNILA). Dicha institución se fundó en el 2010 respondiendo a las políticas de integración del MERCOSUR y fijó su sede en la ciudad brasileña de Foz do Iguaçu, en el Estado de Paraná, adscrita a la región de la triple frontera de Brasil con Argentina y Paraguay, muy cerca de las famosas Cataratas del Iguazú. Un entorno ciertamente privilegiado para abordar cuestiones referentes a las lenguas y a las culturas de contacto pero también enormemente complejo. Ante ese cuadro general, la autora se propuso desde el primer momento dialogar con los pilares que sustentan el proyecto de la UNILA; es decir, el bilingüismo (portugués y español) y la interdisciplinariedad entre los institutos (equivalentes a las facultades) que integran la institución. Ambos principios condensan propuestas políticas bastante ambiciosas en lo relativo a la gestión académica.

Al adentrarnos en la lectura del libro, lo primero que llama nuestra atención es la originalidad y la pertinencia del trabajo que establece los diferentes actores y las situaciones en las que ellos hacen uso de sus repertorios lingüísticos dentro de una dimensión longitudinal. Tarea ardua que la autora desarrolla con meticuloso cuidado trazando el perfil de cada idioma, español y portugués, e ilustrando las posibilidades de intercomprensión entre estas dos lenguas románicas en contacto a lo largo de las vastísimas fronteras de Brasil con sus vecinos hispanohablantes en América del Sur. Así mismo, al colocar la construcción y la manutención del multilingüismo en el centro del debate, el estudio se opone a la lógica monolingüe que habitualmente prevalece en contextos formales y académicos y destaca una cierta contradicción entre prácticas y discursos: oficialmente la UNILA es bilingüe, pero está espacial y políticamente adscrita a un país determinado, a Brasil. De este modo, la profesora Erazo Muñoz examina a lo largo de las páginas de su estudio los obstáculos y las posibilidades de la institución a la hora de definir, implementar y velar por una política lingüística que realmente haga del bilingüismo portugués-español un instrumento clave para la integración cultural y la construcción de una comunidad académica. En ese sentido, me gustaría resaltar la pertinencia del concepto de intercomprensión y de las prácticas exolingües realizadas tanto en la capacitación como en las interacciones formales e informales. En tal contexto, extremadamente fértil, la intercomprensión es una clave que permite que los varios actores se expresen en la lengua de su preferencia y negocien los significados. De igual manera, los datos que aquí se recogen nos sugieren un riquísimo sistema de variación tanto en el portugués, practicado por la comunidad lusófona procedente de varios Estados brasileños, como en las variedades del español, igualmente diversas por la procedencia de los estudiantes y docentes hispanoamericanos. La alternancia de códigos, el uso social de variedades adquiridas, las marcas translingüísticas como evidencia de un proceso de hibridismo cultural y lingüístico, la convivencia entre registros formales e informales y la presencia de lenguas indígenas (guaraní, quechua, aimará entre otras) completan el paisaje lingüístico observado.

Los resultados de la investigación revelan las formas en que dichas prácticas multilingües se manifiestan de manera espontánea y nos permiten conocer los metadiscursos formulados por sus propios usuarios. Sin embargo, la autora también constata que la indeterminación y la falta de guías específicas para los diferentes categorias (estudiantes, profesoras/es así como para el cuerpo técnico) puede terminar frustrando este escenario a priori propicio y acabar imponiendo el monolingüismo en portugués brasileño que, en todo caso, continúa ocupando una posición hegemónica. Por ello, determinados pasajes del libro se dedican a examinar las asimetrías de poder dentro de la institución y su traducción en términos lingüísticos y discursivos; quien puede o no hablar y cómo debe o no debe hacerlo. De este modo, se revelan dos dinámicas glotopolíticas complementarias y, al mismo tiempo, contradictorias, consecuencia del *laissez faire* sociolingüístico, didáctico y normativo de la institución. El examen sobre todas estas cuestiones resulta de indudable interés para pensar las políticas lingüísticas vigentes no solo en la UNILA sino en otras instituciones universitarias; aun más en un momento en el que la palabra "internacionalización", y consecuentemente plurilingüismo, está a la orden del día.

En relación a los aspectos formales, la investigación logra articular el estudio de campo con las bases teorías. La autora realiza una revisión bibliográfica coherente y completa presentando de forma flexible fuentes en español, francés, inglés y portugués; las cuales pueden ser consultadas en las referencias bibliográficas. Así, va desgranando lecturas que abarcan desde la sociolingüística y la enseñanza de lenguas, hasta la antropología y la lingüística románica. En la parte metodológica, destaca, una vez más, la propuesta etnográfica de la investigación pues consigue articular un dispositivo que incluye el estudio de los documentos oficiales que fundan la institución, la observación de las interacciones ordinarias y las declaraciones recogidas en las entrevistas semiestructuradas y en los grupos focales. Los datos generados son debidamente respondidos en la parte del análisis. Todo ello escrito con un estilo dinámico y claro que facilita la lectura tanto para el público especializado como para aquellas personas que quieran adentrarse en esta área.

Para terminar la breve presentación que me ha sido encargada, deseo poner el foco en la elección de una visión más social y de contenido (en lugar de predominantemente lingüístico) a lo largo de toda la investigación. Ello se justifica por la complejidad del contexto, que un análisis puramente lingüístico no atendería. Debo subrayar también la naturaleza historiográfica del presente trabajo ya que realiza una radiografía de las prácticas lingüísticas de una comunidad en formación, de la que la propia autora formaba parte ya que, mientras desarrollaba su investigación, trabajó como profesora de español visitante y, más tarde, como profesora asistente, miembro permanente de plantilla docente de la UNILA. Dos facetas que fue necesario integrar como observadora de esta realidad y como actriz llamada a interactuar en dicha dinámica. Esto a mi juicio, es un ejemplo de lo que debe o puede ser la investigación en las áreas de las humanidades, una forma de hacer investigación que no se aísla de la realidad que se propone describir sino que se desarrolla sobre el terreno, desde dentro; una postura *engagée* de compromiso con lo social y lo político. Un trabajo que, en definitiva, inspirará otras investigaciones que compartan el objetivo de tender puentes de comunicación entre colectivos y pueblos. *Boa leitura!*

Introducción

El plurilingüismo, así como la diversidad lingüística, es, sin duda, un hecho común, universalmente compartido; no es una excepción a la regla, ni un don o hecho sobrenatural, contrariamente a lo que muchos imaginan, es un fenómeno más cercano a la normalidad, según lo expresan autores de gran renombre, entre ellos, Calvet (2001), Lüdi y Py (2003), quienes han demostrado con sus estudios que más de la mitad de la humanidad es plurilingüe o vive en un ambiente multilingüe. Sin embargo, no debemos olvidar que "On ne naît ni plurilingue ni monolingue (...) Chacun doit donc être éduqué pour pouvoir partager et apprécier un mode de parler et d'agir ensemble" (Dahlet, 2011, p.47). La educación y los modelos educativos juegan un papel fundamental, tanto en la difusión del plurilingüismo, como en la promoción del aprendizaje de lenguas con el fin de contribuir a la integración regional, la movilidad académica y el contacto entre lenguas y culturas.

No es sorprendente observar que, en la era de la globalización, las lenguas juegan un papel esencial en el nuevo orden mundial multipolar: "Language plays a vital role in today's globalized world, and it is more important than ever in education" (García, 2011, p.31). Así, dentro de este nuevo orden, la influencia de los países emergentes rompe con la hegemonía de un modelo monolingüe y traza nuevas formas de pluralismo cultural y lingüístico, en el que la educación emerge como un vector y mediador importante dentro de esta dinámica.

El contexto latinoamericano, a pesar de sus particularidades, no escapa a esta dinámica y se torna actor de estas transformaciones. América Latina presenta, por un lado, un espacio forjado bajo la idea de una cierta unidad lingüística, adoptando las lenguas heredadas de la colonización como lenguas oficiales, que en parte ha permitido una generar una identificación colectiva y una cohesión entre los diversos pueblos que lo conforman. Por otro lado, este continente está, igualmente, caracterizado por la enorme variedad lingüística. Los debates contemporáneos, en el ámbito de la integración regional, apuntan cada vez más a la necesidad de establecer programas de educación bilingüe e intercultural. En Colombia se refleja, por ejemplo, con el Plan Nacional de Bilingüismo 2004-2019, como estrategia para la competitividad y garantía para acuerdos internacionales. Bolivia, en el año 2009, se declara Estado Plurinacional (Ministerio de la Presidencia de Bolivia, 2009). Así mismo, se constata una amplia oferta de enseñanza del español y del portugués, en países como Argentina, Uruguay y Brasil, con el propósito de consolidar las lenguas del Mercado Común del Sur- MERCOSUR (De Castilho, 2008, p.142). Es de notar que el plurilingüismo y, por ende, los estudios en torno a esta temática (lenguas en contacto, bi-plurilingüismo, interacciones plurilingües, interculturalidad) ya están presentes, desde hace varios años, en los debates e investigaciones.

Sin embargo, entender las dinámicas de este fenómeno no parece una tarea fácil, tanto para la sociedad como para los propios gobiernos (actores sociales e instituciones), ya que es un real desafío, pues las mismas percepciones de esta noción continúan siendo polisémicas y generan una serie de expectativas o interpretaciones muchas veces contradictorias, como describe Borel (2012):

> *Dès lors, le plurilinguisme nous apparait comme un enjeu en soi, un capital à apprivoiser comme tel, observable de manière synoptique ou différée, et ancré dans une conception résolument opposée à la vision monolithique et cumulative qui tend à caractériser un individu en vertu de ses compétences de « parfait plurilingue » idéal pourtant jamais atteint (p.15).*

Así, dentro de esta temática, el presente estudio, en el área de las ciencias del lenguaje, es el resultado de una investigación cualitativa, desde una perspectiva etnográfica, efectuada en la Universidad Federal de Integración Latinoamericana UNILA – Brasil. Esta universidad tiene la particularidad de ser un proyecto innovador bilingüe español / portugués, en el continente; y tal como declara en su proyecto pedagógico (Universidad Federal de Integración Latinoamericana, [UNILA], 2013a), el objetivo es el de transformar el bilingüismo en una herramienta para la integración cultural e intelectual de la comunidad académica. Esta investigación buscó explorar, observar y tratar una serie de experiencias y de situaciones comunicativas donde los estudiantes relataron los procedimientos y estrategias de comprensión plurilingüe en el contexto académico y lingüístico que propone la UNILA.

El presente trabajo consta de las siguientes partes partes:

Introducción, problemática y justificativa, encaminada a exponer el problema de la investigación. Comenzaremos por señalar las motivaciones, a través de una trayectoria personal y académica que condujeron esta elección, además de los objetivos de la misma.

La primera parte corresponde al marco teórico, en el que indicaremos y discutiremos acerca del estado del arte, los fundamentos teóricos, los autores y los conceptos de referencia que forjan la base de nuestro análisis. Partiremos de temas generales y amplios como las ciencias del lenguaje, la sociolingüística y la etnolingüística, para poco a poco entrar en las corrientes especializadas que nos permitieron abordar y tratar teóricamente nuestro objeto de estudio como la sociolingüística de contacto, el plurilingüismo y la intercomprensión.

La segunda parte está dedicada a la presentación del contexto y al marco metodológico. Presentamos el lugar escogido como campo de estudio y observación de nuestro trabajo: La Universidad Federal de Integración Latinoamericana. Para comprender este contexto particular de educación superior, señalamos las características socio-geográficas, históricas e ideológicas de la institución. Una vez abordado el contexto, presentamos las ventajas de la metodología cualitativa para un estudio etno-socio lingüístico. Indicamos los instrumentos y técnicas de recolección de datos. Y, para finalizar, describimos el proceso realizado considerando los límites y las condiciones en las cuales desarrollamos esta etapa de la investigación.

En la tercera parte comenzamos por explicar el proceso de tratamiento de los datos dentro de la dimensión narrativa. A partir de los datos, analizamos los procedimientos de comunicación y de aprendizaje en contexto académico. Para terminar, observamos el papel de la intercomprensión plurilingüe y del contacto como forma de comunicación y su potencial didáctico en el contexto universitario, partiendo de la experiencia narrada y de las actividades lingüísticas.

Conclusiones y discusiones en esta parte realizamos una síntesis de los elementos observados y de las discusiones que surgen de esta experiencia de educación universitaria bi-plurilingüe. Además, discutiremos cómo esta experiencia se implanta en perspectivas en el contexto de la educación global y los espacios de integración regional.

Esta investigación, a pesar de ser presentada por una sola persona, es fruto de un trabajo colectivo, de una pluralidad de voces que contribuyeron con el mismo; de ahí, la motivación principal para utilizar la primera persona del plural, "nosotros" mayestático; no obstante, en algunas ocasiones se recurre a la utilización del "yo" en el caso de las reflexiones y relatos personales.

Problemática y justificativa

El interés por centrar nuestro foco de estudio, en una situación de comunicación y contacto con un ambiente académico en América Latina, tuvo como punto de partida la observación de una cierta realidad general –el multilingüismo y el contacto humano– presente en toda sociedad. Sin embargo, la elección de este tema fue motivada por una situación personal y por una serie de experiencias anteriores, que contribuyeron a la elección del mismo. Por un lado, haber crecido en Colombia, un país reconocido por la última constitución como plurilingüe y multicultural[1], y en América Latina, me llevó a ser consciente de la diversidad lingüística y, particularmente, a fascinarme con la diversidad dentro de la lengua española. Por otro lado, mi experiencia de vida y mis estudios en Europa, me confrontaron constantemente con el multilingüismo, no solamente dentro de una universidad que recibe un gran número de estudiantes extranjeros, como en el caso de la Universidad de Estrasburgo, sino también, en la misma ciudad de Estrasburgo, localizada en la frontera franco-alemana. Fueron estas experiencias las que me motivaron para la elaboración de un primer trabajo práctico y teórico sobre la intercomprensión a través del teatro (Erazo-Munoz y Munoz-Burgos, 2013).

Por otro lado, tuve una experiencia específica que llamó mi atención, durante el Congreso Internacional de la Asociación de Lingüística y Filología de América Latina, (ALFAL) en 2011, 2014, 2017, cuyas lenguas oficiales eran el portugués y el español. En los eventos tuve la posibilidad de observar algunas dinámicas de incomprensión y comprensión dadas en estas situaciones. Esta corta experiencia me puso de nuevo a reflexionar sobre las dificultades que pueden presentarse, en cuanto a la comunicación dentro de un ambiente internacional, bilingüe/plurilingüe, y más aún, cuando se establecen varias lenguas de comunicación y no

---

[1] Según el artículo 10 de la Constitución colombiana de 1991 (modificada en 2001), declara: Artículo 10. El castellano es el idioma oficial de Colombia. Las lenguas y dialectos de los grupos étnicos son también oficiales en sus territorios. La enseñanza que se imparta en las comunidades con tradiciones lingüísticas propias será bilingüe.
http://www.corteconstitucional.gov.co/inicio/Constitucion%20politica%20de%20Colombia.pdf

una sola. También pude percibir cómo la comunicación entre hablantes de lenguas tan similares, con elementos culturales compartidos, pueden llegar a producir situaciones bastante diversas que bien facilitan o simplemente bloquean el contacto, la comprensión y, por ende, la comunicación.

Luego de vivir la experiencia del curso de intercomprensión me sentí muy atraída por las posibilidades que esta práctica ofrece, de tal manera que hubo una reflexión profunda frente al contacto entre estas dos comunidades lingüísticas y de cómo la integración podría facilitarse a través de ella. Así, la observación empírica de esta situación de contacto internacional, académico y plurilingüe, además de la asistencia al congreso ALFAL 2011, me motivaron para comenzar a elaborar una reflexión teórica a partir de un hecho real. Con base en lo anterior, surgieron muchas preguntas:

¿Cómo lograr una comprensión común y un entendimiento mutuo en un contexto multilingüe académico?, ¿Cómo asegurar la efectividad de la comunicación en un espacio de investigación, estudio y aprendizaje?, ¿Que situaciones de comunicación y contacto emergen en estos contextos?

Dentro de las posibilidades de espacios de observación para hacer un estudio que se adapte a universos académicos, me llamaron la atención las propuestas educativas y de universidades bilingües o plurilingües, ya que, por ejemplo, en congresos, encuentros o eventos, las posibilidades de observación y de trabajos se condicionan a un tiempo corto y al hecho de que sus participantes no están en su espacio cotidiano de trabajo y estudio, sino en una situación que puede llegar a ser, en muchos casos, atípica o provisoria.

Por otro lado, haciendo un recorrido por los espacios universitarios, resurgió el debate sobre las recientes universidades temáticas de Brasil, los proyectos educativos de Ecuador y México y, una serie de propuestas innovadoras y prometedoras que despertaron mi curiosidad e interés, hacia una búsqueda exploratoria que no solo se limitó al espacio latinoamericano, pues las propuestas de universidades bi/ multi/plurilingües son diversas. En todo caso, el multilingüismo en la universidad, es una realidad de muchas instituciones de educación superior como lo muestran los trabajos de Billiez (1998) y Coste (2005). Países como Luxemburgo, Suiza, Noruega, España, Túnez, Canadá, México, han implantado modelos de educación superior en lenguas extranjeras, segundas o minoritarias.

Considerando que sería demasiado ambicioso abarcar todas las cuestiones relativas a la comunicación y a las políticas lingüísticas dentro de un espacio tan amplio como el MERCOSUR, este estudio se limitó, por ello, a un contexto específico, multilingüe y académico, en el que se evidencia la necesidad de la comunicación y de la comprensión: la Universidad Federal de Integración Latinoamericana. Lo que se propuso para esta investigación fue la descripción de los procesos de comunicación que se han llevado a cabo hasta ahora, en el contexto de la UNILA, mediante un estudio centrado en las experiencias lingüísticas de los estudiantes de este ámbito académico. Estos estudiantes que llegaron a la UNILA, desde diversos ambientes escolares, sociales y culturales, acceden a un entorno en donde se ven enfrentados a convivir, estudiar y llevar procesos de aprendizaje en una lengua extranjera y con culturas académicas diversas, fenómeno que puede ser estudiado a partir de diferentes perspectivas.

Conviene considerar que "cuanto más nos esforzamos por estudiar el bilingüismo, más nos damos cuenta de que existen maneras de vivir el estado de bilingüismo como individuos bilingües [ya que] cuando hablamos de lengua, hablamos de comunicación, de decir cosas, de expresarse" (Abdelilah-Bauer, 2007, p.12). Así, nuestro interés reside en comprender particularmente la pluralidad de sentidos y prácticas que se pueden derivar del fenómeno del bi-plurilingüismo, integrando dentro del mismo, los conceptos de plurilingüismo, contacto lingüístico e intercomprensión, por tratarse, en primer lugar, de una institución declarada oficialmente bilingüe y, en segundo lugar, por las vivencias de los mismos estudiantes. En este sentido, "décrire le bilinguisme suppose ainsi une prise en compte des différents niveaux de manifestations et d'appréhension du phénomène" (Simonin y Wharton, 2013, p.71); por ello, nos proponemos al estudiar los documentos oficiales, analizar las bases sobre las cuales se edifica la denominación de universidad bilingüe y su aplicación. Igualmente, a partir de los relatos de las experiencias, observar cómo se ha aplicado y percibido este ambiente bilingüe, propuesto a los estudiantes en el aspecto colectivo e individual; asimismo, observar el potencial del contacto lingüístico y la intercomprensión como herramientas de apropiación y desarrollo de saberes lingüísticos como no lingüísticos.

La UNILA es una universidad que se construyó sobre tres conceptos básicos: bilingüismo, interdisciplinariedad e integración. En una búsqueda de la frecuencia de la palabra bilingüismo y bilingüe en los dos documentos oficiales sobre las bases y la concepción de la universidad *Unila em Construção*, consulta internacional, Tomo I de 169 páginas y Tomo II de 432 (Instituto Mercosul de Estudos Avançados. Comissão de Implantação da Universidade Federal da Integração Latino-Americana, 2009), la palabra bilingüismo aparece **una** sola vez, y la palabra bilingüe aparece **cinco** veces (en el tomo I) y **seis** veces (en el tomo II); y con respecto a la palabra integración/ integração (- integracionista), esta aparece 216 y 151 veces en los mismos documentos y la palabra interdisciplinariedad, 56 veces en el tomo I y 55 veces en el tomo II.

Evidentemente, no será sólo con base en un análisis de frecuencia léxica que vamos a interpretar el tema; en todo caso, estos elementos nos pusieron frente a un presupuesto que nos proponemos explorar: el hecho de una cierta "ausencia" de directivas o lineamientos que estipulen sobre el uso de las lenguas y su contexto dentro la universidad. Esta situación permitiría al hispanohablante y/o hablante de portugués un margen de libertad para la elección del código lingüístico a utilizar en una u otra circunstancia. De esta manera, el hablante será quien debe buscar y decidir su lugar dentro de la comunicación, incentivando así la generación de interacciones bi- plurilingües y translinguales (García, 2011), con el propósito de potencializar las posibilidades de comprensión mutua y de una autonomía para el aprendizaje a lo largo de la vida. O, por el contrario, el hablante, debido a situaciones externas, se verá obligado a adaptarse a ciertas formas de comunicación, delimitadas por diversas circunstancias: el contexto geográfico, su posición o rol como individuo dentro de la institución, su identidad, las políticas lingüísticas nacionales. En este orden de ideas, consideramos necesario explorar la situación existente para identificar algunos procedimientos y fenómenos lingüísticos, así como evidenciar su impacto. De esta manera, se podría diagnosticar la situación y sugerir algunos lineamientos pedagógico-didácticos.

Para tratar esta problemática nos interrogamos sobre:

Procedimientos: ¿Cuáles son los procedimientos que los estudiantes y los profesores utilizan para comunicarse y entenderse mutuamente, en el entorno bilingüe/multilingüe que propone la UNILA?

Intercomprensión: ¿Cuáles son las posibilidades y limitaciones de la intercomprensión como forma de comunicación dentro de este contexto académico?

Estas son las preguntas que nos proponemos tener en cuenta en el desarrollo de la investigación sobre la intercomprensión como forma de comunicación. Por otra parte, nos cuestionamos si una propuesta pedagógico-didáctica de intercomprensión podría contribuir con el proyecto integracionista y plurilingüe de la UNILA.

Nuestro objetivo general de este trabajo consistió en estudiar la intercomprensión y las interacciones plurilingües como formas de comunicación en el contexto académico de la Universidad Federal de Integración Latinoamericana. Así, desarrollamos los siguientes objetivos específicos:

- **Observar** el uso espontáneo de la intercomprensión en cuanto interacción bi-plurilingüe entre hablantes de diferentes lenguas, dentro del contexto académico de la UNILA.

- **Describir** la situación lingüística de la UNILA, a través de las experiencias narradas por los actores sociales con el fin de proporcionar una imagen global de esta situación.

- **Analizar** los procedimientos de comprensión y comunicación dentro del aula, así como las experiencias de vida de un grupo de estudiantes que ingresaron en la UNILA, en los años 2010-2011-2012 y 2014, desde el reconocimiento de las formas de comunicación empleadas y sus experiencias en este universo académico bilingüe/plurilingüe.

- **Visualizar** las potencialidades y lineamientos pedagógico-didácticos de intercomprensión y del contacto entre lenguas como herramienta de comunicación y adquisición para facilitar la integración de los estudiantes y el acceso a la información académica.

Por ello, nuestra intención fue recurrir a una investigación de carácter etnográfico y cualitativo, centrada en las experiencias lingüísticas y de aprendizaje de los estudiantes de este contexto académico. Como instrumentos de recolección de datos, utilizamos principalmente: la observación participante, la observación en sala de aula, entrevistas semi-dirigidas y grupos focales. Para el análisis de estos datos optamos por una técnica utilizada en ciencias sociales, el análisis de contenido (Bardin, 2013), ya que esta técnica nos permite clasificar, codificar y establecer categorías de análisis de los enunciados u opiniones, considerando la comunicación como un proceso y no como un producto final. Como apunta Bardin en 1977 (citada por Negura, 2006) "il s'agit de repérer les liens pouvant exister entre l'extérieur et le discours, entre les rapports de force et les rapports de sens, entre les conditions de production et le processus de production". Debido a que trabajamos a partir de experiencias, impresiones, opiniones, trataremos de describir, clasificar y analizar los datos, no solo como estructuras sintácticas, sino también como contenidos cargados de sentido e intención.

Esta técnica puede ser utilizada para la verificación de hipótesis, cuestionamientos o afirmaciones provisorias, ya que tiene como objetivo, dar un soporte o justificación a las impresiones, "d'étayer des impressions, des jugements intuitifs" (Bardin, 2013 p.47), que emergen en la comunicación con el fin de obtener por medio de las mismas, operaciones estructuradas, categorizaciones y valiosas observaciones.

Deseamos brindar a nuestros lectores mediante este estudio, un panorama (a varias voces) sobre una de las múltiples experiencias de inclusión y desarrollo de propuestas de educación plurilingüe en el continente latinoamericano. Consideramos que, dentro de una perspectiva de promoción del plurilingüismo, es necesario plantearse el lugar que tiene la enseñanza-aprendizaje de lenguas, los repertorios plurilingües, el contacto lingüístico, con el fin de evaluar su potencial de adquisición de saberes y contenidos.

PARTE I

Encuentros interdisciplinares y plurilingües

Marco Teórico

En esta parte, presentamos una selección de las teorías y conceptos que sirvieron de base para el estudio de la experiencia de comunicación plurilingüe en contextos de aprendizaje académico. Poner en diálogo diversas voces y estudios sobre los fenómenos sociolingüísticos tales como el contacto lingüístico, el bi-plurilingüismo, la educación y la intercomprensión de lenguas próximas, nos permitió construir los cimientos sobre los cuales abordamos nuestro trabajo. Anotamos que, igualmente, para facilitar la lectura y la comprensión de este trabajo, hemos aclarado y desarrollado los términos esenciales y explicaciones teóricas referentes a la metodología cualitativa y al análisis de datos, dentro de la segunda parte: Contexto y Metodología. Del mismo modo, en la tercera parte referente al análisis, se encuentran discutidas y ampliadas las nociones fundamentales para contextualizar, justificar y tejer la relación entre conceptos y la aplicación de los mismos, en el contexto específico de nuestro terreno.

No obstante, frente a la imposibilidad de abarcar un universo tan extenso como el de la sociolingüística, la educación universitaria plurilingüe y la didáctica de las lenguas, proponemos un recorrido general por las corrientes teóricas y algunas nociones que nos permitirán comprender mejor el objeto de nuestro estudio y, por ende, su importancia dentro de la coyuntura actual acerca de la necesidad de implementar propuestas de integración regional, a través de la educación y del reconocimiento de la diversidad lingüística en América Latina. Marcados por una historia de contacto, mestizaje y encuentro entre lenguas y culturas, la reflexión y estudios en las ciencias del lenguaje y en la lingüística aplicada en nuestro continente están determinados, al igual que nuestra historia, por la influencia de escuelas norteamericanas y europeas que, a su vez, introducidas en nuestra realidad y en contacto con las características de la región producen una tonalidad propia y múltiple. Por lo tanto, en este doble trayecto entre lo local y lo global, intentamos enlazar las teorías con el objeto preciso de estudio, así como en relación con las problemáticas del continente.

1
Sociolingüística de encuentros interdisciplinares y plurilingües

1.1 La sociolingüística y etnolingüística en las ciencias del lenguaje

Definir un término referente al estudio de la relación entre lengua y contexto socio-cultural resulta tan denso y extenso como delicado, ya que recorre un terreno fértil y en movimiento, muy rico en número de estudios y publicaciones. Sin entrar en el debate epistemológico ni argumentar sobre el desarrollo de la sociolingüística como una disciplina aparte o como una rama de los estudios del lenguaje y la lingüística, proponemos hacer un recorrido general acerca de este término que, desde finales de los años 1950[2] y, principalmente, desde los años 1960, ha sido tema central de reuniones, congresos e investigaciones en todos los continentes.

Una de las diferencias claves entre la lingüística y la sociolingüística hace parte de su propio campo de estudio: la sociolingüística no solo trabaja con las herramientas

---

[2] En algunos textos como *the handbook of sociolinguistics* (Coulmas, 1998) o en el diccionario de términos ELE de CVC Instituto cervantes, encontramos dentro de las definiciones del término de sociolingüística que uno de los trabajos pioneros en el área se le atribuye a H. C. Currie en 1949 (1971) *Projection of sociolinguistics: the relationship of speech to social status*. Sin embargo, otros textos consultados indican también que el mismo tema ya había sido tratado por el Soviético Baris A Larin, quien en 1928 emplea el término sociología lingüística en su estudio.

metodológicas de la lingüística y de otras áreas, para poder observar y describir una o varias lenguas, sino que también, además del estudio lingüístico, propicia la intervención de otros elementos que sirven para cuestionar el funcionamiento y la manera en que los actores (hablantes) le dan uso a esas lenguas o variantes y dentro de qué circunstancias. De esta forma, la sociolingüística integra otras áreas del conocimiento, encargadas del estudio de los aspectos sociales, culturales, políticos y psicológicos, las cuales permiten, a través de diversas metodologías, describir, entender y analizar la relación entre hablantes, contexto y lenguas, o bien, el uso de la lengua en contextos socio-culturales.

Deseamos proponer aquí un diálogo entre las definiciones seleccionadas, en una forma amplia, acerca de lo que se podría entender como sociolingüística, definiciones estas que nos sirvieron para abordar teóricamente nuestro terreno de investigación, con el soporte de una serie de investigaciones y de autores anglófonos, francófonos, luso e hispano hablantes, ya que como lo indica Bulot y Blanchet (2013): "parce que chaque communauté linguistique a ses propres questionnements, mais encore parce que si on ne se cantonne qu'à la seule dimension francophone, la diversité des approches peut laisser croire à une dilution du champ" (p.6).

La sociolingüística como ciencia que estudia el lenguaje, a partir de su contexto social o sociocultural, puede verse reflejada en los trabajos de estos reconocidos autores (Fishman, 1972; Labov, 2006; Hudson, 1980; Gumperz y Hymes; 1972), para quienes existe una dificultad de concebir el estudio del lenguaje o la lingüística fuera de su contexto social; es decir, que dentro de la misma ciencia del lenguaje, la importancia e interrelación de elementos sociales, culturales, geográficos, demográficos para la comprensión de fenómenos comunicativos, es inherente. Este cuestionamiento e interdisciplinariedad comienza a resaltarse desde los años 1920, principalmente en las áreas de la sociología y la antropología con investigadores de la Escuela de Chicago (Mead, Park) y, posteriormente, en la Micro-sociología y el

Interaccionismo Simbólico (Goffman), así como también de la escuela de Palo Alto (Bateson, Hall). En esta época, emerge la necesidad de recurrir a conceptos y teorías de otras ramas científicas, para acompañar y comprender los procesos sociales y culturales de sociedades urbanas y modernas. Si bien, muchos de estos temas fueron abordados bajo las metodologías cuantitativas como la estadística y los estudios demográficos, lo que significó un avance para los investigadores sobre diversas formas de tratar un sujeto de estudio, otros adoptaron y desarrollaron sus investigaciones a partir de metodologías etnográficas y estudios de caso, que se verán reflejados y aplicados posteriormente en el área de la lingüística y la didáctica de lenguas.

En los trabajos sociológicos (posguerra) conducidos al estudio de fenómenos como la inmigración, los movimientos de población y la sociología urbana, se observa el lugar relevante del lenguaje y de la comunicación y su papel determinante para la comprensión de fenómenos sociales (identidad, delincuencia, medios de comunicación, propaganda política). Así, por ejemplo, en lo que concierne a la sociología urbana, desde los años 1920 Park nos presenta una reflexión sobre la variedad de enfoques posibles para abordar fenómenos urbanos desde su contexto, al considerar la ciudad como un laboratorio social. Park estudia cómo los fenómenos de la inmigración modifican el paisaje urbano y, en consecuencia, las formas de comunicación e identificación que vienen a ser el reflejo de estos cambios (Guth, 2012); evidentemente, desde la perspectiva más sociológica que propiamente lingüística.

Aunque muchos de estos estudios sociológicos no son considerados propios del área de la lingüística, es interesante ver que tanto en la Escuela de Chicago[3], y (posteriormente) en Palo

---

[3] Precisamos y enfatizamos que entre las diferentes escuelas, corrientes, autores e investigaciones que abarcan las temáticas trabajadas en nuestra investigación, sólo nos referimos en este marco teórico a aquellos que inspiraron, nutrieron por medio de la bibliografía y encuentros académicos (seminarios, clases, congresos) nuestra reflexión. La selección limitada que hicimos, no significa el desconocimiento de otras

alto, el lenguaje (verbal y no verbal), las variaciones lingüísticas, las lenguas en contacto minoritarias o de herencia, son evocadas como elementos importantes para la comprensión de lo social, en un mundo moderno que comienza a emerger, dentro de un contexto histórico preciso (industrialización, guerras y posguerras), a través del contacto y del movimiento de población. Como consecuencia de estos movimientos, Labov, por ejemplo, realiza un trabajo sobre las variaciones del inglés en los barrios de Nueva York y lo describe en *The Social Stratification of English in New York City* (Labov, 2006). Este tipo de trabajos, así como los de Park, Goffman y Labov, evidencia la riqueza y las posibilidades de explorar en la ciudad, a partir nuevos recursos y metodologías como la etnometodología o metodologías mixtas (cualitativas y cuantitativas).

Por otro lado, cabe recordar, igualmente, el interés y el aporte de la antropología dentro del desarrollo de los estudios del lenguaje. Investigadores como Boas (*Handbook of American Indian Languages*, 1969), Malinowski, Sapir y Whorf, entre otros, no solo se ven confrontados a la necesidad de aprender y describir las lenguas de las culturas estudiadas, para poder acceder a sus terrenos de estudio, sino también al hecho de observar y constatar cómo el ser humano se sirve del lenguaje para interpretar el mundo y expresar sus creencias y pensamientos. Así mismo, la descripción y la documentación de lenguas (orales) por los antropólogos de la época evidencian de qué modo la cultura y las formas de vida de un grupo social se ven reflejadas en el lenguaje. En los *Apuntes de lingüística antropológica* de Margot Bigot (2010), en referencia a los trabajos de campo realizados por Boas y Sapir, dentro de las comunidades indígenas norteamericanas, la autora comenta:

> *La necesidad de estudiar lenguas indoamericanas, de gran diversidad estructural, de tradición oral y cuya historia era desconocida, condicionó a los lingüistas a*

---

corrientes y áreas de estudio que también tienen como objeto de estudio la lengua, el lenguaje y la sociedad.

> describir las lenguas desde una perspectiva sincrónica. Y desde esa perspectiva, se realizaron estudios tipológicos buscando identidades estructurales, y no genéticas como lo hacía la gramática comparada indoeuropea. Se destacó la diversidad de las estructuras lingüísticas y se valoró la heterogeneidad. El contacto con lenguas de estructuras diversas los condujo a establecer relaciones entre las particularidades lingüísticas y las particularidades culturales, y por lo tanto a abordar conjuntamente. (Bigot, 2010, p.85).

El estudio de la relación lengua-cultura interesó rápidamente a los antropólogos y lingüistas, quienes por un lado, en su intento por definir (con el objetivo de limitar y legitimar) su terreno de estudio específico, "la cultura", se ven enfrentados a describir y abarcar todos los elementos y campos que este término encierra. Por otro lado, se resalta la importancia de la lengua y el lenguaje como elementos fundamentales dentro del contexto cultural. Por ello, el punto de encuentro entre la antropología y la lingüística, áreas interdisciplinares, genera lo que se llamará la etnolingüística, así definida por Bigot (2010):

> [...] refiere desde sus comienzos a relaciones entre lingüística y antropología. En estas relaciones se ha enfatizado, en algunos casos, lo antropológico, utilizando los datos de la lengua para aclarar aspectos antropológicos; en otros, datos antropológicos para facilitar la descripción lingüística. En este sentido, se aplicó a la descripción de lenguas de tradición oral, que requerían conocimientos de la cultura de los hablantes de esas lenguas, para profundizar el análisis lingüístico (p.24).

El recorrido por estos universos que parecen ser tan diversos y a veces distantes, nos ayuda a visualizar de una manera general el lugar y la importancia del lenguaje y de las lenguas para los estudios socioculturales. La antropología tuvo un gran aporte en el estudio y el registro (documentación) de muchas lenguas minoritarias; de igual manera, contribuyó (a pesar de las críticas) al estudio de culturas locales, a través de sus formas de vivir y expresarse y a la divulgación o, al menos, al registro de saberes no occidentales.

Tanto la antropología como la sociología, en relación con las ciencias del lenguaje, presentan para nosotros, una serie de abordajes interdisciplinarios y transversales, con diversas funciones, en los que se relacionan e interactúan hablantes, individuos o actores sociales, pertenecientes a uno o varios contextos socioculturales y, donde según sus necesidades comunicativas, recurren a diferentes formas de expresión, lo cual se acerca enormemente a lo que deseamos observar y describir en este trabajo, la forma de comunicación entre estudiantes y profesores (individuos que provienen de universos culturales diversos) en un contexto plurilingüe y académico como el de la UNILA.

Un elemento en común que encontramos dentro de estas dos perspectivas, tanto en la sociolingüística como en la etnolingüística –a partir de las ciencias del lenguaje– es que comparten el mismo objeto de estudio: la relación lengua y sociedad, a pesar de las diferencias metodológicas con las que se propone abordar este objeto de estudio. Así, no sorprende observar de qué modo la definición de estas dos áreas suele ser muy semejante, lo cual veremos en las siguientes citaciones. Para Bigot (2010, p.25), por ejemplo: "Desde aproximadamente 1940, el término "etnolingüística" se afirmó para significar los estudios del lenguaje en el contexto sociocultural".

Asimismo, Lavandera (1988), define la sociolingüística como "el estudio del lenguaje en su contexto sociocultural". O bien, tratándose de la sociolingüística francesa, Bulot y Blanchet (2013) proponen que, "Au final, l'une des façons rapides et commodes de définir la sociolinguistique est de dire qu'elle étudie la co-variance entre langue et société" (p.5).

Dentro de las ciencias del lenguaje y de la lingüística, esta llamada relación lenguaje- sociedad se encuentra clasificada en el área de estudio de la lengua, desde una perspectiva más amplia; es decir, dentro de la macro-lingüística (Lyons, 1981). Para Lyons, la macro-lingüística dirigirá su foco hacia el estudio de aspectos como la adquisición, el uso de la lengua, la relación cultura, sociedad y lengua (estilística, psicolingüística, pragmática y sociolingüística). A partir de esta propuesta, y teniendo en cuenta el abanico de elementos en relación, en 1972, Fishman propone dos paradigmas metodológica y teóricamente complementarios que serían: la macro-sociolingüística y la micro-sociolingüística. Bajo el primer paradigma, se estudian los fenómenos a grande escala sobre los usos lingüísticos en comportamientos grupales, en los que se sitúan la lingüística secular, la sociología del lenguaje, la dialectología y la geo-lingüística.

Estos terrenos fueron y son muy bien aprovechados en América Latina para el estudio de las lenguas indígenas, las criollas, las variantes y las variaciones del español y del portugués. Así, se han llevado a cabo proyectos interdisciplinares de gran impacto, muchos de ellos financiados por los mismos gobiernos. A modo de ejemplo, y de forma restricta, citamos dos de estos proyectos, centrándonos en un espacio temporal, que según la reformulación propuesta por el lingüista y antropólogo Hamel (1997)[4] correspondería a la época del pluri-culturalismo. El autor localiza este momento en el cual se establecen una serie de

---

[4] Hamel en su artículo *"Language conflict and language shift: a sociolinguistic framework for linguistic human righs"* (1997), propone tres tipologías de clasificación socio-temporal, de acuerdo con la forma de percepción y reconocimiento a los pueblos indígenas en América Latina: el monoculturalismo (negación de la diversidad cultural y lingüística conforme a las direcciones de la Corona Española y las Repúblicas independientes – (Siglo XIX)); el multiculturalismo (siglo XX, reconocimiento de la diversidad de los pueblos y acceso a ciertos derechos, pero visto como un problema); y, por último, el pluriculturalismo (finales del siglo XX e inicio XXI -reconocimiento de la diversidad lingüística, cultural no sólo como derecho, sino también como un recurso sociocultural que enriquecerá el Estado Nación, bajo los cuales vemos emerger los cambios en las constituciones).

reformas en las constituciones de diversos países (Perú 1993, Colombia 1991, Bolivia 1994 y 2009), que asumen y reconocen no solo la diversidad lingüística, étnica y cultural, como un derecho, sino también, como un potencial sociocultural positivo para la integración y la constitución de los Estados Latinoamericanos.

En este orden de ideas, y limitándonos a un pequeño muestreo de la gran cantidad de trabajos en el área, presentamos en primer lugar los trabajos de investigación del Instituto Caro y Cuervo[5] de Colombia, fundado en 1942, organismo público que hace parte del Ministerio de Cultura (desde 2003), y que está encargado de la investigación científica, principalmente en las áreas de filología, lingüística y humanidades, de dicho país. Los trabajos desarrollados por el Instituto Caro y Cuervo han tenido un enorme impacto en el área de la lingüística en Colombia. Se destaca, por ejemplo, el proyecto del Atlas Lingüístico y Etnográfico de Colombia -ALEC- así como diversos otros trabajos desarrollados por sus grupos y proyectos investigación: lenguas indígenas, lingüística afrocolombiana, lenguas de señas, español como lengua extrajera y otros trabajos especializados acerca de la relación entre lengua y sociedad.

El segundo ejemplo es el *Atlas lingüístico diatópico y diastrático del Uruguay* (ADDU)[6] y las investigaciones del Instituto de Lingüística de la Facultad de Humanidades y Ciencias de la Educación, de la Universidad de la República (Montevideo, Uruguay), bajo su plataforma en línea *Historia de las lenguas del*

---

[5] El ICC es una institución de alto renombre internacional, entre sus reconocimientos encontramos: el Premio Príncipe de Asturias (1999) por la terminación del *Diccionario de construcción y régimen de la lengua castellana*; el Premio Bartolomé de Las Casas (2001) y el Premio Elio Antonio de Nebrija (2002). https://www.caroycuervo.gov.co/ (recuperado el 30 de abril de 2020).

[6] Dejamos claro que estas dos fuentes no son las únicas en tratar de estos temas, los Atlas y grupos de trabajo interdisciplinares son innumerables, solo quisimos dar una muestra de trabajos interesantes para nuestro terreno en el área de la sociolingüística.

Uruguay[7]. Esta página contiene un corpus de manuscritos, trabajos y publicaciones de varios investigadores sobre la historia de las lenguas en Uruguay.

Esta selección reducida de ejemplos fue interesante para nuestra investigación, ya que, por un lado, tratan las lenguas a partir de la realidad y la diversidad lingüística con base en un trabajo interdisciplinar (histórico, sociológico, geográfico y etnológico). Y, por el otro, los trabajos del ICC -Instituto Caro y Cuervo- nos dan un panorama amplio de lenguas indígenas, africanas, criollas y dialectos, y la situación de los mismos en la actualidad; en el caso de los trabajos uruguayos, sin negar la existencia de la herencia local (afro e indígena), sobresale el predominio histórico y el uso de los archivos históricos para entender la influencia de las comunidades portuguesas y la inmigración italiana (mucho más reciente) en las formas dialectales, las lenguas locales y el español del Uruguay. Este estudio nos acerca al universo de las lenguas en contacto y de las lenguas románicas, desde una perspectiva histórica y suramericana y la importancia de las tecnologías digitales, para la posibilidad de acceso, divulgación e intercambio de información.

Retomando la propuesta de Fishman (1972), el segundo paradigma que presenta es el relacionado con la microsociolingüística que muestra estudios de alcance más restricto con poblaciones de menor tamaño, inclinándose por la descripción y el análisis de las lenguas y por las características de sus usuarios. En esta clasificación encontramos áreas como el análisis del discurso, la psicología social del lenguaje, la etnografía de la comunicación y la lingüística antropológica. Es, precisamente, dentro de este espacio que encontramos los elementos teóricos y metodológicos para poder conducir nuestra investigación, ya que se acercaría más a un estudio de caso. En los siguientes capítulos de esta parte, desarrollamos cada uno de los aspectos de la sociolingüística

---

[7] Hacia una historia lingüística del Uruguay. Fuente: http://www.historiadelaslenguasenuruguay.edu.uy (recuperado el 30 de abril de 2020).

relacionados con nuestro trabajo, una vez hayamos terminado este recorrido general.

Así mismo, el enfoque de la Etno-sociolingüística (Blanchet, 2012) y la Etnografía de la Comunicación (Gumperz y Hymes, 1972) contribuyeron, en gran medida, a justificar y a brindar las herramientas para la construcción de la metodología etnográfica aplicada. Recordamos que en la parte destinada a la Contextualización y metodología, se encuentran descritos en detalle, los elementos teóricos que forjaron la base de este diseño, relacionadas con las discusiones teóricas referentes a la dimensión etnográfica en las ciencias del lenguaje.

Esta propuesta de paradigmas de la sociolingüística de Fishman (1972), es bastante útil, al menos para el objetivo primordial de situarnos dentro de un área, y así seleccionar una serie de teorías, nociones, estudios que nos permitan acercarnos, entender y abordar teórica y metodológicamente nuestro motivo de estudio. Sin embargo, esta clasificación es menos extensa que la propuesta por Halliday, quien en 1972, durante el XI Congreso de Lingüística, presenta 15 sectores de la sociolingüística (Bulot y Blanchet, 2013): 1) micro sociología del lenguaje y demografía lingüística; 2) diglosia, multilingüismo y multidialectismo; 3) planificación, desarrollo y estandarización lingüística; 4) fenómenos de criollización; 5) dialectología social y descripción de variantes no estándar; 6) sociolingüística y educación; 7) etnografía de la palabra; 8) registros, repertorios verbales y cambios de código; 9) factores sociales de cambio fonológicos y gramaticales; 10) lenguaje, socialización y transmisión cultural; 11) enfoques sociolingüísticos del desarrollo infantil; 12) teorías funcionales del sistema lingüístico; 13) relativismo lingüístico; 14) lingüística etnometodológica; 15) teoría textual (p.28).

Recorrer estas clasificaciones nos permite, por un lado, observar el número de sectores donde la sociolingüística interviene, así como los aspectos que la convierten en un campo disciplinar particular. Puesto que el terreno es tan extenso, recurrir a estas propuestas de división por sectores, hizo posible situarnos de forma teórica, a partir de las particularidades de nuestro estudio, para así organizar la información, además de explorar dentro de las mismas divisiones, los aspectos teóricos relacionados con nuestro trabajo. De acuerdo con Bulot y Blanchet (2013):

> *Une autre caractéristique attestant de la singularité disciplinaire de la sociolinguistique est la diversité des dérivations lexicales la spécifiant. Il serait en effet très limitatif de parler de la sociolinguistique sans évoquer la diversité de ses terrains: on a une sociolinguistique des contacts de langues, du plurilinguisme, une sociolinguistique scolaire, une sociolinguistique des discours de politique linguistique... On a aussi une pluralité de ses approches, implications sociales assumées et théorisations spécifiques. Sur ce dernier point, il faut nommer la sociolinguistique variationniste, la socio-linguistique interactionnelle (Gumperz, 1989), la socio-linguistique occitaniste −dite aussi occitane− (Gardy, 1989), la sociolinguistique urbaine (Bulot, 2004), voire la sociolinguistique prioritaire (Bulot, 2009, p.6).*

Una vez revisado este panorama general, consagramos un espacio particular, en los siguientes capítulos y subcapítulos, a sectores que dentro de la micro-sociolingüística inspiraron nuestro estudio, en el orden siguiente: sociolingüística de contacto; bi- plurilingüismo; didáctica y educación bi-plurilingüe; comunicación, estrategias y procedimiento plurilingües e intercomprensión.

1.2 Contacto de lenguas y sociolingüística de contacto

Al parecer, el contacto lingüístico, y por ende cultural, es un fenómeno presente no solo en todas las sociedades, sino un tema recurrente en las diversas ciencias que estudian al ser humano y a la sociedad.

Las fuentes principales consultadas (Borel, 2012; Bornes Varol, 2011; Elizaincín, 2007; Simonin y Wharton, 2013), aunque reconocen el texto de Weinreich de 1953, *Languages in contact: Findings and Problems*, como uno de los textos fundadores de esta área de estudios, estos autores constatan la importancia de reconocer otros trabajos anteriores que, igualmente, repercutieron en esta área de estudio. El lingüista uruguayo Elizaincín recuerda que los protolingüistas del contacto ya habían precedido algunos estudios sobre el tema, en Holanda con Hesselin; en Austria con Schuchardt; en Francia con Tesnière y en Portugal con Coelho. En concordancia con Elizaincín, Borel completa el panorama del paso de la prehistoria a la historia del contacto lingüístico aludiendo al trabajo de Thomason de 2001, *Language contact,* quien consagra la primera parte de su libro a este debate y trae a luz el ejemplo del primer texto plurilingüe que data del año 196 a. c. atribuido a Pierre Rosette.

Somos conscientes de la necesidad de un estudio más preciso sobre la historia documentada del contacto lingüístico; no obstante, es fascinante imaginar cómo un fenómeno que ha acompañado prácticamente la historia de la humanidad y del hombre en sociedad encuentra, a partir de los años 1950, un eco más profundo en las investigaciones, hecho que lo convierte en un área en desarrollo constante. El interés emergente, a mediados del siglo XX, sobre las formas de habla, la lingüística más empírica y los métodos desarrollados por lingüistas como Labov, contribuyó a mostrar la variación lingüística y la distribución geográfica de las lenguas y, en consecuencia, las ramificaciones de dialectos y variedades regionales. Para Elizaincín (2007), esta tradición lingüística del habla acercó la lingüística a otras ciencias como la antropología social, la sociología y la etnografía y generó, de este modo, nuevos enfoques de estudio sobre la sociolingüística de contacto.

Actualmente, a pesar del gran número de estudios dedicados a este campo en desarrollo permanente, existe una dificultad a la hora de clasificar y generalizar los fenómenos de contacto, ya que no hay un consenso entre la comunidad académica en lo que concierne a la construcción de teorías, tipologías, categorías, vocabulario (léxico), conceptos claves, de forma común y compartida sobre los estudios de contacto. Así lo constata Elizaincín (2007), lo cual refleja la situación a la cual nos vimos enfrentados durante nuestro trabajo de investigación:

> *Hoy, la investigación sobre el contacto vive, a su vez, una época de auge que va de la mano de una indefinición teórica importante una de cuyas manifestaciones más notorias es, por ejemplo, la diversificación y hasta contradicción de la terminología utilizada para describir e interpretar los fenómenos estudiados, lo que lleva a la confusión, muchas veces, no solo al neófito sino hasta el propio especialista. No hay una teoría general del contacto (intentos no faltan) a la que adhieran un porcentaje importante de especialistas...* (Elizaincín, 2007, p.118).

Otro problema que subraya el autor y con el cual coincidimos plenamente es la centralidad de las instituciones académicas, principalmente, aquellas pertenecientes al primer mundo y la marginalización de los trabajos realizados fuera de ese primer mundo, creando no solo la dificultad de acceso a ciertas fuentes sino también la consolidación de un diálogo y un trabajo compartido entre los especialistas, lo cual podría, efectivamente, contribuir a la consolidación de las teorías y nociones referentes al contacto lingüístico y cultural.

Por ello, y conforme a nuestros límites, proponemos, a continuación, una serie de conceptos claves referentes al contacto entre lenguas y culturas, ya que el fenómeno de contacto está claramente presente y hace parte fundamental de nuestro cuestionamiento.

Observar y describir el ambiente académico bi-plurilíngüe, a través del discurso y la experiencia, de una selección de estudiantes y profesores que provienen de diversos espacios geográficos y que conviven en un ambiente institucional situado en una triple frontera (Argentina, Brasil, Paraguay) entra completamente en cualquiera de las propuestas de tipologías a las cuales recurrimos. De igual manera, frente a esta dificultad y teniendo en cuenta que no hay una tipología única aceptada para el estudio de los fenómenos de contacto, recurrimos a realizar una propia, a partir de una selección de los términos y conceptos que se adaptan y se acercan a nuestra nuestra interpretación de lo observado. Para ello, proponemos al lector recurrir al inicio del libro, en caso de esclarecer algunos aspectos, si lo considera necesario, sobre la problemática de la investigación, ya que haremos constantemente alusión al terreno de estudio para localizar y justificar la selección de la terminología.

1.2.1 Contacto de culturas y relaciones interculturales[8]

En este aspecto, tanto antropólogos y sociólogos como lingüistas coinciden que cuando hay contacto de lenguas o lenguajes se produce igualmente un contacto de culturas. La lengua y el lenguaje hacen parte fundamental de la cultura como lo hemos planteado al inicio de este capítulo. Recordamos que, para

---

[8] Nuestro recorrido se inspira en algunas nociones expuestas por Elizaincín (2007) en el artículo *Ocho precisiones sobre el contacto lingüístico,* de las cuales seleccionamos algunas y las completaremos con otras precisiones.

Sapir, la misma percepción de la realidad y el pensamiento humano se encuentran traducidos o, mejor dicho, mediados por la cultura. En este orden de ideas, observamos la dificultad de desligar cultura de lenguaje, conforme apunta Bigot (2010):

> *Sapir distingue el proceso de adquisición del habla del proceso de caminar. Caminar -dice- es una función instintiva, biológica, mientras que el habla es una función no instintiva, adquirida, cultural. El hombre está predestinado a hablar porque ha nacido en una sociedad* (p.86).

Si el lenguaje está mediado por la cultura y hace parte de la misma, imaginamos que el contacto de lenguas no se puede dar en el vacío. Precisamente, el contacto de lenguas es también contacto de hablantes, entre personas, entre comunidades. Por eso, desde la perspectiva interdisciplinaria que propone Bornes Varol (2011), para el estudio de contacto, podemos resumir con la siguiente frase esta constatación: "Le contact ne se fait pas d'une culture à l'autre, mais d'un sujet à un autre à l'intérieur d'une même culture ou dans plusieurs cultures différentes" (p.423).

Sin embargo, un estudio de contacto lingüístico que tome en cuenta todos los aspectos que lo engloban y acuda a los aspectos culturales en su totalidad resultaría un trabajo muy delicado y, a la vez, complejo –por no decir imposible–. Nuestra situación de investigación en la Universidad Federal de Integración Latinoamericana no solo presenta un espacio de contacto lingüístico que, a pesar de estar restringido por un supuesto bilingüismo, es mucho más complejo y diverso que el uso de dos lenguas. En nuestro caso, no solo se trata de observar hablantes de UN español y de UN portugués en contacto, sino de un universo de variedades geográficas o diatópicas del español y del portugués, reflejo de sus identidades nacionales y así mismo en contacto con otras lenguas (nacionales, extranjeras, autóctonas, de herencia) que están incluidas en los repertorios de cada individuo. A este hecho, se le suman las variedades funcionales de la lengua o diafásicas; en otros términos, las diversas formas de registro y las diferentes culturas académicas como maneras de estructurar, transmitir, comunicar y elaborar un pensamiento científico dentro del marco de la educación universitaria. También se presenta otra serie de factores de variación, debido a la convivencia en una situación geográfica de triple frontera.

Frente a esta problemática, debimos acudir a la categorización de algunos elementos que sirvieron para visualizar de una manera más clara nuestra descripción a la hora del análisis. Concordamos con la posición de Elizaincín (2007) al respecto de esta dificultad:

> *El contacto lingüístico no se da en forma aislada del contacto cultural, siempre será parte de él y, si bien es lícito separarlo en el momento del análisis, ello solo se justifica por una necesidad metodológica, ya que no es posible lidiar con todo a la vez. Pero debe quedar claro que es una ficción metodológica; que en realidad se trata de un continuo (p.13).*

Ahora bien, con estos límites, debimos recurrir a fraccionar ese contínuo, proponiéndonos la tarea de observar algunos aspectos de contacto, teniendo en cuenta dos categorías utilizadas por los mismos sujetos de estudio y desde una visión más microsociolingüística, ya que estamos en un espacio reducido como el de una institución. De hecho, observamos formas de identificación como "los hispanohablantes"[9] y "los brasileños/ brasileros"[10], referentes a las comunidades de usuarios de esas lenguas como lengua primera o L1. Pero, sin dejar de lado la descripción de

---

[9] Usamos el termino en español **hispanohablante** tal cual los mismos estudiantes lo utilizan, ya sea en español o en portugués, a la hora de referirse a una persona del contexto que oriunda de un país hispanohablante.

[10] **Brasilero y Brasileño** siendo las dos formas aceptadas y reconocidas en español (RAE/Diccionario Panhispánico de dudas) es la palabra que usan los mismos estudiantes para referirse al gentilicio de la persona que proviene de Brasil y a todos aquellos que hablan portugés como L1 en el contexto de la UNILA. Remarcamos una tendencia particular a recurrir más al uso del término Brasilero/Brasilera que Brasileño/ Brasileña.

aspectos relevantes a la cultura y a las variedades lingüísticas, distinguimos dos espacios de contacto y comunicación académica: situación formal e informal de aprendizaje, aspectos desarrollados con más detalles en la parte consagrada al análisis y que recurren a esta separación, debido a la necesidad metodológica mencionada por Elizaincín (2007).

1.2.2 Modalidades geográficas y demográficas de contacto: migraciones e identidades

Un elemento promotor de contacto lingüístico y cultural se refiere, evidentemente, a movimientos migratorios. Cualquiera que sea el motivo y las razones políticas, sociales, económicas, el encuentro entre diferentes comunidades va a generar una serie de variaciones lingüísticas, debido a la negociación de estrategias de los propios actores frente al contexto social. En este sentido, y en referencia a nuestro terreno, encontramos estrategias no solo de comunicación, sino de socialización y aprendizaje, que pudieron ser visualizadas gracias al discurso relacionado con la experiencia de los actores; además, el mismo discurso permitió visualizar términos, interferencias lingüísticas y préstamos entre las lenguas.

Según Elizaincín (2007), el contacto se puede observar y distinguir a partir de la sociedad receptora y los límites de un Estado. En este sentido, el autor menciona la diferencia de contacto que surge entre varios países, con usuarios de lenguas diversas o iguales, como el caso de las fronteras entre Brasil y Argentina; Portugal y España y la inmigración de las comunidades hispanas en Estados Unidos.

Aunque las características del proceso y las cuestiones psicológicas o sociales sean similares, según el autor, podríamos aproximar el segundo caso que cita Elizaincín, a la situación de los estudiantes y profesores hispanohablantes, quienes están en una posición más próxima a la de un inmigrante. En este segundo caso, el actor social (usuario de la lengua) se ve en la obligación de instalarse e integrase en un nuevo espacio y a dejar su lugar de residencia, para insertarse en un país diferente con sus respectivas leyes. Ya el primer caso, referente a la frontera, lo podríamos aproximar a la situación de los estudiantes y profesores (incluimos también al equipo de técnicos administrativos) que, a pesar de desplazarse desde otras localidades brasileñas, siguen viviendo y conviviendo bajo la tutela del Estado Brasilero y solo se comunican, si lo desean o no, en la lengua del otro, conscientes de que siempre pueden recurrir al uso del portugués como lengua oficial del Estado y de la institución. Podemos decir que, en este caso, la frontera juega un papel interesante a la hora de delimitar no solo espacios geográficos sino también identidades. En este sentido, hacemos alusión a la reflexión que propone el trabajo colectivo e interdisciplinar del libro *Choc des langues et des cultures?*

> *La frontière entre deux entités politiques permet de jouer sur deux systèmes identificatoires concurrents et, éventuellement, de se soustraire de contraintes sociales ou de les contourner. Cependant, les stratégies individuelles divergentes tentent à se regrouper et à designer des ensembles convergents car les choix ne sont pas illimités et sont contraints en partie par l'efficacité sociale des identifications* (Bornes Varol, 2011, p.426).

Ahora bien, en lo que concierne a la noción de identidad, que emerge por supuesto en este encuentro de poblaciones, podemos decir que, en la antropología, este término con respecto a la cultura, lo define Warnier (1999), como "l'ensemble de répertoires d'action, de langue, de culture qui permettent à une personne de reconnaître son appartenance à un certain groupe social et de s'identifier à lui". Siguiendo con la referencia de Warnier, desde una lectura más sociolingüística, podemos decir que en ese conjunto de repertorios, los fenómenos que abarcan la identidad se pueden observar a partir del uso o la elección de una o varias lenguas o lenguajes (Warnier, 1999, p.9-10).

En este orden de ideas, consideramos que el empleo que le damos a las lenguas permite reflejar las relaciones y las formas de pertenencia a grupos o categorías sociales, como lo indica Moore y Brohy en la obra colectiva *Sociolinguistique du Contact* (Simonin y Wharton, 2013):

> *Les langues (les dialectes, les accents, les variétés, les parler bilingues, etc.) servent ainsi de marqueurs emblématiques des identités, une notion plurielle qui condense une série de significations, combine et imbrique construction de soi, sentiments d'appartenance et reconnaissance, impliquant donc des facteurs tant individuels que culturels et sociétaux (p.289).*

Desde esta perspectiva de la lengua, algunos autores apuntan a la utilización del término identificación, sugerido para abordar la tercera parte, relacionada con el análisis y en la cual extendimos la discusión sobre este tema. Este término de identificación es definido por Bornes Varol (2011) como un proceso de "réception empirique (souvent implicite) par les individus, de la convergence[11] et de l'absence de convergence entre deux individus, deux ensembles, deux systèmes (au minimum) et le traitement qu'ils font de ces différences" (p.472), en situación de contacto lingüístico-cultural, el reconocimiento del otro, llámese identidad, alteridad o representación resulta bastante complejo, términos que, a pesar de sus matices, llevan a una misma noción. Este tipo de términos son bastante útiles a la hora de describir, organizar y analizar las dinámicas sociales. Sin embargo, al encajar en nociones o tipologías, fenómenos que están en constante movimiento (como el contacto de lenguas o contacto de población), corremos el riesgo de aportar una visión estática y permanente, dislocada y contraria a lo que pasa en la realidad.

Cabe recordar que las identidades o identificaciones no son plurilingües, ni pluriculturales, pero sí lo son los individuos que utilizan estas lenguas, así como las formas culturales que constituyen su repertorio y que se refleja, se esconde o se mezcla

---

[11] Bajo el término de convergencia (*convergence*), los autores se refieren a las equivalencias "*équivalences*" o divergencias de sí mismo y de los otros.

para expresar o reafirmar estas identidades o manifestaciones de identificación. En este orden de ideas, Borel (2012) describe el eje identitario como "le discours mettant en confrontation les locuteurs face aux pratiques langagières de leur communauté d'appartenance, également construites et exprimées en termes d'altérité sur la base de pratiques de l'exogroupe" (p.37).

Lengua es un componente relevante de identificación tanto individual como social (más aún después de la concepción de Estados nacionales). En este sentido, Moore y Brohy (2013) apuntan que "Notre identité a des répercussions sur nos choix langagiers comme nos choix langagiers ont une influence sur notre (nos) identité(s)" (p.290). También, los estudios sobre la alternancia de códigos (tema muy recurrente en nuestros datos), han mostrado que la elección de la lengua en la interacción es, para los hablantes, un medio de expresar rasgos de identificación, ya sea de forma individual o como muestra de pertenencia a un grupo. De igual modo, esta identificación por la lengua puede también cumplir una función social. Le Page y Tabouret-Keller (1985) se refieren a este fenómeno bajo el término de "*actes d'idéntités*"; otros como Abdallah-Pretceille (2013) utilizan metáforas como "bricolaje"[12] o metamorfosis para demarcar el carácter versátil, fluido y transformador de este término.

A pesar de toda la amalgama de términos, recurrimos a algunas de estas nociones, principalmente la de identidad e

---

[12] *Bricolage*: es un término bastante utilizado en antropología, atribuido al concepto que desarrolla Lévi-Strauss en el primer capítulo de la "Pensée sauvage" (1962). Para Lévi-Strauss (1962, p. 31) el "bicoleur" tiene las siguientes características: "la règle de son jeu est de toujours s'arranger avec les "moyens du bord", c'est-à-dire un ensemble à chaque instant fini d'outils et de matériaux, hétéroclites au surplus, parce que la composition de l'ensemble n'est pas en rapport avec le projet du moment, ni d'ailleurs avec aucun projet particulier, mais est le résultat contingent de toutes les occasions qui se sont présentées de renouveler ou d'enrichir le stock, ou de l'entretenir avec les résidus de constructions et de destructions antérieures". Esta noción ha sido aplicada ampliamente a la didáctica en general como a la didáctica de lenguas para describir el carácter versátil, móvil, acomodador del proceso de aprendizaje.

identificación, con la intención de acceder, bajo esta terminología, a la comprensión del sujeto de estudio, teniendo en cuenta que este mismo está sujeto a las dinámicas de contacto, al movimiento y a los cambios constantes.

1.3 Lenguas en contacto, fenómenos lingüísticos y didáctica de lenguas

Como ya habíamos mencionado, el fenómeno de contacto lingüístico se produce inicialmente como un hecho individual –ya que pone a dos hablantes, usuarios de las lenguas en situación de relación–; por otro lado, estaría el conjunto de individuos en situación social o colectiva. Como consecuencia de este contacto entre individuos y de este hecho social, se producen, tanto en el campo lingüístico como en otros campos, una serie de fenómenos, los cuales han motivado varios estudios y de los cuales hemos elegido principalmente dos: 1) Variación y cambio (incluyendo la innovación) como fenómenos más visibles en conjunto de sociedades. 2) Marcas transcódicas como fenómeno observable en poblaciones menores como la que abordamos en nuestro estudio.

En cuanto a la variación lingüística y a partir del uso de la lengua (pragmática) se podrían entender las formas y/o registros de lengua (o del habla) condicionadas por factores geográficos, socioculturales, contextuales o históricos. En referencia al trabajo de los sociolingüistas, Gadet (2003) nos brinda este recorrido conciso sobre las definiciones de variación y variedad: "cette différentiation en parlant de *variétés* pour designer les différents façons de parler, de *variation* pour les phénomènes diversifiés en synchronie, et de changement pour la dynamique de la *diachronie*" (p.7). Asimismo, para Elizaincín (2007), la variación es descrita como un encuentro y lucha entre tradiciones diferentes de una o varias lenguas. Este fenómeno de contacto (variación) anuncia el cambio. Un ejemplo que pone el autor es el del adjetivo *caprichoso*[13], tomado a partir de uno de sus trabajos en 1995, sobre el contacto entre el español y el portugués en la zona Uruguay-Brasil.

Para resumir, en portugués, caprichoso lleva una connotación positiva, ya que se refiere a la habilidad de una persona que realiza algo con cuidado y esmero. En contraste, en español es un adjetivo que tiene una tonalidad negativa, se refiere a una persona obcecada o de actuar sin reflexión. Además del significado hay una variación fonética en el grafema <CH> que es pronunciado diferente en español que en portugués. A partir de su trabajo, Elizaincín (2007), muestra que en zonas de contacto, se pueden encontrar hispanohablantes que usan el adjetivo caprichoso (con la pronunciación en español) pero con el sentido en portugués.

Los tres momentos de que los que hablaba antes pueden verse aquí nítidamente:

1. CONTACTO: port. [kapri'ŠQso] (con el significado comentado antes) / esp. [kapri'Čoso] (ídem).

2. VARIACIÓN: alternancia en hablantes monolingües de español de ambos significados.

3. CAMBIO: (posible) evolución del significado del español al del portugués en la zona de contacto; en primer lugar, en zonas hispanohablantes aledañas a las lusohablantes; luego, en el resto de la región. (Elizaincín, 2007, p.123).

Consideramos este ejemplo sumamente interesante ya que nos permitió reconocer e identificar varios elementos similares en nuestro campo de estudio, los cuales ilustraremos en nuestro análisis, así como los límites de nuestro trabajo a la hora de abordar fenómenos que necesitan de un estudio a mayor escala.

---

[13] Para ser más breves y dado que no realizamos aquí un recorrido profundo sobre el estudio de esta palabra como lo hizo el autor en sus trabajos, nos limitamos a mostar de la forma más simple lo que podría corresponder al término en ese contexto.

Como hemos estado observando, el contacto entre lenguas no es un fenómeno simplemente individual, es más social, lo cual nos permite tener una óptica de la relación lenguas-contexto social y observar los elementos emergentes como la variación y el cambio, aunque no son siempre estables para generalizar o proponer reglas. Es decir, el ejemplo que acabamos de mostrar con el adjetivo caprichoso, puede ser un fenómeno observado en la frontera Brasil-Uruguay, pero puede que este fenómeno se presente de diversa manera en otras zonas de contacto lingüístico como en Brasil-Paraguay, o Portugal-España, lo cual nos lleva a reflexionar desde un punto de vista descriptivo, ya que los fenómenos no suceden de la misma manera según el contexto. Ellos están inscritos en un tiempo y en un espacio geográfico determinado, y debe tomarse en cuenta el punto de vista y la situación de los usuarios y hablantes. Por eso, recurrimos a la siguiente frase de Garatea Grau (2011), para ilustrar la importancia del actor social o hablante en el momento de observar o describir la variación o el cambio: "Para que haya cambio: alguien inova, otro adopta y luego usa" (p.252).

A pesar de los amplios estudios sobre el tema, una dificultad se presenta y es constatada en los escritos sobre el contacto lingüístico en poblaciones bilingües sobre la identificación del o los factores que condicionan e impulsan esta variación. De esta forma, lo encontramos descrito en el Diccionario de términos clave de ELE, en la entrada variación lingüística: "el contacto de lenguas en las comunidades bilingües ha puesto de relieve la dificultad de determinar el factor que condiciona el uso de determinadas variedades lingüísticas"[14]. Como podemos constatar, la variación y el cambio no son solo de gran interés para el estudio de la lingüística de contacto, sino también elementos importantes para tener en cuenta en la didáctica de lenguas extranjeras y segundas, así como en la didáctica del plurilingüismo. Como veremos a continuación, los fenómenos lingüísticos como la variación y el cambio pueden ser

---

[14]http://cvc.cervantes.es/ensenanza/biblioteca_ele/diccio_ele/diccionario/variacionlinguistica.htm (recuperado el 30 de abril de 2020).

abordados dentro de los contextos bi-plurilingües, a partir de otras categorías como las marcas transcódicas.

1.3.1 Marcas transcódicas, alternancias e inferencias

Las marcas transcódicas así como la alternancia son dos conceptos que pueden resultar muy próximos a la hora de estudiar las manifestaciones formales resultantes del contacto entre lenguas. Una de estas manifestaciones es la de la influencia de la L1 en el discurso de la L2 o viceversa. Los autores suizos Alber y Py (1986), definieron este fenómeno de contacto, dentro de los contextos bi-plurilingües, como toda manifestación formal de la L1 en los discursos enunciados en la L2. Otros autores como Lüdi (1991) extienden las fronteras de este concepto y lo definen como: "l'ensemble des phénomènes de contact linguistique, tels que le *code-switch*, mélange codique, interférence, emprunt..." (p.54).

Las alternancias inmersas en este gran conjunto de fenómenos de contacto que reagrupa el concepto de marcas transcódicas, son también manifestaciones que han sido relacionadas con un gran número de conceptos que designan el mismo fenómeno (o muy cercano), inmersos en el contexto plurilingüe: en francés se habla de *alternance codique* (Lüdi y Py, 2003), *alternance de langues, marques transcodiques, structures mixtes* (Canut y Caubet, 2002); en inglés de *code-mixing, codeswitching* (Heller, 1988) *conversational switching* (Gumperz, 1989), translanguaging (García, 2011), Flagged switching.

Algunos autores como Bloomfield (1933), Faerch y Kasper (1987), que trabajan la didáctica de lenguas, desde la perspectiva monolingüe, asumen los fenómenos de alternancia lingüística o de códigos como un obstáculo para el aprendizaje de la lengua o como un índice de incompetencia del hablante. En este sentido, la definición que propone Bloomfield (1933) de un hablante bilingüe es "native-linke control of two or more languages" o sea, un bilingüe es la adición de dos hablantes monolingües perfectos.

Desde esta perspectiva monolingüe del aprendizaje de la lengua extranjera, las marcas de contacto lingüístico no son toleradas y son consideradas como errores que contribuyen a la impureza de la lengua en adquisición.

Sin embargo, desde la perspectiva plurilingüe para el estudio del bilingüismo, que es la adoptada en nuestro trabajo, el lugar que tienen las alternancias y otras marcas de contacto son importantes para el proceso y están consideradas como vectores facilitadores de aprendizaje, ya que estas marcas pueden ser utilizadas como recursos y estrategias de aprendizaje y de comunicación en otras lenguas incluyendo las maternas. En este sentido, Borel (2012), defiende uno de los objetivos de su trabajo de la siguiente manera: "Nous chercherons plus particulièrement à démontrer que certains formes endolingues du contact de langues, celles situées du côté communicationnel, sont aptes à constituer un modèle d'alternances utilisables pour la didactique" (p.40), y demuestra precisamente en su trabajo *Langues en contact-Langues en contraste: typologie, plurilinguismes et apprentissages*, el potencial didáctico del contacto para el aprendizaje de lenguas como de otras materias. En su trabajo, el contacto lingüístico y el contraste son vistos es visto como conjunto de recursos estructurantes dentro de los procesos de apropiación de saberes (lingüísticos y no lingüísticos), los cuales están distribuidos de manera asimétrica en la interacción y son observados, descritos y categorizados a través del estudio de Borel.

En trabajos sobre el plurilingüismo como el que acabamos de citar, estas dos nociones: alternancias y marcas transcódicas son tratadas como características del comportamiento de los hablantes bilingües que, de diferentes maneras, explotan los diversos recursos lingüísticos que los hablantes tienen a disposición, los cuales se expresan por el paso de un registro a otro o, bien, por la mezcla de registro de una lengua en la otra. Consideramos que en estas líneas de investigación nuestro trabajo sobre el plurilingüismo académico encontró un punto de referencia para ser abordado.

Según la categorización de Borel (2012) y Lüdi (1987), las marcas transcódicas MTC (*marques transcodiques*) es un término genérico que reagrupa el conjunto de fenómenos de contacto lingüístico observables, que reenvían de una manera u otra al encuentro de dos o más sistemas lingüísticos y pueden reconocerse a través de las categorías que describiremos a continuación. Realizamos una descripción rápida de los conceptos más utilizados inspirados en la categorización propuesta por Borel (2012) y decidimos utilizar el término en francés para evitar traducciones erróneas.

Emprunts: (también integración, adaptación o incorporación): definido por Hamers y Blanc (1983), como los elementos de una lengua integrados al sistema lingüístico de otra lengua.

Calques (en inglés loan-translations o loanblends): una subcategoría de los préstamos y hace referencia a la traducción literal de una palabra y su utilización en una lengua o variedad para suplir necesidades comunicativas, las mismas pueden ser morfológicas o léxicas. Por ejemplo, *skyscrapers* en español rascacielos. Los calcos pueden ser substituciones morfológicas con o sin importación.

Relexifications: parte de los estudios en lenguas criollas (Gumperz y Hymes 1972; Chaudenson, 2006) y es un reflejo del colonialismo lingüístico pues se refiere al remplazo de conceptos autóctonos por conceptos extranjeros, o substitución de palabras existentes en la lengua por extranjerismos, que no se integran fonológicamente; por ejemplo, la palabra "beicon" (en inglés *bacon*) que se escribe y se utiliza en España para designar al tocino o la tocineta del cerdo.

Transferts: una noción esencial en la didáctica de lenguas, pues es una forma de apoyo de las L1's para la producción en la lengua de aprendizaje (L2, L3, L...), con el fin de avanzar en el mismo. Puede también considerarse como una estrategia de producción y aprendizaje (Krashen, 1982; Grosjean y Py, 1991). Los fenómenos de transferencia son asociados igualmente a la noción de interferencia, ya que representan los procesos de producción en L2, en los cuales el hablante activa inconscientemente unas estructuras en la L1 para palear la ausencia de estructuras en la L2, que pueden llevar a la producción de fenómenos de interferencia. No obstante, la transferencia hace hincapié en el aspecto psicológico mientras que la interferencia corresponde a aspectos más lingüísticos.

Interférences: es un tipo de transferencia, Borel (2012), "consistant en l'infraction d'une norme dans la langue cible, mais également dans la langue source" (p.61). Puede denominarse, también, como un mecanismo involuntario, inconsciente, que conduce a la producción de formas consideradas inapropiadas. En este orden de ideas, las interferencias son asumidas como fenómenos de contacto negativos y como una de las características de la interlengua. Una de las críticas a esta posición es que la diferencia entre proceso y producto no es tomada en cuenta. Lüdi y Py (2003), en una perspectiva más neutra, brindan la siguiente definición: "des éléments issus du système d'une langue sont introduits dans le système d'une autre langue, ou, au contraire, certains éléments sont abandonnés dans une langue parce qu'ils n'existent pas dans l'autre" (p.110).

Alternance codique[15]: se refiere al paso o cambio de una lengua a otra, característica de hablantes bilingües. Para Gumperz (1982), la alternancia es "the juxtaposition within the same speech exchange of passages of speech belonging to two different grammatical systems or subsystems" (p.59). Para este autor, la alternancia no significa el desconocimiento del sistema lingüístico de la otra lengua, sino por el contrario, en muchos casos, el hablante podría proporcionar la misma información igualmente en la otra lengua. Lüdi y Py (2003), proponen un modelo de alternancia que, (ver Figura 1), muestra cómo la alternancia varía, es flexible y puede aparecer entre turnos de palabra, o al interior de los turnos, entre dos frases o al interior de la misma frase,

---

[15] Otros términos próximos a estas categorías y descritos por Borel son: *Mélange de codes, Fused lects et Gloses métalinguistiques.*

cuestionando así los límites existentes entre unidades establecidas como código, frase, proposición o turno de habla.

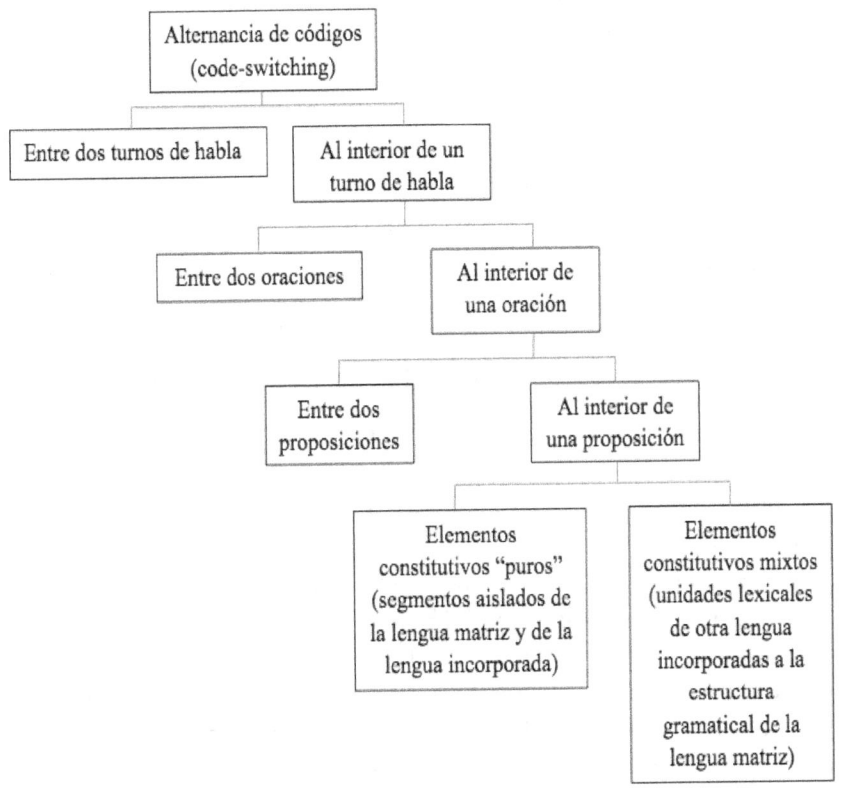

Figura 1. Diagrama de Modelo de Alternancia de Códigos. Traducción y adaptación del diagrama propuesto por Lüdi y Py en el libro *Être bilingüe* 2003, p.145.

La alternancia códica en contextos plurilingües académicos o profesionales ha sido objeto de estudio para muchos autores como Castellotti (2002), Moore (2006), Gajo y Mondada (2000), que por medio de algunas investigaciones han contribuido a desmitificar el carácter negativo y la carga simbólica que se le asignaba a este concepto, así como también, han contribuido a evidenciar las potencialidades didácticas y estratégias de este fenómeno en los procesos de comunicación, aprendizaje y mediación *Parler bilingue/plurilingue*: de forma similar que para la alternancia códica, el habla bilingüe o plurilingüe puede servir de término genérico para describir los fenómenos de contacto lingüístico. Diferentes corrientes de la sociolingüística, la etnografía de la comunicación y la didáctica de lenguas han contribuido a mostrar el carácter novedoso del estudio de las comunidades plurilingües y los ambientes multilingües de la sociedad actual. Los espacios urbanos, la movilización internacional y las nuevas tecnologías ofrecen una serie de escenarios de estudio de contacto lingüístico y cultural que permiten no solo la aprensión de este fenómeno, a través de las lenguas, sino también de las prácticas lingüísticas y del lenguaje de forma más amplia.

En este orden de ideas, el lenguaje se entiende como: "conjunto de recursos semióticos a disposición de las personas para comunicar" (Nussbaum, 2012, p.277) y, por ende, el habla bilingüe se refleja, entonces, como una forma legítima de comunicación y como un componente importante de reconocimiento e identificación social (Borel, 2012). De hecho, el habla bilingüe está inmersa en un contexto particular, en el cual las personas disponen de una serie de recursos comunicativos e individuales que son empleados de diversas formas y manifestados de diferentes maneras, por lo cual de una comunidad a otra o de un individuo a otro, el habla bilingüe no será igual. Estas características hacen que este fenómeno sea observable pero imposible de categorizar o encuadrar en una sola unidad. Asimismo, para evitar precisamente limitarnos a una sola definición que englobe una serie de prácticas, diversos autores como Borel (2012) proponen términos como *interaction interlinguistique*, otros como García, (2011) y Lüdi (2011), utilizan *plurilanguaging* o *translaguaging* y, en nuestro terreno de trabajo (UNILA), este fenómeno se expresó bajo el nombre de portunhol/ àportuñol.

Aunque estos términos se inscriben en corrientes y contextos distintos, estos autores coinciden en proyectar a través de ellos, una mirada no normativa en las prácticas lingüísticas (uso del lenguaje) y en el lugar de la competencia plurilingüe descrita: "la capacidad de mezclar o alternar el uso de recursos adquiridos en contextos diversos y también la capacidad de construirlos de forma innovadora en la interacción" (Nussbaum, 2012, p.278). A pesar de la diversidad de enfoques y tal vez del carácter móvil de todos estos términos, consideramos que los estudios en espacios multilingües o plurilingües y multiculturales han contribuido a innovar y a cuestionar las prácticas y técnicas de investigación en lenguas y culturas, abriendo así nuevas posibilidades de investigación.

Todas estas actividades y recursos se movilizan para que los hablantes puedan cumplir sus objetivos sociales o comunicativos (Winford, 2003). Para observar, describir e interpretar correctamente las marcas transcódicas, de manera general, Lüdi y Py (2003), recomiendan tener muy en cuenta el contexto en el cual estas manifestaciones aparecen categorizándolo como: 1) bilingüe, 2) monolingüe, 3) bilingüe-endolingüe y 4) bilingüe- exolingüe.

1.3.2 Conversación exolingüe/endolingüe

La situación de enseñanza-aprendizaje de lenguas extranjeras, a diferencia de la enseñanza/ aprendizaje de otros saberes tiene como característica la asimetría marcada entre los alumnos y los profesores con respecto al uso de la lengua (considerando los matices). La interacción en el salón de clase como el aprendizaje en otro tipo de situaciones ha llevado a los especialistas en el área a estudiar los fenómenos de la interacción y la comunicación dentro del proceso de aprendizaje y de adquisición.

En este sentido, cuando se trata de estudiar el contexto académico de la Universidad que escogimos, donde los alumnos y profesores se encuentran confrontados a un proceso de enseñanza/aprendizaje de saberes y contenidos lingüísticos y no lingüísticos a la vez, con niveles diferentes de lenguas (L1/L2/L3)[16] y con necesidades específicas, consideramos necesario recordar algunas nociones particulares relacionadas con la conversación y alternancia plurilingüe, dentro del marco de los estudios llevados a cabo por autores alemanes, franceses y suizos. Sabemos bien que en el mundo anglófono existe igualmente un gran interés por el estudio de estos fenómenos (Ellis, 2000; Ferguson, 1971); sin embargo, enmarcamos nuestras definiciones utilizadas particularmente en las corrientes europeas.

Para autores como Porquier (1979), precedidos por De Pietro (1988) y Alber y Py (1986), la interacción lingüística exolingüe corresponde a todas las situaciones en las que la asimetría en las competencias se convierte en una forma constitutiva de la interacción y es reconocida por los propios actores:

> *la communication est exolingue lorsque les divergences entre les répertoires linguistiques respectifs des interlocuteurs apparaissent comme constitutifs du fonctionnement de l'interaction, c'est-à-dire lorsque le recours à des procédés d'ajustement réciproque, d'auto/hétéro facilitation, etc., devient un travail saillant de la communication* (De Pietro, 1988, p.71).

En otras palabras, esta forma de comunicación, al generar un reconocimiento y consciencia por los hablantes, implica también el establecimiento de un contrato didáctico (explícito o

---

[16] Recordamos al respecto, la reflexión de Degache (2006, p.15) en relación a la dificultad de encontrar una terminología adecuada a la infinidad de nociones que recubren los términos de L1, L2, lengua materna, lengua extranjera, etc: "Cette désignation de la «langue propre» rappelle en effet l'ambiguïté de la notion de «langue maternelle» (Dabène, 1994), et la «constellation de notions» (ibid. 27) qu'elle recouvre (parler vernaculaire, langue d'appartenance, langue de référence)".

tácito) por parte de los hablantes. En esta interacción, uno de los hablantes desempeña el papel de mediación o remediación e interviene para que la comunicación sea más fluida y comprensible. Se puede dar alternancia de lenguas en varias formas, debido a la necesidad de comunicación y de explicación, usando por ejemplo la L1 como apoyo o trampolín para la adquisición de nuevos conocimientos.

Esta comunicación exolingüe así como el contrato didáctico (De Pietro, Matthey y Py, 1989) han constituído un gran aporte a las investigaciones en didáctica de lenguas, pues permiten estudiar desde un punto de vista didáctico, el empleo de diversos recursos y competencias en el momento de la interacción verbal dentro y fuera del aula. Algunos autores como Py (*in* Gajo, Matthey, Moore, y Serra, 2004) y Matthey (2003) han propuesto trabajar a partir de dos ejes de comunicación: el eje exolingüe y eje endolingüe. Siguiendo la categorización de Matthey y de Pietro (1997) encontramos cuatro tipos de interacciones:

1. Endolingüe - monolingüe: cuando se presenta un asimetría mínima o reducida en la lengua utilizada.
2. Exolingüe - monolingüe: conversación entre un nativo y un no nativo.
3. Endolingüe - Bilingüe: cuando la asimetría es mínima y hay un cierto nivel de dominio de las dos lenguas, por parte de los hablantes. También referido al habla bilingüe.
4. Exolingüe - bilingüe: cuando se recurro al uso de dos lenguas en la comunicación con un nivel de dominio lingüístico asimétrico entre los hablantes.

A esta tipología, aplicada a las situaciones de intercomprensión, Degache y Garbarino (2017, p.8) comentan y completan:

> *Or, les interactions plurilingues recueillies en situation d'intercompréhension, quand chacun s'exprime dans la langue qu'il maîtrise le mieux, constituent une extension de ce dernier type que nous pourrions qualifier d'exolingue-plurilingue puisque plusieurs langues,*

> *inégalement maîtrisées, sont utilisées délibérément par les interlocuteurs. Il s'agit donc ici, en général, d'interactions entre "natifs" de différentes langues.*

Como podemos ver, la comunicación en intercomprensión se sitúa en una situación generalmente asimétrica (interacción exolingüe) y bi-plurilingüe. En este tipo de comunicación y de didáctica, la utilización de varias lenguas es posible (cada uno se expresa en la lengua que desea) y los interlocutores llevan a cabo una serie de procedimientos con el fin de facilitar la comprensión de cada uno de los hablantes. Como desarrollaremos con más detalle en el apartado de la intercomprensión, son los mismos hablantes quienes cumplen una función didáctica y participan en la mediación y transmisión de la información, así como en el proceso de aprendizaje. No obstante, la intercomprensión, como forma de comunicación, puede surgir igualmente en una situación simétrica donde la función didáctica del interlocutor es menos visible o no es el objetivo principal.

Asimismo, la conversación endolingüe consiste en la interacción verbal, en la que no existen divergencias lingüísticas esenciales entre los hablantes. Este tipo de conversación se califica como neutra o no marcada, ya que la transmisión del contenido informativo se sitúa en primer plano. Para De Pietro (1988), la comunicación es endolingüe "lorsque les divergences codiques ne représentent plus une donnée pertinente dans la gestion du discours, autrement dit lorsqu'elles ne sont plus perçues comme significatives par les participants à l'évènement langagier" (p.71). Un ejemplo de este tipo de interacciones, lo constituye el caso de una conversación cotidiana de dos hablantes ("nativos") de una misma lengua que comparten un mínimo de referentes lingüísticos y culturales.

Sin embargo, y como comentan Degache y Garbarino (2017) se debe tener en cuenta que, en situación de intercomprensión, también es posible que se presente una comunicación endolingüe- plurilingüe, pues en muchos casos se usan más de dos lenguas, lo cual puede generar en los hablantes diferentes asimetrías. Por ejemplo, se podría presentar una asimetría mínima en una de las lenguas utilizadas y/o una asimetría más marcada en otra de las lenguas. Todas estas características, como el nivel de dominio de las lenguas, no son siempre evidenciadas o explícitas en el momento de la interacción, lo que dificulta la categorización. Asimismo, Degache y Garbarino comentan que, en interacciones en intercomprensión y en el caso del Tándem, existe siempre la posibilidad de revertir la situación comunicativa y lingüística a cualquier momento, de acuerdo al contrato establecido entre los hablantes o según el contexto. Los actores sociales pueden pasar de una comunicación utilizando inicialmente L1 o su "propia lengua", y posteriormente, en pocos minutos, pasar al uso de la "lengua del otro" o una L2 o L3, etc., y tener diferentes niveles de dominio en cada una de esas lenguas. Para poder ilustrar esta situación y flexibilidad, los autores proponen los términos de *propiolingual* y *allolingual,* como vemos en la Figura 2.

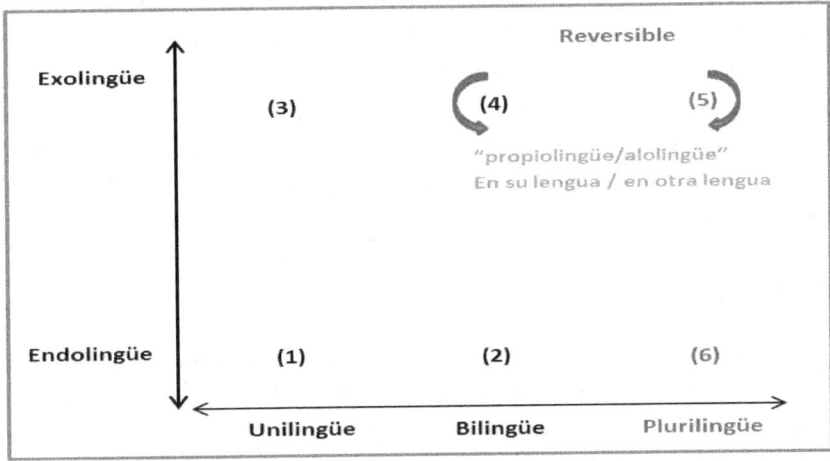

Figura 2. **Tipología de interacciones verbales.** Traducción y adaptación del diagrama de tipologías de interacciones verbales propuesto por Matthey y De Pietro (1997) y completado por Degache y Garbarino (2017).

Observamos pues, que la comunicación en intercomprensión puede entenderse como una comunicación asimétrica (interacción exolingüe) y bi-plurilingüe. En este tipo de comunicación y de didáctica, la utilización de varias lenguas es posible (cada quien se expresa en la lengua que desea) y los interlocutores llevan a cabo una serie de procedimientos con el fin de facilitar la comprensión de cada uno de los hablantes. Como desarrollaremos con más detalle en el apartado de la intercomprensión, son los mismos hablantes quienes cumplen una función didáctica y participan en la mediación y transmisión de la información, así como en el proceso de aprendizaje. No obstante, la intercomprensión, como forma de comunicación, puede surgir igualmente en una situación simétrica donde la función didáctica del interlocutor es menos visible o no es el objetivo principal.

Para Borel (2012), por su parte, en el contexto plurilingüe, las marcas transcódicas o alternancias en la conversación endolingüe no corresponden a estrategias de compensación o estrategias paliativas para suplir los vacíos lingüísticos en una lengua. En este caso, las marcas transcódicas vendrán a evidenciar algunas marcas de identidad o tendrán una intencionalidad que se mostrará mediante la expresión de estos fenómenos. Es por esta razón que para Borel estos dos enfoques o polos exolingües y endolingües se inscriben, en el primero de los casos, en una perspectiva de adquisición (exolingües) y, en el segundo caso, de identidad (endolingües).

Como podemos observar, en el caso de la intercomprensión como forma de comunicación, en la cual cada interlocutor habla y entiende la lengua del otro, se puede tratar de un tipo de comunicación tanto plurilingüe como endolingüe. En este sentido, a diferencia del eje exolingüe, la función de los interlocutores no será probablemente la de mediar y la de facilitar la comunicación, porque se entiende que todos los actores poseen, en principio, un nivel suficiente de conocimientos compartidos para que la situación sea simétrica. De acuerdo con Borel, las **marcas transcódicas**, en este caso (endolingüe - plurilingüe), servirán para expresar o caracterizar al hablante y afirmar su identidad. Como lo veremos, por ejemplo, en la parte de nuestro análisis, habrá situaciones de conversación plurilingüe, en las que cada uno habla en su idioma (hispanohablantes y lusohablantes) con diversos fines; como por ejemplo, el de la afirmación de la identidad y no porque tengan deficiencias en la L2 y viceversa.

Como lo describen Gajo y Mondada (2000): "En Europe, plus précisément en France, en Allemagne et en Suisse, c'est au confluent des travaux sur la conversation exolingüe et de ceux sur le développement sur l'interlangue que la réflexion sur l'acquisition et l'interaction s'est développée" (p.135). Estas investigaciones sobre la interacción y la adquisición, se centran en el paradigma en el cual, el aprendiz (actor social), debe al mismo tiempo interactuar para aprender y aprender para poder interactuar. En este sentido, consideramos que esta perspectiva es esencial para poder estudiar, observar y analizar el plurilingüismo en el contexto académico, como indican (Gajo y Mondada, 2000):

> ...la prise en compte des processus d'interaction en contexte nous porte donc d'une part à approfondir la question de l'observabilité des processus d'acquisition et d'autre part à souligner ses rapports multiples avec d'autres expériences de vie des locuteurs, qui ne sont jamais exclusivement des apprenants mais aussi, plus généralement, des acteurs sociaux complexes (p.136).

Así, una vez abordadas las marcas transcódicas y las conversaciones exolingües y plurilingües, pasamos a describir un elemento fundamental en este movimiento de interacción y adquisición que es el contexto en el cual se inscribe la interacción. Para ello haremos un recorrido general sobre las perspectivas de educación bilingüe y plurilingüe.

2
Perspectivas plurilingües en educación

2.1 Bilingüismo, plurilingüismo y multilingüismo

Estos tres términos, a pesar de sus diferencias, nos invitan a pensar en un hecho cotidiano en la mayoría de los espacios actuales: interactuar, vivir y comunicar en varias lenguas. Como muchos estudios lo demuestran, el bi-plurilingüismo, ya sea en el interior de un sujeto (nivel individual) o de un grupo, comunidad o sociedad (nivel institucional), o bien en un espacio territorial (colectivo), se convierte en una realidad común más próxima a la norma que a la excepción.

El concepto de bilingüismo es un término relativamente reciente y su definición ha evolucionado con el tiempo; no obstante, representa un fenómeno que ha estado presente en todas las sociedades como producto del contacto entre las mismas. De igual manera, si consideramos la comunicación como una forma constitutiva de las relaciones humanas y el hecho de que siempre ha existido una gran diversidad lingüística en el mundo, es muy probable que la comunicación exolingüe haya sido una práctica comunicativa más antigua de lo que imaginamos. Es de notar que la palabra bilingüe, a pesar de ser un término bastante simple de entender bi (dos) y lingüe (lengua), es difícil darle una definición única pues ha sido un fenómeno que implica dimensiones sociales, lingüísticas, psicológicas, políticas.

Por otro lado y paralelamente al espacio académico, resulta interesante que la palabra bilingüe, que existía ya en latín: *Bilinguis* y servía para designar a la persona que habla dos lenguas, también designaba al pérfido, al traidor y hasta al extranjero. Otros significados se decantan de la palabra bilingüe en Europa, como lo comentan Py y Gajo (*in* Simonin y Wharton, 2013), quienes describen que según el *Le Grand Robert dictionnaire de la langue française* de 1992, "bilingue est attesté avec le sens de menteur dès 1618" (p.74).

En América, y más aún durante el proceso de colonización, aparece, por ejemplo, la necesidad de encontrar intérpretes y traductores. Según Gargatagli (2007), Hernán Cortés tenía tres interpretes: Aguilar, la Malinche (doña Marina) y Orteguita. Estos intermediarios, mediadores o intérpretes colaboraron con los españoles en los procesos de comunicación, ya que hablaban tanto las lenguas indígenas como el castellano o las lenguas de los conquistadores. Sin embargo, a pesar del papel importante que cumplieron estos personajes en los procesos de traducción entre lenguas latinas e indígenas en las Américas, la representación social de las personas con habilidades lingüísticas, así como el plurilingüismo social, no siempre se consideró un aspecto positivo. En el diccionario de la Real Academia de la Lengua Española (RAE[17]), la palabra *Malinche*[18] significa, en primer lugar, el nombre de un arbusto de cuyas hojas se extrae una infusión con propiedades abortivas y, en segundo lugar, significa persona, movimiento o institución que comete traición.

Cabe recordar que la colonización fue un proceso devastador para la diversidad lingüística del continente y la imposición del monolingüismo (español/portugués) creó una imagen peyorativa de individuo bilingüe o plurilingüe, quien era

---

[17] http://dle.rae.es/?id=O2wU49B (recuperado el 30 de abril de 2020).
[18] La historia de la Malinche ha sido no solo objeto de investigación en traducción sino también en historia y literatura. La escritora mexicana Laura Esquivel, por ejemplo, dedica en 2006 el libro titulado *Malinche* a este personaje representativo de la mujer indígena y del proceso de mestizaje en América.

considerado como traidor o como un ser inculto[19]. El papel de las academias de la lengua española y la adopción del español como la lengua de las patrias liberadas y de la constitución de los Estados nacionales, jugó un papel importantísimo en la construcción de imaginarios sociales y representaciones de las lenguas en el continente latinoamericano, como apuntan varios trabajos en políticas lingüísticas (Del Valle, 2014 y Hamel, 2013b).

La situación relatada anteriormente está enmarcada en los procesos históricos de la colonización y en las batallas libertadoras; no obstante, en la actualidad, el plurilingüismo y la diversidad lingüística (social e individual) en América Latina, sigue siendo un tema delicado, que engloba aspectos individuales, sociales, culturales y políticos:

> *In sum, instance of societal multilingualism are viewed as an exception in Latin America, even more so in the "imagined community" of the nation than in communicative practice. Any stable bilingual community- indigenous or immigrant– faces adverse sociolinguistics conditions and will have to develop specific ideological, cultural and linguistic justifications for the preservation of its bilingual domains.* (Hamel, 2013b, p.610).

Como podemos observar, el estudio y las definiciones que abarcan la noción de bi- plurilingüismo pueden ser observadas desde múltiples perspectivas y no todas ellas incluyen el carácter positivo con el que se ve actualmente este fenómeno.

Antes de pasar a tratar el aspecto educativo, proponemos un recorrido general (no exhaustivo) de algunas de las definiciones más utilizadas y generales del bilingüismo, en orden cronológico.

Bloomfiel (1933) define un hablante bilingüe, como la suma perfecta de dos monolingües "native-like control of two or

---

[19] Es llamado indio (en español) no solo a la persona que tiene orígenes o rasgos indígenas o provenientes de la India, sino también a la persona inculta y mal hablada.

more languages". A pesar de ser uno de los primeros en tratar estos temas, esta definición fue rápidamente cuestionada y, por consiguiente, los trabajos que continúan la línea del bilingüismo toman aspectos que reflejan la competencia bilingüe como una competencia asimétrica.

Haugen (1953) y Weinreich (1953) definen el bilingüismo desde una perspectiva más pragmática, como la práctica de utilizar dos lenguas de forma alternativa; a las personas que tienen los recursos para esta práctica se les considera bilingües. Otros autores completan estas definiciones reflexionando sobre niveles de competencias lingüísticas, como lo hace MacNamara (1967), quien define al bilingüismo como la capacidad de desarrollar algún nivel de competencia (escribir, leer, hablar, escuchar) en una segunda lengua. Lam, en 2001, define el bilingüismo como competencia y comunicación en dos lenguas.

Como se observa, los primeros postulados del bilingüismo corresponden a ideas más radicales de una competencia equilibrada y perfecta del manejo de dos lenguas. Sin embargo, después de los años 60's, se comienza a percibir que en las definiciones del bilingüismo, esa búsqueda de equilibrio ideal y la simetría de competencias en las dos lenguas, no viene a ser el aspecto esencial del individuo bilingüe, sino que es a partir de esas asimetrías que los estudios en didáctica se desarrollan con fuerza, con el objetivo de entender el proceso de adquisición de una nueva lengua, para así plantear propuestas de intervención.

Además de las definiciones variadas de este concepto, los autores proponen diversas categorías de bilingüismo. Hamers y Blanc (1983), por ejemplo, las clasifican según cinco categorías: 1) según el nivel y las competencias en ambas lenguas: bilingüismo equilibrado y bilingüismo dominante; 2) según la relación entre lenguaje y pensamiento: bilingüismo compuesto y bilingüismo coordinado; 3) según el estatus de ambas lenguas: bilingüismo aditivo, bilingüismo sustractivo, 4) según la edad de adquisición: bilingüismo precoz, bilingüismo en adolescencia y bilingüismo en adulto 5) según la pertenencia o identidad cultural: bilingüe bicultural, bilingüe monocultural en L1, bilingüe aculturizado hacia L2 y bilingüe aculturizado (anomalía).

En una perspectiva más sociocultural, Ramírez (1992) propone cuatro categorías:

1. bilingüismo estable: cuando en un mismo territorio compartido hay una diferenciación lingüística entre dos comunidades y donde el uso de la lengua está limitado por los dominios sociolingüísticos.
2. bilingüismo dinámico: cuando el uso social de la lengua y la función de los hablantes (roles) está dirigido a la asimilación lingüística.
3. bilingüismo transicional: cuando las dos lenguas cumplen las mismas funciones sociales, lo cual permite al hablante la posibilidad del uso de una de las dos lenguas para cumplir todas las funciones comunicativas.
4. bilingüismo vestigial: en el cual el bilingüismo cumple una función simbólica que se asocia prácticamente a la representación de una minoría pequeña (o a punto de extinción).

Desde la perspectiva psicolingüística también se observan estudios en torno a este tema desarrollados por autores como Cummins y Swain (1986) y Duverger (1995), quienes trabajan las potencialidades del bilingüismo en el desarrollo de destrezas comunicativas, lingüísticas y socio-afectivas. De esta manera, Bermúdez Jiménez y Fandiño Parra (2012) resumen la reflexión de Cummins y Swain (1986) sobre el fenómeno del bilingüismo y la dependencia mutua que emerge del contacto de lenguas en el hablante y que es representado con la metáfora del doble iceberg de competencia bilingüe: "Según su teoría, una parte de la competencia lingüística en L1 puede ser transferida a los contextos de aprendizaje de L2 y, a su vez, al aprender la L2, se desarrollan algunas destrezas que podrían transferirse luego a la L1" (Bermúdez Jiménez & Fandiño Parra, 2012, p.106). La reflexión de Cummins (2000) ha sido ampliamente utilizada en la didáctica de lenguas extranjeras y ha contribuido al desarrollo de conceptos como competencia, transferencias y contextos de aprendizaje. El autor distingue dos tipos de competencias lingüísticas desarrolladas por el hablante bilingüe: la primera, *Basic Interpersonal Communicative Skills* (BICS) y la segunda, *Cognitive-Academic Language Proficiency* (CALP). Estas competencias cumplen funciones distintas conforme al contexto y demandan diferentes niveles de conocimiento lingüístico; por ejemplo, el CALP requiere un manejo formal de la lengua y garantiza el éxito escolar.

En el campo de la sociolingüística y, más precisamente de la sociolingüística de contacto, varios son los enfoques y los estudios en torno a este fenómeno. En la parte del análisis de este este estudio (parte III), encontramos igualmente descrito el enfoque y los autores que escogimos como referencia para el análisis de nuestros datos. Recordamos rápidamente que nuestra propuesta de análisis se basó en la reflexión sobre el bilingüismo de Lüdi y Py, (2003) y Py y Gajo (2013). Para estos autores, la noción de bilingüismo puede definirse a partir de tres aspectos:

1. Las prácticas y usos: se llama bilingüe a la persona que utiliza regularmente dos lenguas.
2. Los conocimientos lingüísticos: se llama bilingüe a la persona que tiene un cierto dominio gramatical, léxico y fonológico de dos lenguas.
3. Las expectativas sociales: se llama bilingüe a toda persona que satisface las expectativas sociales de comunidades lingüísticas diversas.

Esta propuesta de categorización no significa que haya una separación entre estas dimensiones y dentro de estas, se encuentran inmersos e interrelacionados una serie amplia de elementos variados. En este orden de cuestiones, se entendería que una persona que usa regularmente dos lenguas muy probablemente tiene un conocimiento y dominio de esas lenguas y, por ende, las utiliza para satisfacer sus necesidades en el centro de una comunidad. Sin embargo, casos contrarios pueden aparecer; por ejemplo, una persona que conozca perfectamente las reglas gramaticales y léxicas de una lengua pero no sepa o pueda utilizarla correctamente según el contexto social.

Como podemos observar muchas de las posibilidades de trabajo sobre el bilingüismo hacen referencia al individuo, sin dejar a un lado el impacto y la influencia del contexto social para el desarrollo y la construcción del bilingüismo en el individuo. Para Py y Gajo (2013), la noción de bilingüe presenta, por un lado, la ventaja de ser un término que coexiste con el de contacto de lenguas y, por otro, el inconveniente de que al ser un término extremadamente heterogéneo, no permite distinguir a las personas que tienen un cierto manejo de las lenguas acompañado de un dominio teatral, de las personas que tienen una experiencia amplia y diversificada de dos lenguas; por lo cual, Py y Gajo (2013), califican el término de bilingüismo como una noción "à la fois pratique et flou" (p.77). Paralelamente al término bilingüismo, y de igual manera que los autores, nosotros encontramos una gran dificultad para emplear, según cada caso, las nociones de lengua extranjera, lengua materna, lengua de herencia, lengua segunda, lengua de partencia, multilingüismo y plurilingüismo.

Así como lo describimos y empleamos en el análisis, el término bilingüe viene a ser un sinónimo y parte de la categoría de plurilingüe, inscribiéndonos en las líneas de Py y Gajo (2013): "nous utiliserons le terme plurilinguisme comme hyperonyme, alors qu'il s'oppose, dans la littérature francophone, aussi bien à celui de multilinguisme qu'à celui de bilinguisme". Somos conscientes que en los trabajos del Consejo de Europa o en las líneas de Beacco y Byram (2007) hay una diferencia entre estos términos, ya que por ejemplo, el multilingüismo hará referencia a la colectividad y el plurilingüismo a las competencias individuales. Sin embargo, en la literatura anglófona, así como en la suiza, estos términos pueden ser utilizados como sinónimos. Dentro de la misma línea, empleamos los términos de lengua materna y primera lengua, ya que los usamos en el mismo nivel, pues no tenemos un registro oficial y específico de las lenguas maternas de los individuos.

El término de segunda lengua y lengua extranjera vienen a corresponder a las lenguas que no son consideradas primeras lenguas y que según la categoría escogida de hispanohablante y lusohablante corresponderán a la lengua del "otro", así en el caso de los lusohablantes, el español será una lengua extranjera y en el caso de los hispanos, el portugués será una segunda lengua; sin embargo, en contexto de frontera y de contacto de lenguas, consideramos muy delicado poner límites entre estas nociones.

En lo que se refiere al bilingüismo en ambientes institucionales y contextualizando nuestro trabajo en el ámbito universitario, recurrimos en nuestro análisis a observar las prácticas de los hablantes, mediante uno de los niveles de aprehensión del bilingüismo que proponen Py y Gajo (2013) y que fueron explicados con más detalle en el capitulo 3 de análisis: Nivel *macro* o colectivo, nivel *méso* o institucional y nivel *micro* o individual. Estos niveles así como las categorías anteriores están completamente interaccionados y sucede que las prácticas y las políticas aplicadas en un nivel pueden afectar directamente los otros niveles. Dentro del nivel *méso* o institucional que fue en el que enmarcamos principalmente nuestro trabajo: "le plurilinguisme se pose en termes de diversification; il s'agit de rendre visible la diversité collective, d'y répondre et/ou de la maintenir" (p.72). Es así como proponemos pasar al siguiente apartado en el que dentro del marco institucional del bilingüismo proponemos un recorrido sobre las perspectivas de educación bilingüe y plurilingüe.

2.2 Ejemplos y perspectivas de educación bi/plurilingüe

La inclusión de la enseñanza de lenguas maternas y extranjeras ha sido desde siempre parte del sistema educativo, ya sea formal o informal dentro de cualquier sociedad. Aunque los estudios en lingüística aplicada y didáctica de las lenguas surgen formalmente a partir de los años 1940, desde hace siglos, las lenguas han sido fundamentales en esferas sociales, religiosas, políticas y laborales, en las que la comunicación y el contacto interpersonal pasa por el uso de sistemas de lenguaje. Si antiguamente, en un mundo con menos facilidad de movilidad y de contacto, el aprendizaje de lenguas fue un elemento indispensable en la transmisión de saberes, la difusión de religiones dentro de los procesos de colonización, hoy en día, en este mundo globalizado, en el que el flujo de personas y de información es constante e ilimitado, la necesidad de contacto y de comunicación resulta imprescindible para generar relaciones sociales, económicas y políticas. Es así como el uso de las lenguas extranjeras en la educación tanto como el aprendizaje de idiomas, se convierte, cada vez más, en una herramienta indispensable tanto para el ámbito académico y social como para el profesional.

Así como lo señala Santos Gargallo (1999), sobre el histórico de la fundación de la lingüística aplicada como ciencia, esta área de estudio surge como respuesta a una situación real dentro de un contexto histórico y político específico. El contexto de la Segunda Guerra Mundial creó una serie de situaciones, en las cuales para mantener relaciones con los aliados y desarrollar actividades de espionaje era indispensable un aprendizaje rápido y eficaz de lenguas extranjeras como el alemán y el japonés. Esta necesidad, comenta Santos Gargallo, provocó la creación de programas lingüísticos, con el fin de aplicar los conocimientos específicos a la enseñanza de lenguas extranjeras. Sin embargo, cabe recordar que mucho antes del contexto de las guerras y con la fundación de instituciones universitarias (Universidad de Bolonia 1089, Universidad de Oxford 1096), lenguas como el latín, griego y, posteriormente, el francés, inglés y alemán eran enseñadas y difundidas como lenguas de instrucción y de comunicación científica.

En lo que concierne a la educación bilingüe, en general, apunta García (2011), en referencia al trabajo de Mackey (1978), que existen vestigios alrededor de 4000 a 5000 años de antigüedad que testifican la instrucción bilingüe en Siria; más adelante, se encuentran también testimonios de la instrucción bilingüe en diversas partes del planeta, como se muestra en el antiguo mundo persa, árabe y mediterráneo. Según García, en muchas escuelas y centros de instrucción se ha practicado, desde siempre, alguna forma de educación bilingüe. Pero, es solo a partir de la segunda mitad del siglo veinte que la educación bilingüe se construye como una forma de evidenciar la heterogeneidad lingüística y cultural de los estudiantes.

El término de educación bilingüe, así como muchos otros términos escogidos para estudiar el fenómeno del bilingüismo y del contacto, resultan complejos y difíciles de definir y abordar en todos sus aspectos. Este vocablo puede ser utilizado tanto para referirse a la educación de individuos que ya son bi-plurilingües, como a sistemas de instrucción y enseñanza en otras lenguas para individuos que aun no las han adquirido. Para García (2011), la diferencia entre educación bilingüe y los programas de enseñanza tradicional de una lengua extranjera o segunda reside en que, en el primero de los casos, se hace uso de las lenguas como medios de instrucción (*language as medium of instruction*); en cambio, en el segundo caso, se utiliza la lengua para ser estudiada como una materia o disciplina aparte (*language as a subject*). Al respecto afirma García (2011):

> *Bilingual education programs provide a general education, teach in two or more languages, develop multiple understandings about languages and cultures, and foster appreciation for human diversity. Tradition second- or foreign – language programs often aim to use only the target language in instruction, whereas bilingual education programs always include some form of more*

than one language in at least some parts of instruction. Although the approach may be different, the development of some type of bilingualism is accomplished in both Language-teaching programs and bilingual education programs (p.6).

En concordancia con lo indicado por el autor, es difícil hacer una diferencia exacta y marcar los límites de estas dos nociones. No obstante, García (2011, p.7), de forma más gráfica ilustra a grandes rasgos, las características y diferencias que marcan los límites entre cada uno de estos dos modelos.

Desde otra perspectiva y dentro del marco de la educación, Ruiz (1984) propone cuatro aspectos, a través de los cuales se puede observar la orientación lingüística dentro de la implantación de programas de educación bilingüe, según las características sociohistóricas. La primera, situada desde el final de la segunda guerra mundial hasta los años 70's, considera la lengua como un problema; la segunda, corresponde al periodo entre los años 70's y 80's, en el cual las nociones de igualdad, pobreza, equidad son revisadas desde una perspectiva crítica, que considera la lengua como un derecho y, la última, asume la lengua como fuente o referencia (*source*) y se sitúa después de la guerra fría y el desarrollo de la globalización, la entrada de las tecnologías de la comunicación y los avances científicos. A partir de estas tres ópticas, García (2011), en su libro dedicado a la educación bilingüe, analiza los aspectos que forjan los diferentes marcos de educación bilingüe en el contexto de la globalización. En concordancia con las propuestas de este autor, coincidimos plenamente con la siguiente reflexión:

We believe that monolingual education is not longer, adequate in the twenty-first century, and that every society needs some form of bilingual education. Our view of bilingual education is complex, like the banyan tree, allowing for growth in different directions at the same time and grounded in the diverse social realities from which it emerges (García, 2011, p.17).

La mayoría de los ejemplos de educación bilingüe citados han sido trabajados a partir de una dimensión general y aplicada, principalmente, a la educación primaria y secundaria. Sin embargo, existe una amplia gama de estudios e investigaciones sobre el bilingüismo y el multilingüismo en la educación superior, debido a la relevancia de la lengua dentro de la construcción y difusión del conocimiento. Asimismo, el multilingüismo en las instituciones universitarias es bastante frecuente, ya sea en el ámbito institucional (clases, trabajos, bibliotecas) como en la composición del cuerpo universitario (estudiantes, funcionarios y personal hablantes de otras lenguas).

En 2013, se publica el libro del proyecto Dylan "Dynamique des langues et gestion de la diversité" (Berthoud, Grin, & Lüdi, 2013) donde encontramos (Part III: Higher Education, pp.229-264) una serie de casos específicos sobre el manejo de las lenguas dentro de la universidad europea. En esta parte, dos aspectos son analizados a partir de estudios de casos: por un lado, las políticas y el planeamiento lingüístico dentro de la investigación en las universidades europeas. Por otro lado, las prácticas lingüísticas de los miembros de esta comunidad académica (actividades, recursos actitudes). Los estudios de casos, así como los ejemplos específicos de esta publicación, nos muestran cómo funcionan, institucionalmente (políticas y planeamiento) y en la práctica (experiencias, prácticas sociales) las universidades donde el plurilingüismo está presente, autorizado o implementado. Ejemplos como el de la Universidad Autónoma de Barcelona en España (bilingüe), Universidad de Bolzano en Italia (trilingüe), Universidad de Helsinki (bilingüe), revelan que la categoría de Educación o Institución bilingüe presenta múltiples variables y manejos.

En el caso de las universidades europeas nos llamó, particularmente, la atención, la descripción del proyecto pedagógico y la misión de la Universidad de Luxemburgo. Según la información institucional esta universidad se define como "un des rares établissements d'enseignement supérieur au monde à être multilingue. Ses étudiants, chercheurs et professeurs sont originaires du monde entier"[20]. Del mismo modo, la posición geográfica de Luxemburgo en el centro de Europa contribuye a identificar y justificar la institución dentro de las dinámicas de la construcción europea como lo indica el siguiente apartado: "L'UL tient compte de la présence des sièges de plusieurs institutions européennes importantes à Luxembourg. Elle développe des formations et des recherches qui s'inscrivent dans la logique du rôle du Luxembourg comme un des centres de décision de la construction européenne". Esta descripción se aproxima en varios aspectos a la visión y misión de la Universidad Federal de Integración Latinoamericana, escogida como foco de nuestro estudio pues, como lo veremos a lo largo de este trabajo, es una institución bilingüe y con una visión integracionista en el ámbito del MERCOSUR.

Recordamos que no solo en Europa existen una serie de universidades bilingües, multilingües o plurilingües. La Universidad Hong Kong en China oferta enseñanza en inglés, la Universidad de Túnez brinda enseñanza en francés y árabe, en Canadá hay varios tipos de universidades bilingües francés/inglés como la Universidad de Ottawa. En América Latina existen algunos ejemplos de universidades que ofertan enseñanza bilingüe; en especial, dentro de las líneas que Hamel (2013b) llama *Immigrant and Elite bilingual Education* y que, generalmente, corresponden a universidades privadas como la Universidad de Los Andes (Colombia) y la Universidad de las Américas (México), que ofertan enseñanza y programas completos en inglés y en español. Existen, también, algunos proyectos universitarios que incluyen enseñanza en lenguas indígenas o autóctonas como el que propone el programa de la Universidad Intercultural del gobierno mexicano para promocionar la educación bilingüe e intercultural en la enseñanza superior[21], o,

---

[20] http://wwwfr.uni.lu/universite/presentation (recuperado el 30 de abril de 2020).
[21] https://eib.sep.gob.mx/wp-content/uploads/2018/06/MapaUI.pdf (recuperado el 30 de abril de 2020).

por ejemplo, la Universidad Indígena Boliviana Quechua "Casimiro Huanca", que también propone (sin ser bilingüe), una perspectiva intercultural para el reconocimiento de las lenguas y saberes indígenas. En Brasil, además de Universidad Federal de Integración Latinoamericana, podemos destacar otro proyecto de integración, a través de la lengua, que es la *Universidade Federal da Integração Luso-Afro-Brasileira* (Unilab), situada en el la ciudad de Redenção en la región de Ceará, inaugurada bajo el Gobierno de Luiz Ignacio Lula da Silva y que tiene también como objetivo que la mitad de sus estudiantes sean extranjeros y la otra mitad brasileros, teniendo como foco de integración, el desarrollo científico y académico de los países luso hablantes.

Por lo tanto, la lengua o el uso de las lenguas en la educación superior no solo puede apreciarse a través de la implantación de programas bi-plurilingües. De hecho, el plurilingüismo académico se puede dar en diferentes estados y etapas de la construcción del conocimiento. En este sentido, la revista Synergies Europe n 8, 2013, dedica un número especial al tema del francés y el plurilingüismo en la ciencia (Gajo & Malgorzata, 2013).

Estos trabajos ponen en evidencia la importancia de la universidad como productora y diseminadora del saber y la función de las lenguas dentro de estos procesos de producción y divulgación. La internacionalización de las instituciones universitarias, la producción científica y las dinámicas de competitividad y mercado ligadas a este proceso producen una re significación constante del lugar de las lenguas en la transmisión y producción del conocimiento, como lo apunta Gajo (2013):

> *De nos jours toutefois, l'internationalisation des études se traduit de plus en plus par la remise en question de la langue officielle, nationale ou locale comme langue de l'enseignement. Remise en question ne signifie pas questionnement en profondeur, et internationalisation rime avec anglicisation. Le plurilinguisme d'une filière se résume ainsi dans bien des cas à l'introduction de*

> *l'anglais. On est en droit de se demander si on vise par là une diversification linguistique ou un nouveau monolinguisme* (p.102).

Para el autor, el bilingüismo académico se manifiesta generalmente por adicionar a la enseñanza en lengua local u oficial, la enseñanza en una lengua de gran difusión, lo que podría generar efectos como el tránsito hacia un nuevo monolingüismo. Dentro de su análisis, Gajo (2013) evidencia la necesidad de implementar en las entidades de enseñanza superior una política lingüística "...explicite, finement documentée et, surtout, définie au sein de l'académie et prenant au sérieux la dynamique des savoirs, constitue un outil central pour une gouvernance moderne, ajustée à son temps mais cultivant un ancrage solide –repérable et donc discutable– de la science" (p.108). Así, como observamos en algunos ejemplos, el bilingüismo o la enseñanza bi-plurilingüe puede exteriorizarse de diversas formas.

Por ejemplo, y retomando nuestro terreno de estudio, encontramos que la UNILA, como institución autodenominada bilingüe posee muchas características que corresponden a las anunciadas por los autores consultados; no obstante, el bilingüismo en esta institución parece estar justificado y amparado por la obligatoriedad de la enseñanza de las lenguas oficiales (español y portugués) únicamente para los estudiantes, como lo expusimos en el análisis. Tomando en cuenta estos aspectos, el caso de la UNILA podría enmarcarse en algunas de las características de la educación bilingüe pero no en todas; de igual modo, se enmarca en todas las características del modelo de educación lingüística. Por falta de una reflexión precisa en la bibliografía sobre las bases que edificaron este proyecto educativo, no podemos categorizar o catalogar esta Institución, debido a la dificultad ya expresada de situarnos en una categorización rígida. Por ello, fue a través de la práctica de los hablantes y de la experiencia compartida por los estudiantes y profesores que evidenciamos y analizamos el bilingüismo institucional.

Desde esta perspectiva, el enfoque que deseamos proponer en este trabajo es precisamente el de una visión plural y dinámica del bilingüismo, tomando en cuenta las características particulares y globales que cada experiencia ofrece y observando las múltiples direcciones, formas y movimientos que resultan del fenómeno de contacto entre lenguas y culturas, ya sea en el nivel institucional, colectivo o individual, como lo propone García.

2.3 Didáctica del plurilingüismo

Las situaciones resultantes del contacto generan la necesidad de reflexionar sobre los procesos de enseñanza/aprendizaje y sobre las propuestas de educación bilingüe y plurilingüe; de igual modo, los procesos de aprendizaje y los tipos de educación también contribuyen a favorecer y a generar situaciones de contacto y movilidad.

En un contexto actual de enseñanza y aprendizaje de lenguas, enmarcado en la perspectiva sociohistórica de la globalización, la multipolaridad y la movilidad constante, las barreras lingüísticas tienden a dilatarse, haciendo que el monolingüismo ceda terreno a la reflexión sobre el plurilingüismo y estimule así a las instituciones, a los investigadores y educadores a pasar de la concepción de un aprendizaje estático hacia la movilidad y diversidad de enfoques.

El concepto y la reflexión sobre la didáctica del plurilingüismo emergen en un contexto político y geográfico particular que es el del proceso de la construcción europea. Sabemos bien que este proceso de construcción, unificación, identificación de un espacio común de los países que hacen parte actualmente de la Unión Europea significó un gran desafío para todos los actores sociales e institucionales implicados. La diversidad lingüística como componente social, ideológico, político, comunicativo y humano es, evidentemente, uno de los focos de interés de diversos proyectos políticos y educativos de la Unión Europea y del Consejo de Europa.

En 2002, el Consejo de Europa publicó el Marco Común de Referencia para las Lenguas (MCER), documento que influyó directamente en la didáctica de lenguas extranjeras en Europa y otros continentes. Este documento, por un lado, entrega una referencia para establecer lineamientos generales en el proceso de enseñanza de una lengua extranjera y, por el otro, propone una formación *plurilingüe* y le otorga una importancia relevante al desarrollo del pluri-multilingüismo a través de los enfoques plurales. Igualmente, *Le Guide pour l'élaboration des politiques linguistiques éducatifs en Europe* expone la distinción de enfoques entre el plurilingüismo, considerado una competencia plural e integrada de los hablantes y el multilingüismo, correspondiente a la presencia de diferentes lenguas en un mismo territorio[22] (Beacco y Byram, 2007).

Inscrito en estas líneas europeas, "la didactique du plurilinguisme au sens fort recouvre plutôt les méthodologies relevant d'approches comparatives (didactique des langues voisines, didactique intégrée, certains aspects de l'éveil aux langues) et de l'enseignement bi-plurilingue" (Gajo, 2006, p.63). Esta definición es complementada por Moore (2006, p.209; 2012, p.182), quien indica que en esta perspectiva plurilingüe de enseñanza, "l'on s'intéressera aussi bien aux travaux qui favorisent la transversalité des enseignements qu'à ceux qui visent à des modes d'alternance raisonnée des langues".

En este orden de ideas y teniendo en cuenta las características que marcan este tipo de didácticas, consideramos importante apuntar que no todos los tipos de enseñanza bilingüe están enmarcados en la didáctica del plurilingüismo. Pues bien, la enseñanza bilingüe no puede inscribirse en la didáctica del plurilingüismo mientras se lleve un trabajo de relación coherente entre las lenguas, teniendo en cuenta las características y los aspectos anunciados anteriormente. Para Coste (2003), una

---

[22] Recordamos que otros enfoques (americanos y suizos) toman el bilingüismo, multilingüismo y el plurilingüismo como hiperónimos o terminologías muy semejantes.

enseñanza bilingüe inscrita en las perspectivas de la didáctica del plurilingüismo, implica "à la différence de contextes d'immersion totale ou de "submersion", des formes et des degrés divers d'alternance entre ces langues dans le travail majeur des disciplines" (p.3). En pocas palabras, no es suficiente que haya educación bilingüe para que haya didáctica del plurilingüismo.

La alternancia de lenguas (coherente, contextualizada y aplicada con fines didácticos) y la transferencia se convierten en los elementos esenciales de la didáctica del plurilingüismo. Es, precisamente, sobre este punto, que consideramos necesario que en el contexto de bilingüismo académico en la UNILA, se lleve a cabo una verdadera reflexión que pueda contribuir a aprovechar al máximo el potencial didáctico que proporciona el contacto lingüístico y la alternancia de lenguas. En este orden de ideas, el interés por explorar la didáctica del plurilingüismo podría contribuir en el contexto de nuestro terreno al "remplacement d'une conception purement additive de l'apprentissage de plusieurs langues par une conception reposant sur une mise en réseau intégrative et sur le transfert (Meissner 2005, p.29)" [23].

En el seno de la didáctica del plurilingüismo y como una forma de materializar lo que esta perspectiva intenta desarrollar, se edifica el concepto de enfoques plurales (*approches plurielles*). Candelier (2003), acuña este concepto bajo la siguiente definición: "approches didactiques qui mettent en œuvre des activités impliquant à la fois plusieurs variétés linguistiques et culturelles" (p.8).

Dentro de los enfoques plurales, se articulan de manera inclusiva una serie de nociones y conceptos como los de competencias plurilingües y pluriculturales (Beacco y Byram 2007), los enfoques interculturales (Byram, Nichols y Stevens, 2001), la didáctica integrada de lenguas (Candelier y Dabène, 1988 ; Castelloti, 2001), la intercomprensión de lenguas (Degache, 1996; Blanche-Benveniste y Valli, 1997), el despertar de las

---

[23] Citación traducida del alemán por Simonin y Wharton (2013, p.184).

lenguas (De Pietro 1995 ; Candelier, 2008), con el objetivo de proponer "certains modalités d'éducation bilingue (ou plurilingue) qui ont le souci d'optimiser les relations entre les langues utilisées (et leur apprentissage) pour construire une véritable compétence plurilingue" (Candelier *et al.*, 2012 p.6).

    Partiendo del la obra colectiva *Didactique du plurilinguisme: Approches plurielles des langues et des cultures. Autour de Michel Candelier*, y del Marco de Referencia para los Enfoques Plurales de las Lenguas y de las Culturas, (CARAP en francés – MAREP en español), cuatro enfoques didácticos componen el conjunto de los enfoques plurales, los dos primeros con una tradición de más de cuarenta años y los dos últimos con una trayectoria que data de los años noventa. Primero, el *enfoque(s) intercultural (es)* busca sensibilizar a la diversidad lingüística y cultural existente. Segundo, la *didáctica integrada de lenguas* busca el establecimiento de puntos de conexión entre la enseñanza de la lengua materna y la enseñanza de la(s) lengua(s) extranjera(s) en todos los niveles de aprendizaje y disciplinas. Tercero, el *despertar a las lenguas* como modalidad pedagógica, en la que la diversidad lingüística es tratada como objeto de actividades para despertar aptitudes positivas y motivación para el aprendizaje de lenguas. Cuarto, la *intercomprensión de lenguas emparentadas*, que será nuestro punto para desarrollar en el siguiente capítulo, tanto en teoría como en experiencias prácticas, con énfasis en la experiencia latinoamericana.

3
Intercomprensión

Como pudimos observar en el apartado anterior, actualmente existen nuevos desafíos comunicativos y disciplinares que el sistema educativo general debe afrontar. Hoy en día, es una realidad que el inglés, como *lingua franca* del mundo académico, es la puerta de entrada al mismo y, aunque tenemos la firme convicción de la necesidad de aprenderlo, también creemos en la necesidad de aprender otras lenguas, con el fin de que el proceso de integración y comunicación entre las culturas sea más provechoso.

Las necesidades de enseñanza y aprendizaje de lenguas han ido cambiando y, en consecuencia, es necesario aportar nuevas respuestas. Bajo esta perspectiva, desde hace algunas décadas se han desarrollado nuevos enfoques de enseñanza/ aprendizaje de lenguas. Asimismo, en la era de la tecnología y la información, las Tecnologías de información y comunicación para la eseñanza - TICE se han integrado para hacer más eficiente el proceso de enseñanza/aprendizaje de lenguas.

A partir de los aportes de los enfoques plurales y algunos lineamientos que propone el Marco Común Europeo de Referencia para las Lenguas (MCER, 2002), los enfoques plurales y la didáctica del plurilingüismo, haremos un recorrido sobre una propuesta de práctica y didáctica plurilingüe basada en la intercomprensión.

3.1 Principios generales de la intercomprensión

Entre las diversas definiciones que hay sobre esta práctica y metodología de aprendizaje de lenguas, se puede definir, de manera general y en la práctica comunicativa, la intercomprensión como el hecho de comprender una o más lenguas extranjeras, basándose en el conocimiento de su propia lengua y en la del contexto en el cual la interacción tiene lugar (Erazo-Munoz y Chavez Sólis, 2014). En el aspecto didáctico, conscientes de la multiple cantidad de definiciones, lo resumimos de la siguiente manera: "la intercomprensión es un proceso a través del cual se accede mediante la lengua materna a la comprensión escrita y oral de dos, tres o más lenguas de la misma familia, nunca antes aprendidas sistemáticamente" (Villalón y Tassara, 2014). Es decir, la intercomprensión designa la capacidad de comprender otras lenguas, a partir del propio conocimiento de una de ellas, lo que permite una comunicación plurilingüe en la que cada uno se expresa en su (s) lengua(s) y comprende la(s) lengua(s) del otro. En el apartado destinado al análisis desarrollamos y proponemos otras definiciones de este concepto reflejadas y contextualizadas a nuestro objeto de estudio.

La intercomprensión puede ser definida, también, como un método y una práctica lingüística, que intenta desarrollar la capacidad de acceder a la comprensión de una lengua extranjera, mediante estrategias de decodificación basadas en el conocimiento de la propia lengua materna o de otras lenguas y culturas (Jamet, 2010 ; Meissner *et al.*, 2004). A pesar de ya ser una práctica muy antigua y cotidiana, en el área de la didáctica de lenguas, es solo a partir de 1990 que comienza a discutirse académicamente sobre la didáctica de la intercomprensión entre las lenguas y a tejerse puentes entre las nociones de competencias, estrategias, metodologías. En este sentido, la intercomprensión constituye una competencia que se trabaja a partir de la práctica y el desarrollo de estrategias de comprensión mutua (similitudes, transparencias, reformulaciones), que toma como soporte principal, la semejanza entre las lenguas para facilitar el proceso de comprensión escrita y oral de una o varias lenguas desconocidas.

Exponemos aquí un panorama general de los principios o puntos comunes que presenta la intercomprensión con el objetivo de desarrollar competencias lingüísticas, basados en Villalón y Tassara (2014) y Degache y Garbarino (2017):

1. Jerarquización de los objetivos de aprendizaje: en el enfoque intercomprensivo se disocian las actividades lingüísticas, dando prioridad a las actividades receptivas, al centrarse inicialmente en estimular las actividades de comprensión, y al disociarlas de las actividades de producción lingüística.
2. Importancia otorgada a los conocimientos previos: la IC busca concientizar y optimizar los conocimientos previos, llamados por Degache y Garbarino (2017) de "*déjà là*", que tienen los aprendices de tales o cuales temas para así efectuar transferencias de saberes de una lengua a otra(s).
3. El papel central concedido a las estrategias de aprendiente en el cual se estimula la identificación y el reconocimiento de sus propias capacidades para comprender informaciones (mensajes) en las lenguas poco conocidas o desconocidas, gracias a procedimientos desarrollados por él mismo. De esta manera, también se incentiva la optimización y el desarrollo de los recursos y estrategias.
4. Utilización de lazos de parentesco como estrategia de comprensión, aprendizaje y enseñanza: se ponen de relieve los aspectos comunes entre las lenguas y se aprovechan para un mejor manejo de los procesos que permitirán una comprensión plurilingüe.

Estos principios de intercomprensión se inscriben dentro de la perspectiva de la promoción del plurilingüismo y la interculturalidad. Se pueden encontrar otras informaciones en el *Marco de Referencia para los Enfoques Plurales de las Lenguas y de las Culturas* (MAREP), (Candelier *et al.*, 2012 p.7, 36) o en la bibliografía especializada.

Por otro lado, dentro de las características, competencias y estrategias que la práctica de la intercomprensión desarrolla, podemos también observar puntos de convergencia con lo que se entiende por actividades de mediación, tanto en un nivel lingüístico como cultural. De hecho y tal como indica el Marco común europeo de referencia para las lenguas MCER (2002):

> *Las actividades de mediación, escritas y orales, hacen posible la comunicación entre personas que son incapaces, de comunicarse entre sí directamente. La traducción o la interpretación, una paráfrasis, un resumen o la toma de notas proporcionan a una tercera parte una (re)formulación de un texto fuente al que esta tercera parte no tiene acceso directo. Las actividades de mediación de tipo lingüístico, que (re)procesan un texto existente, ocupan un lugar importante en el funcionamiento lingüístico normal de nuestras sociedades... Las estrategias de mediación reflejan las formas de abordar las demandas del uso limitado de recursos para procesar la información y establecer significado equivalente (p.14).*

En este orden de ideas, la intercomprensión recurre también al uso de la traducción, de la reformulación, solo que, en contraste con las actividades de mediación, en la IC no es necesaria la intervención de terceros. Tanto en la intercomprensión como en las actividades de mediación lingüística, el objetivo comunicativo va más allá de la transmisión de información, se pretende llegar a la comprensión del otro, a pensar el lugar del otro dentro de la interacción, a resolver problemas de comunicación tomando en cuenta la diversidad de lenguajes y culturas y a establecer puentes de contacto e interacción entre las naciones y pueblos que conforman el espacio, en nuestro caso, latinoamericano.

Teniendo en cuenta estas definiciones, podemos concluir que la intercomprensión presenta, dentro de nuestro trabajo sobre el plurilingüismo en contexto académico, dos características importantes que sirvieron de base para el desarrollo de nuestra investigación: la primera, que la intercomprensión conforma una práctica cotidiana y un método de comunicación, como se observó en las prácticas comunicativas entre estudiantes y profesores en la UNILA; la segunda, que la intercomprensión, al proponer un método de comunicación donde cada uno recurre a su lengua y entiende la del otro, ha servido como medio de instrucción para la enseñanza y el aprendizaje de disciplinas lingüísticas y no lingüísticas en la UNILA. De esta forma, podemos considerar que la intercomprensión, en el caso de esta universidad, constituye una posibilidad práctica de un bilingüismo académico.

3.2 Intercomprensión y universidades latinoamericanas

El espacio latinoamericano presenta como característica que las lenguas oficiales y co-oficiales de la mayoría de los países que componen los bloques transnacionales son, en su mayoría, además del inglés, lenguas de origen romance (español, portugués, francés) y también, lenguas de alta difusión académica, lo cual supone una gran ventaja para el desarrollo y la implantación de propuestas de intercomprensión entre lenguas latinas, sin olvidar la importancia de las lenguas indígenas, vernaculares y de inmigración (co-oficiales y nacionales en varios países).

Con respecto a los estudios sobre la educación superior y la producción académica en América Latina, apunta Hamel (2013a):

> *En síntesis, la comunidad hispana y lusitana, por su tamaño, historia, dinámica y riqueza, no deberían abandonar el desarrollo de su lengua en ningún espacio de la actividad humana. Y el uso de las lenguas en el campo de las ciencias, tecnologías y la educación superior ocupa un lugar estratégico de primer orden de la relación global entre las lenguas* (p.377).

En este sentido, se observa que el papel de la instrucción lingüística y el desarrollo de programas de promoción del plurilingüismo en el campo de la educación superior latinoamericano se consideran esenciales, tanto para la producción como para la diseminación del conocimiento. Es por eso que muchas universidades exigen, actualmente, en sus currículos académicos, el aprendizaje y el dominio de por lo menos una lengua extranjera.

Mostramos a continuación, un breve recorrido sobre los programas de intercomprensión desarrollados e implantados en algunas universidades latinoamericanas (Argentina, Chile y Brasil), como forma de evidenciar la importancia y las ventajas que presenta un trabajo paralelo en lenguas romances en el ámbito académico.

3.2.1 Universidades argentinas

Inspirado en las corrientes europeas de la didáctica de lenguas, el desarrollo de competencias plurilingües e instrumentales, la didáctica del plurilingüismo, el constructivismo educativo, la gramática contrastiva y los proyectos de intercomprensión (Galatea, Galanet[24], EuRom4, EurocomRom[25]), se ha realizado desde el año 2000, en la Universidad Nacional de Córdoba (UNC),

---

[24] Galanet era una plataforma de aprendizaje y práctica lingüística en línea que trabajaba (a distancia) la intercomprensión en lenguas romances. Este proyecto y herramienta didáctica fue desarrollado por equipos de investigadores de universidades europeas pero con gran difusión y acogida en las universidades y escuelas latinoamericanas. La formación emplea una pedagogía de proyectos en 4 fases y finaliza con la redacción de un proyecto plurilingüe común elaborado por los participantes (Degache, 2003). http://www.galanet.eu (recuperado el 30 abril de 2020).

[25] EuRom4 – EuRom5: El primero de ellos es un método cuyo objetivo es restringido y limitado a la comprensión escrita y a la obtención de conocimientos parciales de cuatro lenguas latinas (francés, español, portugués, italiano). EuRom5, es una continuación del método anterior al cual se le suma una quinta lengua, el catalán. http://www.eurom5.com (recuperado el 30 de abril de 2020).

Facultad de Letras, el proyecto de investigación "Lenguas romances: observación, análisis y desarrollo de estrategias para la intercomprensión simultánea del español, francés, italiano y portugués" (Carullo de Díaz et al., 2002; López Barrios, 2009). A partir de esta experiencia de investigación y considerando la importancia de estas corrientes didácticas en el campo latinoamericano, en 2004-2005, los investigadores de esta universidad se lanzan a la elaboración de material didáctico – Manual InterRom– (Carullo y Torre, 2007) para la enseñanza de la intercomprensión, priorizando en su primer módulo la perspectiva teórica de la gramática contrastiva; en el segundo, el desarrollo de competencias lectoras e intercomprensivas; en el tercero, el aprendizaje autónomo, autorregulado y autogestionado.

En la UNC, desde 2001, los cursos de intercomprensión de lenguas romances integran la oferta educativa de esta universidad con una serie de participación en diversos proyectos pilotados por la UNC y en colaboración con otras propuestas educativas (Galanet, Lingalog, Itinerarios Romances[26]). Desde 2006-2007 se presentan cursos de intercomprensión en la modalidad a distancia. En 2008, a diferencia de las universidades de otros países latinoamericanos, un equipo de investigadores de la UNC se lanza en un proyecto de investigación de "intercomprensión en lenguas germánicas: diseño curricular y de materiales para la enseñanza simultánea de lenguas germánicas a hispanohablantes". También recordamos que la Revista *Lingüística en el aula* de la UNC, número 10 de 2011, dedica este número a *la didáctica del plurilingüismo. La intercomprensión entre lenguas emparentadas. Proyectos y experiencias de aplicación.* En 2020, se realiza el I Encuentro Internacional Plurilingüismo y Educación organizado

---

[26] Itinerarios Romances (Unión Latina, Paris): este proyecto y método fue elaborado por la Dirección de Promoción y Enseñanza de Lenguas de la Unión Latina. Se trata de un método informatizado con un programa puesto en línea, orientado hacia jóvenes adolescentes, entre 9 y 13 años. (Villalón, 2010)
http://www.unilat.org/DPEL/Intercomprehension/Itineraires_romans (recuperado el 30 de abril de 2020).

por los equipos Interom e Interger después de veinte años de trabajo sobre estas temáticas en la UNC.

Otras universidades argentinas como la Universidad Nacional de Rio Cuarto han participado activamente de proyectos de difusión de la intercomprensión en el nivel universitario y a partir de proyectos de extensión, ampliando así la formación a la comunidad no académica (Ceberio, 2009).

Desde la perspectiva argentina, los proyectos de intercomprensión así como el enfoque plurilingüe, en el cual se inscribe esta línea de la didáctica de lenguas, han contribuido ampliamente a la implantación de propuestas y planificación de políticas lingüísticas en los procesos de integración regional. Por ejemplo, la ley de Educación Nacional (26.206) de 2006 plantea la obligatoriedad de la enseñanza de al menos una lengua extranjera en las escuelas y la incorporación de la educación intercultural bilingüe. En la provincia de Córdoba, según el Documento de Síntesis de las Orientaciones 2012-2015[27], se podrá integrar al currículo escolar un espacio dedicado a *la Intercomprensión en lenguas* y *Estudios interculturales en lenguas* (Marchiaro, 2012). Asimismo, observamos que proyectos como Galanet, posteriormente MIRIADI y Aulas hermanas, en los que se integran las nuevas tecnologías, la intercomprensión y la perspectiva intercultural han tenido gran acogida en las escuelas públicas argentinas y brasileras contribuyendo así a la construcción de una conciencia plurilingüe y de integración tan necesaria para los procesos políticos del continente.

3.2.2 Universidades chilenas

La intercomprensión en Chile tiene una trayectoria bastante antigua pues es conocida inicialmente en el año 1992,

---

[27]http://www.igualdadycalidadcba.gov.ar/SIPEC-CBA/publicaciones/EducacionSecundaria/SintesisdeOrientaciones2012b.pdf **(recuperado el 30 de abril de 2020).**

durante el SEDIFRALE X. A este evento fue invitada Louise Dabène, para hablar sobre los enfoques plurales y, en particular, sobre la intercomprensión (proyecto Galatea). En 1993, un grupo de académicos de las Universidades de Concepción, Metropolitana y Playa Ancha implementaron un programa de investigación-acción que resultó en el proyecto *Lingua Sur*: comprensión lectora en francés y español. En 1999, se concretó la visita del profesor Valli, quien dictó, en la Universidad de Playa Ancha, un seminario de formación del método Eurom 4. A partir de esta experiencia, en 2001 se presentó, en la Universidad de Playa Ancha, un proyecto de investigación para el diseño de materiales didácticos, adaptados al contexto nacional, destinados a la comprensión de tres lenguas latinas. En 2007, se publicó el Manual INTERLAT, de comprensión escrita en portugués, español y francés. El objetivo de este manual era desarrollar la competencia de comprensión lectora simultánea en dos de las tres lenguas propuestas, en un plazo medio de 50 horas de trabajo. Este manual utilizaba textos periodísticos teniendo como pivote la lengua materna u otra lengua latina aprendida por el usuario. El material viene acompañado de un CD audio con la oralización de todos los textos (45 en total), realizada por hablantes nativos latinoamericanos en el caso del español y el portugués (Villalón, Tassara y Moreno, 2011; Tassara y Moreno, 2007).

A partir de estas experiencias, desde marzo de 2013, la Universidad de Playa Ancha (UPLA) y el centro de lenguas, cultura e innovación, Liguae Mundi[28] ha puesto a disposición de la comunidad, cursos de intercomprensión de lenguas emparentada bajo el nombre de "*Francés y portugués en simultaneidad*". A la fecha, el número de inscritos voluntariamente en este curso optativo de la UPLA, asciende a más o menos 80 estudiantes. No obstante, otras formaciones en intercomprensión se han realizado en el marco de cursos de idiomas extranjeros en diversas carreras de la universidad, entre ellas: Bibliotecología, Pedagogía en filosofía, Pedagogía en castellano, Pedagogía en historia y

---

[28] Centro creado em 2014, com iniciativa privada: https://twitter.com/linguae_mundi (recuperado el 30 de abril de 2020).

geografía, cursos para colaboradores y académicos de distintas facultades, docentes y funcionarios de las ya nombradas instituciones. Hasta 2013, según Erazo-Munoz y Chávez Sólis, (2014) y Villalón y Tassara, (2014), la Universidad de Playa Ancha ha formado en IC a más de 500 miembros de su comunidad, siendo la gran mayoría estudiantes de pre-grado. En algunas oportunidades, se ha complementado la formación en aula, con la participación en la plataforma GALANET, de esa manera también se ha trabajado la interacción real, en un ambiente plurilingüe integrado por estudiantes universitarios de Argentina, Brasil, España, Portugal, Francia, Italia y Rumania. Existen proyectos en realización para ampliar el manual Interlat y completarlo con otras lenguas, así como para mejorar los proyectos ya realizados y continuar con las actividades en esta área.

3.2.3 Universidades brasileñas

Varias universidades han implementado dentro de las carreras de lenguas, disciplinas optativas de intercomprensión, tanto en el Centro de lenguas como dentro del currículo académico de diferentes carreras de pregrado y de posgrado, como es el caso de la Universidad Estadual de Campinas (UNICAMP), la Universidad Federal de Paraná (UFPR), la Universidad de São Paulo (USP), la Universidad de Rio Grande do Norte (UFRN) y la Universidad de Minas Gerais, entre otras.

Según Albuquerque, Da Silva y Alas Martins (2014), uno de los primeros proyectos de intercomprensión en Brasil se realizó en 2004, en la Pontificia Universidad Católica de Rio de Janeiro. Desde esta fecha, varias han sido las manifestaciones académicas (seminarios, encuentros, colaboraciones) en torno a este tema. Presentamos aquí solo algunos ejemplos de estas experiencias centrándonos esencialmente en el recorrido de la Universidad Federal de Paraná (UFPR), institución tutora del proyecto UNILA y colaboradora del acuerdo de cooperación y movilidad universitaria de la cual hizo parte nuestro trabajo.

En la UFPR, la tradición de intercomprensión data de 2007, a partir de la visita del profesor Jean-Pierre Chavagne. En 2008, se implementa la plataforma Galanet, bajo la responsabilidad de la profesora Cásia Hoffmann, como actividad complementaria para los cursos de lenguas del centro de lenguas e interculturalidad de esta universidad (CELIN), bajo el nombre de *Galanet: galáxia em rede*[29]. El éxito de este curso, de carácter libre y no inscrito en un currículo académico, motivó a los profesores de lenguas de la UFPR a implementar gradualmente las herramientas didácticas de Galanet y de Lingalog[30], como complemento a sus disciplinas, sobre todo, las disciplinas de lengua instrumental. En 2012, los profesores José Carlos Moreira y Karine Marielly Rocha da Cunha de la UFPR se presentaron en el Coloquio *IC 2012, intercompréhension, compétences plurielles et intégration*, en la Universidad de Grenoble, al cual asistieron igualmente otros investigadores brasileros muy activos en este campo como Franchon Cabrera de la UnB, Alas Martins y Gomes de Souza de la UFRN, Albuquerque-Costa y Miranda de Paulo de la USP y Da Silva de la UNICAMP (Albuquerque *et al*, 2014).

En el año 2013, se organiza el primer congreso de intercomprensión en Brasil IC NATAL-2013: "Intercompréhension des langues romanes: réalisations, formations, projets" en la Universidad Federal de Rio Grande do Norte. Ese mismo año, en la UFPR se inicia un ciclo de seminarios "Flores do Lácio" con un total de once intervenciones sobre diferentes lenguas romances y se ofrece la disciplina intercomprensión en el programa de posgrado (que continua siendo ofertada), impartida en aquel

---

[29] http://www.celin.ufpr.br/index.php/o-celin/historia (recuperado el 30 de abril de 2020).
[30] Lingalog, (como indica la descripción de la página oficial), es una plataforma de aprendizaje de lenguas en autonomía solidaria, trabaja la intercomprensión y el aprendizaje compartido a través del tándem. Se inició en el 2005 en el Centro de Lenguas de la Universidad Lumière Lyon 2, y se funda en los valores de solidaridad y trabajo compartido. Actualmente se utiliza el espacio MIRIADI para estas actividades https://www.miriadi.net/ (recuperado el 30 de abril de 2020).

entonces por el profesor Degache, investigador en periodo de intercambio de la Universidad de Grenoble. En 2014, dos revistas científicas dedican una edición especial a este tema. La REVISTA X de la UFPR, v2 (2014) *Dossiê Especial: Didática sem Fronteiras* y la Revista MOARA n 42 (2014), bajo la temática de *Pluralidade linguística e cultural no ensino-aprendizagem de línguas*. A partir de 2016 se observa una expansión y consolidación de actividades en Brasil en torno de la temática. Destacamos entre varias acciones, en 2016 *II Colóquio Internacional Inter-compreensão de Línguas* Românicas en la cuidad de Natal organizadas en la Universidad Federal de Rio Grande del Norte - UFRN); en 2017 fueron realizadas las *I Jornadas Latino-americanas de Estudios en Intercomprensión* en la Universidad Federal de Integración Latinoamericana – UNILA con sede en la ciudad de Foz do Iguaçu. En 2018 se realizo el *Congresso internacional DIPROling: distância/proximidade e representações sobre a aprendizagem das línguas: facilidades, obstáculos, motivação e intercompreensão* en la ciudad de Belo Horizonte, organizado por la Universidad Federal de Minas Gerais (UFMG) y en 2019 en la Universidad Estadual de Campinas (UNICAMP) el II Congresso Internacional DIPROling 2019, II Congresso Diproling Línguas em trânsito: desafios e perspectivas para professores e formadores e II Colóquio Ensino de Línguas Estrangeiras em Contexto Universitário. Estos dos últimos constituyen una de las múltiples actividades de un proyecto de cooperación internacional Brasil-Francia por medio del acuerdo CAPES-COFECUB entre los años 2018 y 2022.[31]

Observamos, de manera general, un número creciente de investigaciones (tesinas, tesis de doctorado, grupos de investigación, artículos, proyectos) y manifestaciones en torno a la

---

[31] Projeto: DIPROlínguas, Distância e proximidade entre português, francês e outras línguas: potencial da reflexão comparativa Projeto, nº 88881.143160/2017-01 da Fundação Coordenação de Aperfeiçoamento de Pessoal de Nível Superior (CAPES), no âmbito do Programa CAPES/Cofecub, Edital no 04/2017 (referência Sh903/18 pelo COFECUB francês).

intercomprensión en los programas universitarios, centros de lenguas y hasta en la red pública, llevados a cabo por miembros de las universidades citadas anteriormente y en varios otros países como Colombia, México y Perú. El recorrido que hicimos en este apartado está lejos de incluir todas las actividades en desarrollo creciente y el interés que despierta en todo el continente, proyectos que estimulen la comprensión mutua no solo en lenguas romances sino también en otros grupos lingüísticos (germánicos y lenguas indígenas y de herencia). Intuimos que muchos proyectos que involucran la intercomprensión o comprensión mutua de lenguas en América Latina no han sido referenciados[32], diseminados o compartidos por la comunidad académica, debido muchas veces a las diferencias terminológicas, a la falta de acciones que integren estas propuestas en el ámbito regional. Sin embargo, consideramos que el campo de acción en el continente es muy amplio y que el terreno es fértil para el desarrollo de estas iniciativas a todo nivel.

---

[32] En el proyecto Miriadi Mutualisation et Innovation pour un Réseau de l'Intercompréhension à Distance, se encuentran actualmente 12 miembros asociados (instituciones) en América latina a esta red, correspondiente a los países de Argentina, Brasil, Chile y Perú.

PARTE II

Etnográfica al interior de una comunidad académica plurilingüe

Contexto y Metodología

4

Presentación de la Universidad Federal de Integración Latinoamericana

La Universidad Federal de Integración Latinoamericana, UNILA, fue la institución seleccionada para nuestra investigación y en la que llevamos a cabo el trabajo de campo y la recolección de datos, entre los años 2012 y 2014. Con el fin de analizar y comprender mejor las dinámicas lingüísticas y comunicativas de la Institución, consideramos importante estudiar, desde su inicio, el conjunto de procesos referentes a su concepción, implementación y experiencias, dentro del ámbito político-educacional, en vista de que la UNILA, por sus características y vocación, tiene un estilo diferenciado, tanto en Brasil como en el continente. Por lo tanto, introducimos nuestro trabajo con la presentación de la universidad, a nivel histórico, educativo y organizacional.

La presentación de la institución es esencial para poder abordar desde una perspectiva etnometodológica el contexto de estudio. Para ello, es indispensable pasar primero por la descripción detallada del campo para así conducirnos a la comprensión e interpretación de los fenómenos que deseamos estudiar.

Este apartado, dedicado a la institución, se basa, principalmente, en las fuentes oficiales sobre su construcción. Las reuniones, eventos y discusiones acerca de su implantación, se encuentran registrados en los dos volúmenes de UNILA, editados por el Instituto Mercosur de Estudios Avanzados – (IMEA, 2009a). El primero, titulado: *A UNILA em construção, um projeto universitário para América Latina*, y el segundo, *UNILA Consulta internacional, contribuições à concepção, organização e proposta político pedagógica da UNILA* (IMEA, 2009b). De estos dos volúmenes nos servimos para fundamentar el presente capítulo.

Además de dichos volúmenes, contamos con el aporte del conjunto de cátedras y con el de la revista, que el Instituto Mercosur de Estudios Avanzados – IMEA, publica desde 2013. El volumen 1, de la revista de IMEA de UNILA, dedica su primera edición al tema de las universidades, y en especial, a la instauración de la universidad UNILA, lo mismo que a su integración regional. Los documentos oficiales publicados por la universidad significaron una fuente de registro importante para comprender su estructura institucional, su visión y su objetivo mayor. También, encontramos varios escritos y artículos en revistas académicas sobre el proyecto de la UNILA, de modo tal que, a través de toda esta documentación, y con base en la misma, presentamos un panorama histórico de la institución, sus características y formas de organización institucional y geográfica, además de su inserción en el ámbito local y global.

Por último, conviene anotar que tuvimos la oportunidad de entrevistar en París, en junio de 2014, al primer rector pro tempore de la UNILA, profesor Helgio Henrique Casses Trindade, una de las personas con mayor trayectoria y experiencia académica en Brasil y quien más contribuyó y acompañó este proceso de construcción, así como los procesos de otras instituciones de educación superior. Gracias a él, logramos también una mayor comprensión del trabajo propuesto.

4.1   El Mercosur y la Universidad Latinoamericana

La Universidad, como institución social, ha tenido y tiene un lugar esencial en la construcción política y social de toda la América Latina. Los debates en torno a la educación superior y a la entidad universitaria, han acompañado buena parte de los varios procesos históricos, económicos y políticos del continente, desde la colonización hasta nuestros días. Antes de pasar a una reflexión sobre la expansión universitaria en el continente recordemos rápidamente algunos principios de lo que representa el Mercado Común del Sur y sus propuestas de integración a través de la educación.

EL MERCOSUR, aparte de ser un bloque económico y de movilidad, es un proceso abierto y dinámico. Nace en 1991 (26 de marzo) con el "tratado de Asunción" y en 1994 (Protocolo de Ouro Preto), en que Argentina, Brasil, Paraguay y Uruguay firman una serie de acuerdos de libre comercio y cooperación regional, organizan una serie de proyectos de trabajo en conjunto y estipulan las bases de este bloque. En 2015, el MERCOSUR contaba con los siguientes países miembros: Argentina, Brasil, Paraguay, Uruguay y Venezuela[33]. Los Estados Asociados (tienen voz pero no voto) son Chile, Colombia, Ecuador, Perú, Guyana y Surinam. También los países que son parte de la Asociación Latinoamericana de Integración (ALADI), pueden participar como invitados.

El MERCOSUR tiene tres lenguas reconocidas: el español, el portugués y el guaraní. Sin embargo, fue estipulado por el Protocolo de Ouro Preto en 1994, que las lenguas oficiales de trabajo son el español y el portugués; en este sentido, toda la documentación oficial y las normas aprobadas por los órganos que componen el MERCOSUR están disponibles en estas dos lenguas.

---

[33] Los datos referentes al MERCOSUR fueron consultados en la página oficial de la Institución http://www.mercosur.int (recuperado el 30 de abril de 2020).

Como espacio de integración regional, el MERCOSUR ha integrado a sus objetivos otros aspectos complementarios a los temas económicos, lo cual ha permitido la consolidación de este bloque, más allá del área económica, como lo podemos observar por medio del siguiente descriptivo:

Desde sus inicios el MERCOSUR ha promovido como pilares fundamentales de la integración los principios de Democracia y de Desarrollo Económico, impulsando una integración con rostro humano. En línea con estos principios, se han sumado diferentes acuerdos en materia migratoria, laboral, cultural, social, entre tantos otros a destacar, los que resultan de suma importancia para sus habitantes (Página Oficial del MERCOSUR[34]).

El espacio MERCOSUR crea, ya desde sus inicios en 1991, un órgano MERCOSUR encargado de lo que corresponde a la educación en todos los niveles: el Sector Educativo del MERCOSUR o MERCOSUR Educativo / Educacional. Sin embargo, solo hasta 2001 se establece su estructura organizativa y en el 2011 se incluye la formación de profesores. Dentro de este marco, la UNILA, como lo veremos más adelante, también comparte los mismos objetivos de integración, movilidad y cooperación. Este órgano MERCOSUR Educativo / Educacional, tiene por objetivo la promoción de la integración y el desarrollo de la educación en toda la región del MERCOSUR y en sus países asociados. De ese modo, a través de la elaboración de políticas públicas y a partir de la creación y ejecución de programas y de proyectos comunes, este órgano ha colaborado enormemente a la reflexión de las políticas educativas en todo el continente.

Cabe notar que el MERCOSUR ha llevado un creciente trabajo colaborativo internacional en diversas áreas del conocimiento gracias al sector educativo. En lo que se refiere a la enseñanza de lenguas, podemos decir que fueron notables las

---

[34] http://www.mercosur.int/innovaportal/v/3862/2/innova.front/en-pocas-palabras (recuperado el 30 de abril de 2020).

propuestas de educación en portugués y español ya que se aplicaron al ámbito de la formación docente y también a todo nivel educativo. Esto puede explicarse, ya que en países como Brasil, Argentina y Uruguay, la oferta del español (en el caso de Brasil) y del portugués era obligatoria en la educación media. Sin embargo, debido a cambios de gobiernos y orinetaciones en la educación dichas propuestas han sufrido moficaciones. También es importante notar que los programas de educación bilingüe e intercultural contemplados en el proyecto "Escuelas Bilingües de Fronteira" actúan, principalmente, en educación primaria y secundaria. En cuanto al área de educación universitaria podemos ver programas que, están logrando acuerdos y propuestas de acreditación y reconocimiento de títulos, núcleos de estudio e investigación. El programa de movilidad universitaria (programa en colaboración con la Unión Europea) ha tenido su primera experiencia con 170 estudiantes, en el año 2012, con universidades de Argentina, Brasil, Paraguay y Uruguay, lo cual nos muestra que el trabajo que se está realizando en este sector es relativamente reciente. Resaltamos que muchos de estos acuerdos se han visto comprometidos debido a los cambios políticos y económicos que afronta la región.

En relación con la Internacionalización Universitaria, el plurilingüismo académico es uno de los tópicos que está siendo tratado y que se encuentra en el centro de los debates, no solo en América Latina sino en varios continentes. En este sentido, podemos ver que en 2015 se realizaron diferentes acciones en torno a este tema, como por ejemplo, el *Seminario Virtual: Internacionalización universitaria en América Latina: Herramientas de Política y Gestión*[35] del Núcleo de Estudios e Investigaciones en Educación Superior del Mercosur. Por otro lado, el tema del Coloquio anual de la Agencia Universitaria de la Francofonía del 2015 fue *L'Université en contexte plurilingue*

---

[35] http://edu.mercosur.int/pt-BR/25-mercosul-educacional/153-seminario-virtual-internacionalizacion-universitaria-en-america-latina-actores-politicas-y-estrategias.html (recuperado el 30 de abril de 2020).

dans la dynamique numérique[36]. Igualmente, un gran número de eventos institucionales como cientificos sobre estas temáticas puede observarse, por ejemplo, en el congreso realizado en Angers, en 2015: *Plurilingualism, pluriculturalism and English in globalization: devices, practices and issues in the internationalization of European higher education*[37]. En 2018, la temática de la internacionalización hizo parte de la III Conferencia Regional de Educación Superior de América Latina y el Caribe, CRES 2018[38], posicionada como uno de los siete ejes temáticos fundamentales de discusión urgente de este importante evento: *internacionalización e integración regional de América Latina y el Caribe*.

Aunque nuestros ejemplos citados son limitados y, evidentemente, hay muchos más eventos sobre estos temas, queremos resaltar que la internacionalización universitaria es un tópico presente y un elemento que llama la atención es el papel relevante de las lenguas y de las nuevas tecnologías dentro de estos procesos de internacionalización. La reflexión en torno a estas temáticas sigue siendo un terreno muy fértil e implica varios actores. Fuera de los espacios o bloques de integración regional debemos recordar que la Universidad como institución en América Latina tiene una larga trayectoria y tuvo un papel fundamental tanto en la política como en la propia consolidación de la ciudadanía, de la(s) lengua(s) y del pensamiento latinoamericano. Actualmente, en la era de la internacionalización universitaria y de la globalización, esta institución también hace frente a nuevos procesos sociales como lo subrayan los especialistas (J. Araya y Oreguioni 2015, E. Rinesi 2013)[39], entre estos procesos sobresale

---

[36] http://www.bibliotheque.auf.org/doc_num.php?explnum_id=893 (recuperado el 30 de abril de 2020).
[37] https://docplayer.fr/110139133-Langues-et-cultures-dans-l-internationalisation-de-l-enseignement-superieur-au-xxi-e-siecle.html (recuperado el 30 de abril de 2020).
[38] https://www.udual.org/principal/cres-2018/ (recuperado el 30 de abril de 2020).
[39] Varios articulos y estudios se encuentran en la Revista del Núcleo de Estudios e Investigaciones en Educación Superior del MERCOSUR.

la presencia importante del inglés como lengua de comunicación internacional.

Como es de observar no solo los bloques económicos sino también los diferentes los gobiernos, las instituciones y varios organismos se muestran interesados abrir puentes de comunicación y de cooperación internacional, pero para llevar a cabo estos procesos y proyectos necesitan que tanto políticos como ciudadanos de los diferentes países sean capaces de entender y comunicarse entre ellos. Esta temática la abordamos, en este trabajo, bajo el ejemplo de la UNILA, pero para ello revisamos un poco el papel de la Universidad dentro del espacio Latinoamericano.

A pesar de las divergencias de perspectivas, es a partir del reconocimiento de la universidad como institución social y su papel en la sociedad, que muchos autores como Ribeiro, Freire, Casanueva, Boaventura de Sousa Santos, proponen reflexiones valiosas frente al tema, así como propuestas innovadoras para la educación superior. Aparte de situarse en momentos diferentes de la historia, estos autores insisten en reconocer el rol fundamental de la institución universitaria en la sociedad, como espacio de emancipación y de construcción ciudadana latinoamericana. Así mismo, Trindade (2013), nos recuerda que la reforma universitaria de Córdoba, Argentina, de 1918, fuera de transformar el sistema universitario, trascendió las fronteras, para ser adoptada y servir, por su esencia identificadora, como modelo en otros países del continente: "Fue esa reforma la que estableció el perfil dominante de la universidad latinoamericana: el compromiso social de la universidad" (Trindade, 2013, p.5).

La discusión sobre una institución universitaria latinoamericana para contribuir al proceso de integración regional tiene sus inicios en la década de los 60's, principalmente en las reuniones realizadas por la Unión de Universidades de América Latina (UDUAL). Fue por medio de la UDUAL y los encuentros universitarios, que se formularon recomendaciones y una serie de directrices para que las Instituciones de Educación Superior (IES) participantes, ayudaran a este proceso. Para comprender la contribución de la UDUAL en la integración regional, consideramos necesario contextualizar la coyuntura de la educación superior en América Latina y en Brasil.

Es evidente que la implementación de instituciones universitarias en América Latina, viene, desde hace un largo tiempo, en intensa expansión, asunto que podemos constatar, a partir de los índices de la UNESCO, en la década de los 50's, y en los estudios de Francisco López Segreda (2007), según los cuales, en América Latina, había un total de 75 universidades, mayormente públicas. Durante 1975, continúa la expansión, esta vez acompañada de una presencia creciente de las universidades privadas. Y, ya en 1995, se registra el hecho del predominio de IES privadas: 300 universidades públicas y 400 privadas-, que conforman el 61% de las universidades (López Segrera, 2007, 2010 p.10). En el caso de Brasil, este es el país con el mayor número de IES privadas de América Latina, al tener el 75% de matrículas en universidades no públicas (UNESCO, Speller, Rob, y Meneghel, 2012, p.17). Es claro deducir que el fenómeno del crecimiento acelerado de las Instituciones de Educación Superior – IES, en América Latina, estuvo directamente relacionado con la expansión del sector privado.

La amplia oferta de enseñanza superior en América Latina, acompañada del notable crecimiento de matrícula estudiantil, muestra la tendencia relevante en la región, a pesar de la persistencia de las desigualdades en la democratización del conocimiento, lo cual puede ser analizado desde varias perspectivas. Los especialistas colaboradores del proyecto de UNILA consideran que en varios países de Latinoamérica "... as taxas de escolarização pós-secundárias estavam longe de atingir a cobertura e as qualidades requeridas para os processos de globalização, regionalização e abertura das economias para alcançar uma verdadeira democratização do conhecimento" (Instituto Mercosul de Estudos Avançados-IMEA, 2009a, p.143). La explicación de ello, quizá se deba a que, en América Latina, los sistemas de educación superior son diferenciados en sus tamaños y desarrollos, según se desprende de la siguiente constatación:

> *Há megasistemas de educação superior com mais de quatro milhões de estudantes (Brasil, com mais de 4 milhões; México e Argentina, com mais de 2 milhões); medianos, como a Venezuela, Colômbia, Peru e Chile, que estão num intervalo entre 1 milhão e quinhentos mil estudantes respectivamente; e pequenos, de 500 a 150 mil estudantes, como Cuba, Bolívia, Equador, Guatemala e República Dominicana em ordem decrescente; muito pequenos, com menos de 150 mil estudantes (Costa Rica, El Salvador, Honduras, Nicarágua, Uruguai, Panamá, Paraguai)* (Instituto Mercosul de Estudos Avançados-IMEA, 2009a, p.46).

El marco inicial de discusiones sobre instituciones universitarias, como parte del proceso de integración regional, fue retomado en décadas posteriores en el ámbito del MERCOSUR. En 2006, se realizó el Fórum de Educación Superior del MERCOSUR, en el cual, varios países de América Latina se reunieron para estudiar y elaborar directrices en torno a un proyecto conjunto que promoviera la cooperación académica y solidaria entre los países de la región. Durante este Foro, el Ministerio de Educación de Brasil propuso la constitución de una universidad, con énfasis en la enseñanza e investigación de diversas áreas del conocimiento y tras el objetivo de la integración regional, que llevaría por nombre, Universidad del MERCOSUR. Esta primera propuesta no fue aprobada por dos países del MERCOSUR, lo cual inviabilizó su implementación.

Como es de observar, queda manifiesto que la creación de una institución de educación superior internacional e integracionista no depende solamente de los ideales compartidos, ni de las voluntades de los mismos intelectuales o de las necesidades sociales. El proyecto de una universidad encaminada a integrar los países de América Latina, surgió como consecuencia de una trayectoria histórica común y del fortalecimiento de los bloques económicos a nivel regional, que buscaban nuevas perspectivas para la fusión, a partir de la educación inclusiva. El respaldo económico y jurídico del gobierno brasilero fue fundamental para concretar un proyecto latente desde mucho tiempo atrás. Sin embargo, cabe recordar que este proyecto se llevaría a cabo, dentro del marco jurídico, social, político y económico de una nación (del que dependerá su perennidad) y no de un conjunto de naciones.

Así, una vez expuesto el marco global del MERCOSUR, la Universidad en América Latina y el marco propicio para la concepción de la UNILA, pasamos a presentar brevemente, el proceso histórico de la formación de esta institución.

4.2 UNILA: Proceso histórico de formación, vocación, objetivos y misión

Como lo vimos en el apartado anterior, la creación del MERCOSUR Educativo revela el reconocimiento innegable de la importancia que tiene la educación en la consolidación y proyección del proceso de integración regional. Al respecto, encontramos una visión más detallada del MERCOSUR Educativo en el capítulo 4.3 del libro El Mercosur y las Complejidades de la Integración Regional, editado por Briceño Ruíz (2011). Fue en el seno de esta reflexión integracionista y de movilidad que nació la primera propuesta para la fundación de una universidad que propulsara la mencionada entidad supra-nacionalista, que posteriormente daría lugar a la UNILA.

Esta demanda surge de "la necesidad de una estructura que permita conectar los resultados de la enseñanza y de la investigación con las necesidades reales de la integración y del desarrollo de las sociedades suramericanas" (Briceño Ruiz, 2011, p.251). Sin embargo, debido a varios inconvenientes de orden económico-político[40], el proyecto de la creación de la universidad no fue aprobado por todos los países miembros del MERCOSUR. A pesar de ello, el Ministerio de Educación de Brasil se encargó entonces de presentar el proyecto de ley para la creación de la UNILA, en instancias previas para ser aprobado por el congreso de esa nación, y, sancionado durante el gobierno del entonces Presidente de la República de Brasil, Luiz Inácio Lula da Silva en 2009.

El compromiso de Lula da Silva con la promoción educativa de Brasil fue sostenido y muy intenso durante sus dos mandatos presidenciales (2003-2010), lo que contribuyó a respaldar la educación superior, teniendo como base la expansión de universidades y la ampliación de matrículas. En este período se puede destacar la creación de becas, a través del programa Universidad para Todos –PROUNI, consistente en un sistema de financiamiento para realizar los estudios en una universidad privada, como también para la expansión universitaria, al priorizar la fundación de universidades públicas e institutos de educación superior en todo el país. La coyuntura económica que vivía Brasil durante dicho período y el compromiso del gobierno de Lula con la educación superior, permitió que su gobierno asumiera y ejecutara el proceso de implantación de la Universidad del MERCOSUR, que como anotamos antes, se convertiría luego en la Universidad Federal de Integración Latinoamericana - UNILA, una universidad pública brasileña de carácter internacional, con el objetivo de promover el intercambio de conocimientos y la integración regional.

Debido a la pertinencia del proyecto, el Ministerio de Educación de Brasil (MEC) decidió embarcarse en el amplio proceso de construir dicha Institución de Educación Superior de carácter internacional, en aras de promover la fusión

---

[40] Aunque no contamos con un referente exacto acerca de las razones principales que llevaron a los países del Mercosur a abandonar el proyecto de la Universidad del Mercosur, una de las hipótesis más posibles es la de la dificultad financiera para los miembros de asumir este desafío.

latinoamericana. A continuación, presentamos un resumen de las fases generales de tal implementación:

1. Creación del Instituto Mercosur de Estudios Avanzados (IMEA), propuesta presentada por el rector pro tempore Helgio Trindade, en el año 2007, con énfasis en las interrelaciones universitarias de posgrado, aprobada por unanimidad. IMEA es propuesta en 2007 e instaurada en 2009. El IMEA es una unidad que tiene como tarea generar un espacio de encuentro y de reflexiones en todas las áreas del conocimiento sobre la integración regional.

2. En diciembre de 2007, el Ministerio de Educación de Brasil (MEC) encaminó al entonces presidente de la República, Luiz Inácio Lula da Silva, hacia el Proyecto de Ley para la creación de la Universidad Federal de Integración Latinoamericana. Este proyecto de ley fue aprobado por las cuatro comisiones del Congreso, con destino al Senado, en donde esta ley, también recibe la aprobación de la Comisión de Educación, Cultura y Deporte de dicha corporación. Luego pasa para la firma del presidente Lula da Silva, quien el 12 de enero de 2010, informa al Congreso Nacional la sanción de la Ley Nº 12.189 de creación de la institución.

3. Cooperación UNILA-ITAIPU: Instalación del IMEA, la BI-UNILA (Biblioteca) y la UNILA en un espacio físico, dentro del área de seguridad nacional de la planta hidroeléctrica, espacio brindado por ITAIPÚ, desde 2007. Debido a la relación solidaria entre las dos instituciones, las principales fases de la constitución de la universidad se ejecutaron en el marco de las instalaciones de esta represa, con base en tan propicia conexión, registrada en los documentos oficiales, como un factor estratégico. El Campus de UNILA, que se encuentra en construcción dentro del mencionado territorio, fue un proyecto del reconocido arquitecto brasilero, Oscar Niemeyer. Sin embargo, después de 10 años y por motivos diversos esta construcción no se ha realizado y la instutucion funciona en otros espacios.

4. Comité de Instauración de la UNILA: CI-UNILA. Con el propósito de agilizar el mencionado la creación de la universidad, el Ministerio de Educación creó una Comisión de Implantación de UNILA -CI-UNILA, a través de la Portería N°43, el 17 de enero de 2008. El CI-UNILA, que fue instalado oficialmente el día 6 de marzo de 2008, conformado por especialistas reconocidos por su experiencia y competencia en el ámbito latinoamericano e internacional. El CI-UNILA estaba constituido por trece miembros y presidido por Hélgio Trindade, profesor titular de Ciencias Políticas y Ex Rector de la Universidad Federal de Rio Grande do Sul. Para Trindade (IMEA, 2009a p.62 y 63), el CI-UNILA significó un triple movimiento estratégico que, en primera instancia, aportaría a la expansión de la educación superior pública en Brasil y su diversificación en el espacio territorial; en segunda instancia, simbolizaría un avance decisivo con las nuevas universidades (Unipampa y Fronteira Sul), que se proyectarían para ligar las fronteras con los demás países de América del Sur; y en última instancia, desarrollaría la integración latinoamericana a partir del conocimiento, cooperación solidaria y cultura de la paz entre los países del continente. En su última reunión en 2009, se presentó una propuesta preliminar de la concepción académico-pedagógica de la UNILA, que sirve de base para la evolución del Plan de Desarrollo Institucional -PDI (2013) y que, a su vez, regirá la proyección de la UNILA entre 2013 y 2017.

Las Comisiones de Implantación de nuevas universidades, tienen el apoyo de una universidad tutora. En el caso de la UNILA, el Ministerio de Educación de Brasil (MEC) delegó a la Universidad Federal de Paraná - UFPR para ofrecer el respaldo legal y logístico al CI-UNILA, durante el proceso de creación. Igualmente, contaron con el apoyo de la UNESCO, para contratar consultores técnicos y programar viajes internacionales para reuniones de trabajo, elaboración de documentos, configuración de los primeros informes, así como la consecución de asesoría más especializada y concreta (IMEA, 2009, p.53).

Una vez presentadas las principales fases del proceso de creación e implementación de la UNILA, procedemos a realizar una descripción de la institución como tal, y para ello, abordamos de forma panorámica su vocación, objetivos y misión desde su creación.

El día 12 de enero de 2010, el Presidente de la República de Brasil, Lula da Silva, informó al Congreso Nacional acerca de la sanción de la Ley N° 12.189, por la cual se creaba la Universidad Federal de Integración Latinoamericana, UNILA, como una institución jurídica autárquica, vinculada al Ministerio de Educación de Brasil, y con sede en la ciudad de Foz do Iguaçu, estado de Paraná –Brasil, región de una triple frontera para implantar una universidad que tiene un perfil singular y que se caracteriza por ser internacional. Esta, lo informamos antes, fue una decisión estratégica que converge con la vocación de la UNILA, que es la del intercambio académico y la cooperación solidaria con América Latina.

La UNILA es una institución de educación superior pública brasileira, comprometida con la construcción de una sociedad democrática, multicultural y ciudadana. Su actuación se encuentra fundamentada en el "pluralismo de ideias, no respeito pela diferença e na solidariedade, visando a formação de acadêmicos, pesquisadores e profissionais para o desenvolvimento e a integração regional" (Ministério da Educação y Universidade Federal da Integração Latino-Americana/, 2012, p.1).

El proyecto de la UNILA tiene como objetivos institucionales, en primera instancia, el de brindar una preparación académica de calidad e impulsar a la vez un diálogo dinámico con la sociedad, a través de la investigación y la extensión universitaria, desde una perspectiva interdisciplinar, para construir un puente entre los sectores y las disciplinas del saber, con el propósito de garantizar condiciones dignas de vida y justicia social en América Latina y el Caribe.

La misión de la institución, propuesta en el Proyecto de Ley (2010) que la creó y su respectivo Estatuto (2012), señalan que la UNILA deberá promover la enseñanza superior, sincronizada de forma indisociable con las actividades de investigación y extensión universitaria en diversas áreas del conocimiento, para preparar ciudadanos que en el ejercicio de su profesión busquen soluciones democráticas a los problemas regionales. De esta manera, la UNILA se propuso como desafío "formar recursos humanos aptos a contribuir com a integração latinoamericana, com o desenvolvimento regional e com o intercâmbio cultural, científico e educacional da América Latina, especialmente no Mercado Comum do Sul - MERCOSUL", Projeto de lei no 2878 / 2008, (IMEA, 2009a p.161), así como reafirmar el empeño de ir tras la meta de la integración solidaria y la construcción de sociedades más justas. La proyección de una institución como la UNILA, cuyo objetivo, desde su génesis, es el de incentivar la integración de América Latina, tiene su referencia en un bloque económico regional, MERCOSUR, piloto de esa gran propuesta.

Una vez desarrollados los principios fundamentales de la creación e implementación de la UNILA, proseguiremos con una descripción de los pilares institucionales que justificarán el carácter singular de la universidad.

4.3 Bilingüismo, integración e interdisciplinariedad: los pilares de la UNILA

Completando lo que ya hemos esbozado anteriormente y con base a los documentos oficiales que describen este proyecto, la UNILA funciona teniendo como base los principios filosóficos y metodológicos, formulados para direccionar la gestión universitaria y sus prácticas en la enseñanza, investigación y extensión. Estos principios son: interdisciplinariedad, interculturalidad, bilingüismo, multilingüismo, integración solidaria y gestión democrática (UNILA, 2013b, p.15).

Como ya lo describimos en la introducción, vamos a comenzar por el concepto que más referencia tiene dentro de la literatura consultada que es la integración, para luego hacer un recorrido rápido entre los diversos pilares que constituyen la

Universidad. Teniendo en cuenta el objetivo de nuestra investigación nos detendremos y visualizaremos con más atención a la noción de bilingüismo.

La integración es un concepto fundamental en la construcción de la UNILA, con el propósito de profundizar el proceso de la fusión regional, como lo observamos en la siguiente citación:

> (...) *a universidade pretende contribuir para o aprofundamento do processo de integração regional, por meio do conhecimento compartilhado, promovendo pesquisas avançadas em rede e a formação de recursos humanos nas diversas áreas do conhecimento artístico, humanístico, científico e tecnológico.* (UNILA, 2013b, p.17).

Así, al tener la UNILA una vocación internacional con la mira puesta en una integración solidaria de la región, esta proyección valoriza el diálogo intercultural, considerado un punto neurálgico del proyecto universitario. La universidad busca interaccionar los saberes tradicionales con las innovaciones tecnológicas, y comprometerse así en el reconocimiento de las diferencias y similitudes entre culturas, como también un diálogo intenso entre las diferentes áreas del conocimiento.

En este orden de ideas, el principio de integración se fusiona con la interdisciplinariedad en la UNILA. Así pues, la interdisci-plinariedad, que según el documento oficial, se crea en toda la comunidad académica, ya que "implica a inter-relação da diversidade de conteúdos curriculares - atitudes, valores, habilidades, conceitos, temas - e metodologias na sala de aula, nos projetos de extensão, na pesquisa e, em geral, entre os diversos âmbitos acadêmicos e administrativos" (UNILA, 2013b, p.16).

Para que la UNILA pudiera cumplir con su misión integradora, se propuso, desde las primeras reuniones y debates del CI-UNILA, realizar los procesos selectivos en portugués y español para asegurar la igualdad de condiciones en los concursos e ingresos; inclusive, la producción del material de difusión estaba prevista para ser realizada en los dos idiomas. El proceso selectivo de admisión a las carreras de graduación de estudiantes brasileros se realizó a través del ENEM[41], y el proceso selectivo de admisión de estudiantes extranjeros fue ejecutado por medio de los Ministerios de Educación de los diferentes países. Estos procesos se han ido modificando, en busca de ese objetivo de internacionalización y determinado también por los procesos políticos y económicos de los países.

Sin embargo, el objetivo inicial de la UNILA era encontrarse constituida por mitad de alumnos brasileros y mitad oriunda de países de América Latina y El Caribe, para conformarse, de esta manera, como una institución universitaria internacional, bilingüe e interdisciplinar consolidando así los tres pilares como está indicado en la siguiente citación:

> *Na concepção da Unila, sobressai como da mais alta relevância a de ser uma instituição bilíngue, com professores e alunos do Brasil e dos diversos países da América Latina. A meta é ter 10.000 alunos e 500 professores, sendo uma metade oriunda do Brasil e a outra da América Latina (IMEA, 2009a, p.17).*

Como podemos ver, sin haber una definición concreta de qué es adoptado o considerado como definición de bilingüismo podemos esbozar algunas lecturas del término, visibles dentro de los documentos y, más adelante en el análisis haremos una lectura a partir de nuestros datos. Por un lado, el bilingüismo se refleja en su constitución de la población, es decir el bilingüismo se podría entender, en este sentido, como la presencia de hablantes de las dos lenguas español y portugués, como lo observamos en la referencia anterior, cuya meta es tener la mitad de alumnos y profesores provenientes de otros países.

Asimismo, el bilingüismo se presenta como una garantía e igualdad para "a participação equivalente de professores e alunos

---

[41] ENEM en Brasil es el Examen Nacional de Enseñanza Media y puede servir para entrar a la Universidad.

oriundos do Brasil e dos demais países latino-americanos, nos termos do Projeto de Lei encaminhado ao Congresso Nacional" (IMEA, 2009a, p.7), ya que por ley las pruebas de ingreso tanto para estudiantes como para profesores pueden ser presentadas en las dos lenguas: español y portugués, así como el proceso de ingreso al país está acompañado de algunas facilidades administrativas para contribuir a la movilidad, a la cual se suma la misión integradora e internacional de la universidad[42]. Desde el punto de vista estructural e institucional, la contratación de profesores, los edictos y las convocatorias de selección de estudiantes y docentes, así como las clases, los documentos, informes, trabajos y pruebas, pueden realizarse en las dos lenguas. Esta es la manera en que el bilingüismo se presenta como una herramienta de integración, que garantiza la igualdad de condiciones y que está presente en los diversos ámbitos de la universidad, de acuerdo con lo estipulado en el Plan de Desarrollo Institucional:

> A UNILA destaca, dentre as condições culturais essenciais para a realização do projeto de integração latino-americana e caribenha, o princípio de bilinguismo (português e espanhol), o qual se articula nos diversos âmbitos administrativos, científicos e pedagógicos da universidade (UNILA, 2013b, p.17).

Por otro lado, en el espacio académico, el bilingüismo se refleja durante las clases, impartidas en las dos lenguas y que tienden a integrase en la cotidianidad. Mostramos aquí un extracto del Reglamento General de la Universidad, Título IV Sobre la Enseñanza, página 26:

---

[42] Podemos completar con la siguiente aclaración: "Para o cumprimento dessa missão integradora, o processo de seleção dos docentes e pesquisadores será aberto a candidatos dos diferentes países da região, devendo ser feito tanto em língua portuguesa como em língua espanhola e versando sobre temas que assegurem igualdade de condições entre os candidatos" (IMEA, 2009a, pp.7-10).

Art. 111 O ensino na UNILA, bilíngue e interdisciplinar, em consonância com sua missão institucional, compreenderá: I. Graduação, inclusive cursos experimentais compatíveis com a vocação da UNILA; II. Mestrado e Doutorado; III. Especialização e aperfeiçoamento; IV. Cátedras, cursos de curta duração e outras modalidades de educação superior; V. Cursos de extensão, de educação continuada e similares; VI. Programas de ensino, pesquisa e extensão (UNILA, 2013c, p.26).

Según la propuesta pedagógica de la UNILA, el objetivo de la institución es transformar el bilingüismo en una herramienta clave para la integración cultural e intelectual de la comunidad académica[43]. En consonancia con este objetivo, en el Plan de Desarrollo Institucional -PDI (UNILA, 2013b), el bilingüismo es considerado una condición cultural esencial para la realización del proyecto de la UNILA, puesto que el objetivo de esta, como ya lo hemos dicho, es promover la integración latinoamericana. Con tal propuesta, la de ser universidad bilingüe, la UNILA, debe tomar el mejor provecho de su ubicación en una región de triple frontera, con un escenario multilingüe donde convergen diferentes lenguas autóctonas y fronterizas (UNILA, 2013b).

En lo que se refiere a la organización o al planeamiento lingüístico, este se desarrolló principalmente en torno a la enseñanza obligatoria de los dos idiomas oficiales: español y portugués[44], catalogados como lenguas adicionales dentro del Ciclo Básico Común de Estudios, que está registrado en el documento Proyecto Pedagógico de Ciclo Común de Estudios (UNILA, 2013a). Lo que se llama Ciclo Común de Estudios es una propuesta pedagógica que diferencia la UNILA de otras universidades de Brasil, pues tres disciplinas fundamentales se imparten en todas las carreras de la universidad, con el objetivo de "incentivar o pensamento crítico, o bilinguismo e um

---

[43] https://www.unila.edu.br/conteudo/voca%C3%A7%C3%A3o-da-unila (recuperado el 30 de abril de 2020).
[44] Como veremos en el análisis, otras lenguas son enseñadas y promovidas en la Universidad; sin embargo, dentro del Ciclo Común de Estudios, estas dos lenguas son obligatorias.

conhecimento básico da região latino-americana e caribenha" (UNILA, 2013a, p.3). Este Ciclo Común está compuesto por tres ejes de contenidos disciplinares:

> Línguas, Epistemologia e Metodologia, e Fundamentos de América Latina. A finalidade do ciclo inicial de formação é oferecer ao estudante as ferramentas básicas para a apreensão de conhecimentos sobre América Latina e Caribe, conhecimentos filosóficos e uma língua diferente de sua língua mãe, espanhol (para brasileiros) ou português (para hispanos) (UNILA, 2013a, p.11).

En cuanto a la enseñanza descrita como bilingüe por este documento, trata de que los alumnos, a partir del Ciclo Básico, desarrollen habilidades lingüísticas, interculturales e interdisciplinarias. En el análisis de este documento resaltamos un tratamiento diferenciado al área de la enseñanza de portugués y español, durante el Ciclo Común de Estudios de la UNILA, y a la definición de bilingüismo aplicado a la educación. El proyecto Pedagógico del Ciclo Común de UNILA efectúa un debate referente a la utilización del término bilingüismo y su diferenciación del concepto de "bilingualidad", como lo explica este extracto del PPCCE (UNILA, 2013a, p.7).

> Com o desenvolvimento de estudos sobre o tema, entende-se que falantes bilíngues apresentam diferentes graus de bilingualidade, isto é, "os diferentes estágios de bilinguismo pelos quais os indivíduos portadores da condição de bilíngue passam na sua trajetória de vida" (SAVEDRA, 2009). Diversos estudos relacionados ao ensino de línguas adicionais oferecem propostas de desenvolvimento dessas habilidades. Dentre as propostas, destacam-se o Marco Comum Europeu de Referência para o Ensino de Línguas: aprendizagem, ensino e avaliação, elaborado em 2001 pelo Conselho da Europa, e o Novo Plano Curricular: níveis de referência para o espanhol, elaborado em 2006 pelo Instituto Cervantes que oferece, dentre outras, uma proposta de ensino tratando especificamente do par linguístico espanhol-português.

Como observamos en esta larga citación, se exponen las referencias bases para la construcción de una propuesta de enseñanza, desarrollo de las habilidades lingüísticas, concepto de bilingüismo del cual está inspirado este proyecto pedagógico del Ciclo Común. Es decir, la propuesta lingüística está inspirada en dos proyectos europeos sólidos y reconocidas: el Marco Común Europeo de Referencia para las Lenguas: aprendizaje, enseñanza, evaluación y el Plan Curricular del Instituto Cervantes. También se nombran los *Parâmetros Curriculares Nacionais para a língua estrangeira*, que es un documento elaborado por el Ministerio de Educación de Brasil. Tanto en la UNILA como en otras Universidades fuera de Europa es común ver la adopción del referente europeo. Por ejemplo, en Colombia, el Programa Nacional de Bilingüismo adopta las directivas del Marco Común Europeo de Referencia para las lenguas (MCER) para la enseñanza del inglés. O, en Japón, la universidad Prefectoral de Osaka adaptó también las directivas de este marco para la enseñanza y evaluación de varias lenguas. La ventaja de trabajar con base en el Marco Común Europeo, por un lado, es que sus directrices e indicaciones son abiertas a la adaptación, mediación y alineación de los parámetros locales. Y, por otro lado, este documento permite a los profesionales de las lenguas, la utilización de un lenguaje común que facilita la coherencia a la hora de establecer criterios de niveles, evaluación y planes de enseñanza.

Nuestro objetivo, en este capítulo, está dirigido a presentar las bases oficiales de la Universidad en torno a sus tres pilares principales. No obstante, como nuestro tema de investigación está dirigido al estudio sociolingüístico, hacemos hincapié en los aspectos más relacionados con el tema de la didáctica de lenguas (principalmente español y portugués) y el bilingüismo. A continuación, presentaremos otros aspectos de la UNILA centrados en la localización geográfica y distribución.

4.4 Organización institucional actual: localización geográfica, población y distribución académica

En la actualidad, el campus y la sede de la Universidad Federal de Integración Latinoamericana –UNILA, como ya es sabido, están localizados en la ciudad de Foz do Iguaçu, Estado de Paraná – Brasil. Esta ciudad se caracteriza por ser una zona limítrofe, con un flujo de circulación intenso, y que comparte sus fronteras con dos ciudades: Ciudad del Este, considerada la segunda más importante en actividad económica y en población de Paraguay, y como su nombre lo indica, situada al este del país; y, la pequeña ciudad argentina de Puerto Iguazú, muy turística, situada el noreste de Argentina. Foz do Iguaçu cuenta con una población de 256.088 habitantes (IBGE[45]), y una representación multicultural importante, ya que cuenta con más de 72 grupos étnicos. El espacio fronterizo se manifiesta como un sitio dinámico de intercambio cultural y económico cotidiano, intermediado o entrelazado por las lenguas reconocidas oficialmente (español, portugués y guaraní), y otras lenguas y variedades lingüísticas no oficiales pero presentes: árabe, chino, mandarín, yopará; como también, variedades de contacto portugués-español, inglés, que confluyen constantemente en la región fronteriza.

La UNILA tuvo su principal desafío al constituirse e incorporarse bajo la imagen de una universidad "*sin fronteras*", tal como es señalada en los documentos relativos a su diseño e implantación (IMEAa, 2009). Su ubicación estratégica en una región trinacional, revela un espacio valioso para el desarrollo de un proyecto académico que se caracteriza por ser internacional y por estar encaminado a promover el diálogo e interacción regional. La inserción de la UNILA en América Latina se realizará "em círculos concêntricos, desde a região da tríplice fronteira, focando a rede da Associação de Universidades do Grupo de Montevidéu, até atingir o último círculo que abrangerá todas as universidades

---

[45] Según los datos del Instituto Brasilero de Geografía y Estadística - IBGE

da América Latina, órgãos governamentais e internacionais do continente latino-americano" (IMEA, 2009a, p.19).

Así que, además de la característica multicultural de la institución universitaria, que veremos con más detalles en el apartado de la composición, la implantación de la UNILA en esta región trinacional se debe a: la carencia de vacantes universitarias, especialmente en instituciones públicas, lo que justifica la necesidad de ampliación, en consonancia con la política del Gobierno Federal de expansión e interiorización de la red de enseñanza superior, al igual que el ensanche de su acceso para las clases sociales menos favorecidas (UNILA, 2013b, p.14). Podemos decir que las instituciones de educación superior existentes en la triple frontera, en su mayoría, se dedican principalmente a la enseñanza. La UNILA vino a complementar el paisaje universitario, y a erigirse en la primera universidad federal en la ciudad; es decir, una universidad pública gestionada con recursos del Gobierno Federal.

Hasta 2010, Foz do Iguaçu sólo contaba con universidades estatales (públicas, administradas con recursos del Estado o Región) y centros universitarios privados. De esta manera, la implantación de la UNILA colabora para un mejor posicionamiento de la región en el mapa de la producción científica y tecnológica, igual que para América Latina y el Caribe, a partir del desarrollo y articulación de la enseñanza, la investigación y la extensión universitaria (UNILA, 2013b).

En cuanto al campus o la estructura física de la Universidad, con casi 10 años de funcionamiento, existe apenas la sede de UNILA en Foz do Iguaçu (distribuida en varios campus provisionales de la ciudad), gestionada por ella misma.

Las salas de clase, laboratorios y oficinas institucionales de la UNILA fueron distribuidos en diversos lugares de la ciudad, en edificios provisionales, adquiridos y adaptados desde su creación. Enseguida, señalamos los cinco espacios donde se instalaron los campus de la universidad, hasta 2019:

- Parque Tecnológico ITAIPU – PTI: donde se comparte un espacio de 116 hectáreas con dos universidades: la Universidad Estadual del Oeste de Paraná y la Universidad Abierta de Brasil. Allí se encuentran la mayoría de las salas de clase y oficinas.

- Jardim Universitario, Unidad Vila A y Edificio Río Almada: tres edificios sedes, alquilados en los barrios que rodean ITAIPÚ y en donde funcionan las carreras de medicina, las oficinas administrativas y la escuela de música.

Además de la sede del Parque Tecnológico ITAIPU – PTI, en la cual se desarrollan las principales actividades académicas, el resto de las sedes son de acceso público.

En cuanto a la organización institucional actual: institutos, número de alumnos, profesores y técnicos podemos decir que la UNILA está constituida por cuatro unidades académicas, que incluyen las carreras de graduación.

Las unidades académicas en UNILA son: Instituto Latinoamericano de Historia, Arte y Cultura (**ILAACH**); Instituto Latinoamericano de Ciencias de la Vida y de la Naturaleza (**ILACVN**); Instituto Latinoamericano de Economía, Sociedad y Política (**ILAESP**) ; Instituto Latinoamericano de Tecnologías, Infraestructura y Territorio (**ILATIT**). Los institutos son las unidades que realizan la gestión administrativa y académica de las carreras de graduación[46] que los constituyen. Cabe resaltar que en Brasil se hace una diferencia entre las carreras destinadas al profesorado, llamadas *licenciaturas* y las carreras comunes denominadas *Bachalerados*.

- El Instituto Latinoamericano de Arte, Cultura e Historia (ILAACH) está compuesto por las siguientes carreras: Historia -

---

[46] Nos referimos al término Carrera de Pregrado, (también llamado licenciatura en algunos países), al nivel de estudios superiores, posterior a la enseñanza media (escuela) y que permite la obtención de un grado o diploma académico de educación superior o un título profesional. En inglés se puede llamar *bachelor*, en francés se refiere al nivel de *Licence* (Bac +3), en portugués *curso de graduação*.

América Latina, Historia – Licenciatura, Antropología – Diversidad Cultural Latinoamericana, Cine y Audiovisual, Música, Letras – Artes y Mediación Cultural, Letras – Español y Portugués como Lenguas Extranjeras. Estructurado por el Centro Interdisciplinar de Letras y Artes (CILA) y el Centro Interdisciplinar de Antropología e Historia (CIAH).

- El Instituto Latinoamericano de Tecnología, Infraestructura y Territorio **(ILATIT)** comprende las carreras de graduación, así: Arquitectura y Urbanismo, Ingeniería Civil de Infraestructura, Ingeniería de Energías Renovables, Ingeniería de Materiales, Ingeniería Química, Geografía-Licenciatura, Geografía-Territorio y Sociedad en América Latina. Estructurado por el Centro Interdisciplinar de la Vida (CICV) y el Centro Interdisciplinar de Ciencias de la Naturaleza (CICN).

- El Instituto Latinoamericano de Economía, Sociedad y Política **(ILAESP)** está constituido por estas carreras: Administración Pública y Políticas Públicas, Ciencia Política y Sociología, Ciencias Económicas – Economía, Integración y Desarrollo, Desarrollo Rural y Seguridad Alimentar, Filosofía-Licenciatura, Relaciones Internacionales e Integración, Servicio Social. Estructurado por el Centro Interdisciplinar de Economía y Sociedad (CIES) y el Centro Interdisciplinar de Integración y Relações Internacionales (CIRI).

- El Instituto Latinoamericano de Ciencias de la Vida y de la Naturaleza **(ILACVN)** abarca las siguientes carreras de graduación: Biotecnología, Ciencias Biológicas, Ecología y Biodiversidad, Ciencias de la Naturaleza – Biología, Física y Química, Ingeniería Física, Matemática - Licenciatura, Medicina, Química - Licenciatura, Salud Colectiva. Estructurado por el Centro Interdisciplinar de Territorio, Arquitectura y Diseño (CITAD) y el Centro Interdisciplinar de Tecnología de Infraestrutura (CITI).

Para comprender la inserción del cuerpo docente y académico en la estructura institucional, indicada anteriormente, es importante realizar una descripción de la composición estudiantil dentro de la universidad y la proporción en relación con los docentes.

La primera promoción de la UNILA inició su período lectivo el día 16 de agosto de 2010, en su sede provisional, situada en la Fundación Parque Tecnológico-Itaipu. La institución, inicialmente admitió a 206 alumnos de 4 países: Argentina, Brasil, Paraguay y Uruguay. La selección de los alumnos brasileños fue mediante el Examen Nacional de Enseñanza Media - ENEM de 2009, y en el caso de los otros tres países del MERCOSUR, la selección de los estudiantes fue realizada con apoyo de los Ministerios de Educación de sus respectivos gobiernos, que se basaron en diferentes criterios para seleccionar a sus estudiantes.

La UNILA recibió la primera promoción de alumnos en 2010, con una oferta de seis carreras de graduación, Ciencias Biológicas: Ecología y Biodiversidad; Ciencias Económicas: Economía, Integración y Desarrollo; Ciencias Políticas y Sociología: Sociedad, Estado y Política en América Latina; Ingeniería de Energías Renovables; Ingeniería Civil de Infraestructura y Relaciones Internacionales e Integración. A esta oferta se integran siete carreras más en 2011 y en 2012 se agregan cuatro carreras más. En el año 2013, no hubo proceso selectivo para el ingreso de alumnos y tampoco creación de nuevas carreras de graduación. En el segundo semestre de 2014 fue creada la Carrera de Medicina. En el 2015, la UNILA ofrece 29 carreras de graduación, 7 especializaciones y 4 maestrías. Estos últimos años representaron un gran desafío para UNILA debido a los constantes cortes de recursos y cambios políticos y sociales del país. Para el año de 2019, la universidad cuenta con 29 carreras de grado, 21 programas de posgrado (12 maestrías, 6 especializaciones y un programa de residencia médica y dos programas de doctorado).

Según los datos y estadísticas de la página web de la universidad[47], para el año 2018 el número de estudiantes matriculados en los programas de graduación corresponde a 5.231 y matriculados en posgrado 586, contando con un número de 362 profesores y 535 técnicos administrativos. Ahora bien, debido a que nuestra investigación se sitúa a los 5 años de funcionamiento de la universidad, los datos analizados y presentados para nuestro muestreo corresponden al años entre 2010 y 2015. El cuerpo estudiantil de la UNILA, en el año 2015, estaba conformado por un total de 2345[48] alumnos de 12 nacionalidades latinoamericanas[49], con mayoría brasilera (Figura 3). Las nacionalidades Latinoamericanas en orden de representatividad son: paraguaya, boliviana, ecuatoriana, colombiana, haitiana, uruguaya, peruana, argentinas, chilena, venezolana y salvadoreña.

---

[47] https://portal.unila.edu.br/secom/imprensa/numeros (recuperado el 30 de abril de 2020). Eta página mantiene las informaciones actualizadas, por lo cual puede presentar modificaciones según el momento de la consulta.

[48] La información sobre el cuerpo estudiantil y docente no se encuentra disponible de manera pública, motivo por el cual fue solicitada a la Pro Rectoría responsable. Sin embargo, debido a los cambios y actualizaciones constantes en la administración y gestión es posible que esos datos puedan haber sufrido y sufran modificaciones y actualizaciones con el tiempo.

[49] Hay un alumno francés y un alumno libanés, que no fueron considerados en las estadísticas realizadas, debido a su porcentaje no significante, y también porque nuestro mayor interés en este sentido se enfoca en los alumnos de nacionalidades latinoamericanas. De esta manera, el número total de estudiantes unileros, consideradas todas las nacionalidades, sería de 2347 alumnos.

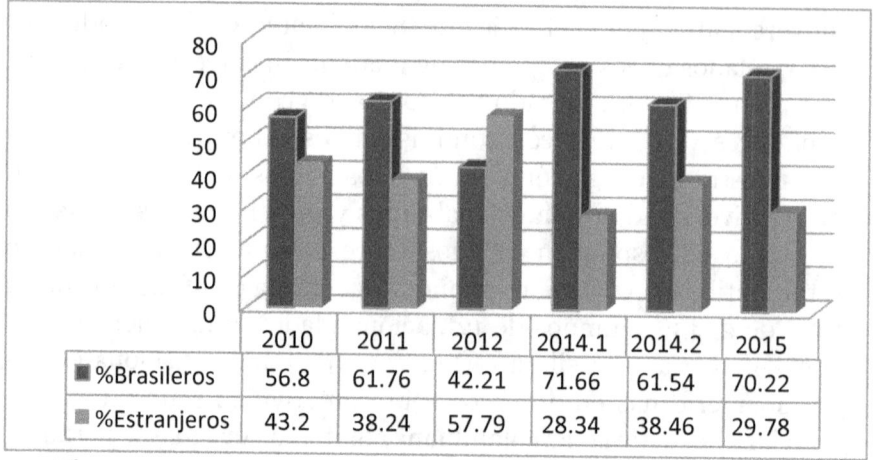

Figura 3. Porcentaje de alumnos ingresantes por SISU y proceso selectivo. Fuente: Elaboración propia basada en datos suministrado por Pró-reitoria de Graduação Departamento de Informações Institucionais de la Unila, 2015.

También, durante los seis procesos selectivos de estudiantes unileros, solo una vez, en el año 2012, se constató que la proporción de ingreso de los alumnos extranjeros fue mayor frente a la del ingreso de los alumnos brasileros. Por lo tanto, comprendemos que el principio de que el cuerpo estudiantil de la UNILA se encuentre constituido de manera proporcionalmente igualitaria, entre extranjeros y brasileros, se vuelve un real desafío para ser enfrentado por la universidad. En la Figura 4, se evidencia la proporción de cada nacionalidad latinoamericana que constituye la totalidad del cuerpo estudiantil, desde la generación de 2010 hasta el último ingreso en 2015, que confirma a la nacionalidad brasilera como la dominante, puesto que comprendeel 61.8% de los alumnos.

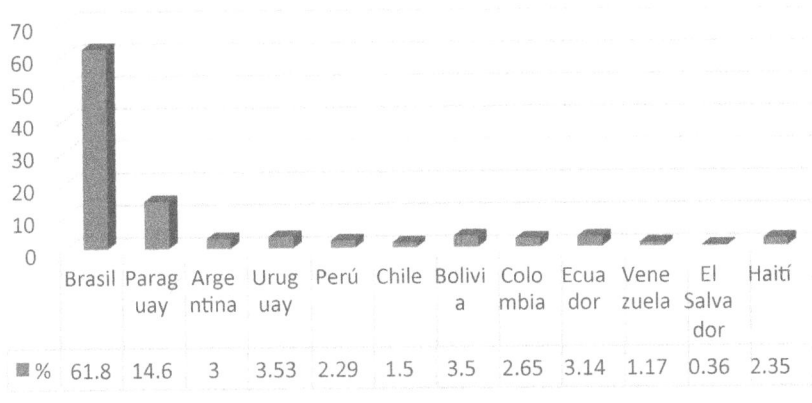

Figura 4. Porcentaje de alumnos ingresantes por nacionalidad. Fuente: Elaboración propia basada en datos suministrado por la Próreitoria de Graduação Departamento de Informações Institucionais de la Unila, 2015.

Consideramos que el factor cultural es un gran reto para la UNILA, debido a su vocación internacional y a su principio de integración solidaria. La UNILA, por ser una institución de educación superior brasilera, tiene un registro de la identificación étnica de cada uno de sus estudiantes[50], que obviamente incluye a los estudiantes extranjeros. La diversidad cultural que constituye la cotidianidad de la UNILA se constituye en un elemento imprescindible de reconocimiento de la diversidad en nuestro continente, y al mismo tiempo, en el proceso de inmersión de los

---

[50] Brasil tiene "Acciones Afirmativas" en la Enseñanza Superior; es decir, a través de un sistema de cuotas raciales, se reservan algunos puestos para los estudiantes que se auto-declaran: negros, pardos o indígenas y que cumplen con los requisitos de acceso. Por lo tanto, el registro de esa información en la universidad es de extrema importancia.

estudiantes en un contexto multicultural, lo que impone a la institución la consideración de la interculturalidad como un punto neurálgico para el desarrollo del proyecto institucional.

La diversidad cultural de la UNILA trasciende la concepción de clasificación por nacionalidad e identifica también la composición étnica (Figura 5), la proporción de estudiantes, según la clasificación étnica, basada en el principio de auto-declaración.

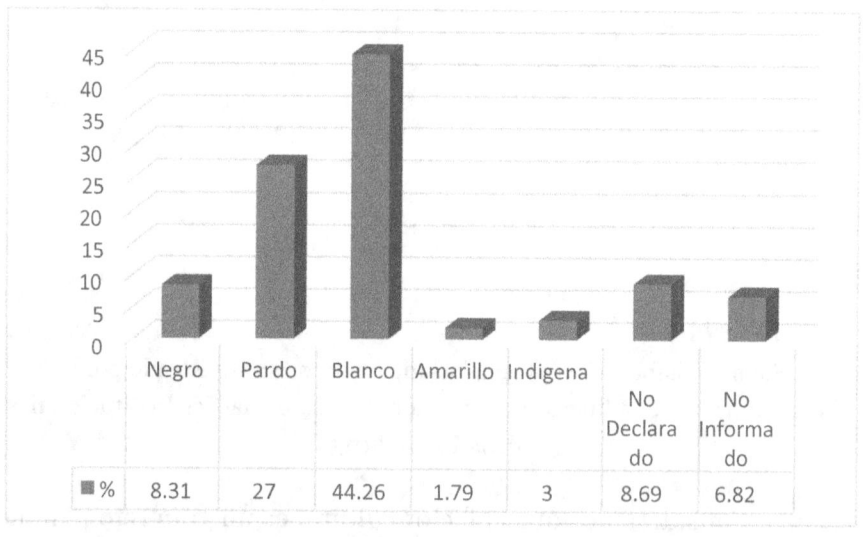

Figura 5. Porcentaje de alumnos activos: nacionalidad – componente étnico autodeclarado 2015. Fuente: Elaboración propia basada en datos suministrado por la Pró-reitoria de Graduação Departamento de Informações Institucionais de la Unila 2015.

Claramente, la UNILA se encuentra constituida, predominantemente por estudiantes que se auto-declaran blancos, y que corresponde al 44.26% de la totalidad de estudiantes, sin distinción por nacionalidad. Se puede identificar, como ya se dijo, a una minoría étnica en la composición estudiantil que la integran los que se denominan: negros, indígenas y pardos[51], para quienes se aplican y destinan las acciones afirmativas de cuotas raciales.

Cuadro 1. Distribución de alumnos por nacionalidad y componente étnico 2015.1. Fuente: Elaboración propia basada en datos suministrado por la Pró-reitoria de Graduação Departamento de Informações Institucionais de la Unila 2015.

	No informado	No Declarado	Indígena	Amarillo	Blanco	Pardo	Negro
Brasil	101	58	8	25	782	347	118
Paraguay	20	51	11	7	149	102	6
Argentina	5	15	0	1	22	17	0
Uruguay	7	14	3	0	29	17	0
Perú	1	8	10	1	4	35	2
Chile	1	7	1	0	19	9	0
Bolivia	10	19	23	5	4	24	0
Colombia	10	14	3	2	15	28	0
Ecuador	4	4	12	1	11	40	3
Venezuela	1	6	0	0	1	8	1
El Salvador	0	2	1	0	1	7	0
Haití	0	6	0	0	1	0	65

La composición étnica de los estudiantes (Cuadro 1), específicamente por nacionalidad, para comprender la diversidad de nuestro continente, y también de cada país latinoamericano que se encuentra representado en la UNILA. Además de la importancia del análisis de las proporciones del estamento estudiantil por nacionalidad y por identificación étnica, procedemos a analizar el estamento docente[52].

---

[51] Esta clasificación y terminología hace parte del contexto brasilero, ya que en muchos países no se realiza. La palabra Pardo, la dejamos igual que en portugués debido a la dificultad de encontrar un referente igual en
[52] Las informaciones relativas al cuerpo docente fueron proporcionadas por la Asistente en Administración de la Pro Rectoría de Gestión de

Cuadro 2. Distribución docentes por nacionalidad 2015.1
Fuente: Elaboración propia basada en datos suministrado por Próreitoria de Graduação Departamento de Informações Institucionais de la Unila 2015.

	Docentes	Activos permanentes	Substituto	Profesor Visitante	%
Brasil	263	258	3	2	81.4
Argentina	18	14	0	4	5.6
Italia	1	1	0	0	0.3
Colombia	5	5	0	0	1.5
México	4	3	0	1	1.2
Paraguay	2	2	0	0	0.6
España	4	4	0	0	1.2
Cuba	6	4	0	2	1.9
Uruguay	1	1	0	0	0.3
Perú	11	9	0	2	3.4
Chile	3	3	0	0	0.9
Senegal	1	1	0	0	0.3
Francia	1	1	0	0	0.3
Portugal	1	1	0	0	0.3
Bolivia	1	0	0	1	0.3
Irán	1	0	0	1	0.3

Como se puede observar en el Cuadro 2, los profesores activos permanentes en 2015, representan 323 docentes, mayoritariamente brasileros, ya que corresponden al 81.42%. La composición de los docentes es la siguiente: 263 brasileros, 18 argentinos, 11 peruanos, 6 cubanos, 5 colombianos, 4 españoles, 4

Personal. El procedimiento requerido fue una solicitud formal justificada, y la respuesta con la información requerida sobre los profesores fue dada el día 22 de junio de 2015.

mexicanos, 3 chilenos, 2 paraguayos, 1 uruguayo, 1 boliviano, 1 italiano, 1 senegalés, 1 portugués, 1 iraní y, 1 francés[53].

Por lo tanto, es evidente que el desafío no se limita a la composición del cuerpo estudiantil, sino que también se desplaza hacia la composición de los profesores, ya que en los documentos oficiales se preveía el interés de que la universidad se constituyera con la mitad de profesores extranjeros y mitad brasileros. Es pertinente señalar que, entre los docentes extranjeros, se encuentran 8 profesores que no son de nacionalidad latinoamericana.

En este capítulo se describió la estructura institucional de la UNILA, su organización por Institutos y Centros Interdisciplinarios, y se hizo un balance sobre la composición del cuerpo docente y estudiantil, para así describir la institución donde realizamos nuestro trabajo de campo.

Como lo indicamos anteriormente, esta descripción se basa en los datos oficiales, la mayoría de ellos subministrados por los organismos de la propia entidad. Nuestro objetivo dentro de este capítulo fue proporcionar una imagen amplia, un panorama descriptivo de la institución en esos primeros 5 años pues como lo veremos a continuación muchos de los elementos aquí descritos nos permitirán una comprensión y una familiarización con las dinámicas lingüísticas que serán analizadas posteriormente. Cabe recordar que como todo espacio social, los cambios son continuos. Una vez abordado el terreno de estudio, pasamos al siguiente capítulo donde serán tratadas las cuestiones teóricas y prácticas de la metodología aplicada a nuestro estudio.

---

[53] En el análisis de la composición docente, se contempló a todos los profesores activos permanentes y visitantes, nos focalizamos inicialmente en mostrar la incidencia de profesores de América Latina.

5

Planteamientos previos metodológicos

En este nuevo capítulo, vamos a describir el proceso y el planteamiento de las líneas teórico-metodológicas. Nuestra investigación, enfocada en el área de las ciencias del lenguaje, una disciplina que integra líneas tales como: antropología, ciencias de la educación, comunicación, psicología, lingüística, sociología, filología, informática y, ciencias de la información y comunicación, entre otras, nos permite el tránsito interdisciplinario, así como la adopción y aplicación de métodos de investigación desarrollados en diversas áreas. Sin embargo, al direccionar nuestro estudio hacia la comprensión de fenómenos humanos, consideramos que las herramientas metodológicas propias de las ciencias sociales fueron las más adecuadas para nuestro trabajo.

El fortalecimiento de los lazos entre las nuevas tecnologías y la lingüística visible en el Tratamiento Automático de Lenguas (TAL) o en la ingeniería lingüística, a pesar de ser una constante dinámica y de hecho novedosa y eficaz; sin embargo, asumimos encaminar nuestro trabajo hacia un análisis cualitativo, etnográfico y presencial, debido a la orientación del investigador, que esclareceremos con más detalle en este apartado.

La adopción y aplicación de una metodología cualitativa no significó trazar un único camino para el estudio del tema propuesto; otras herramientas de investigación y análisis pudieron, incidir en diversos casos, y podrán, eventualmente, contribuir y completar en un futuro este trabajo. No obstante, inscribir y adoptar las herramientas del método cualitativo fue nuestra elección y para justificarlo, vamos, a continuación, a hacer una reflexión general sobre el aporte de la metodología cualitativa y su aplicación en la presente investigación.

5.1 Elección del enfoque de investigación: metodología cualitativa en las ciencias del lenguaje

Para justificar la elección de una metodología cualitativa, tomamos como referencia principal las siguientes tres obras: La primera, de Philippe Blanchet: *La linguistique de terrain. Méthode et théorie, une approche ethnosociolinguistique de la complexité* (2012); la segunda, un aporte colectivo, coordinado por Rafael Bisquerra Alzina: *Metodología de la Investigación Educativa* (2009) y, por último, *Guide pour la recherche en didactique des langues et des cultures, approches contextualisées* (2011), escrito colectivo dirigido por Philippe Blanchet y Patrick Chardenet. De los libros mencionados, podemos destacar algunas características de la investigación cualitativa que consideramos de gran provecho, en cuanto que nos ha facilitado aplicar una serie de herramientas para la recolección de datos y su análisis. Es claro que la selección mencionada no fue la única fuente de lectura; también el estudio de otras obras, cursos y prácticas pertinentes acompañaron este proceso.

A pesar de la diversidad teórica y metodológica que abarca la investigación cualitativa y sus múltiples definiciones, podemos decir que es un método de investigación de las ciencias sociales que permite el estudio de fenómenos sociales y humanos. Sin embargo, aunque cada investigación tiene una finalidad diferente, esta serie de aproximaiones se distingue por tener como prioridad la descripción y la comprensión profunda de acciones y/o manifestaciones sociales de índole extraordinaria, interacciones y situaciones dentro de un determinado contexto. En el caso de la investigación cualitativa educativa, consideramos pertinente recordar la definición de Sandin, citada por Bisquerra Alzina (2009, p.276).

La investigación cualitativa es una actividad sistemática orientada a la comprensión en profundidad de fenómenos educativos y sociales, a la transformación de prácticas y escenarios socioeducativos, a la toma de decisiones y también hacia el desarrollo de un cuerpo organizado de conocimiento (Sandín, 2003, p.123).

En otros documentos observamos que Esteban Sandín, también hace hincapié en el carácter holístico de la investigación cualitativa, ya que involucra un proceso de observación de contexto, a partir de diferentes perspectivas y exige la utilización de técnicas flexibles, abiertas e interactivas que permitan captar esa realidad enmarcada en una temporalidad y entorno. Por ello, es fundamental la intervención, no sólo de los participantes del estudio, sino del lugar o el rol del investigador dentro de la misma, al considerar que todos son partícipes activos de la investigación. Para autores como Bartolomé, dentro de la investigación se pueden identificar dos tipos de orientaciones: la comprensiva y la orientada a la transformación y emancipación de las personas.

Entendemos que nuestro estudio encaja con las características del primer tipo. La investigación cualitativa orientada a la comprensión tiene como fundamento la descripción e interpretación de la realidad desde adentro. Podemos ver en ella una gran influencia de la escuela del Interaccionismo Simbólico, encaminada a comprender la realidad, a partir del significado que los actores atribuyen a sus acciones.

En este orden de ideas, podemos decir que la principal razón de nuestra investigación se centró en la descripción y el estudio del bi-plurilingüismo, dentro de la comunicación, en el ambiente académico de la Universidad Federal de Integración Latinoamericana. Fue así como abordamos la temática con el método cualitativo, basados en que las características de este tipo de investigación se hacen evidentes desde la elección del tema. También, porque este método sirve mucho para la comprensión de las personas en su propio marco de referencia; por ello mismo, su aplicación nos permitió observar y describir el proceso comunicativo de estudiantes en ambientes multilingües académicos. Fuera de ello, tuvimos en cuenta, las características de la investigación cualitativa, enunciadas por (Bisquerra Alzina, 2009, p.276), en su manual, a partir del trabajo Del Rincón (1997), al considerar que estas corresponden a la realidad estudiada y a los intereses de nuestro trabajo:

a. Enfatizar la descripción y comprensión de lo que es único y particular, y el cuestionamiento, a la vez, de las cosas generalizables.

b. Abordar una realidad dinámica, múltiple y holística, y al mismo tiempo, inquirir y sopesar la existencia de una realidad externa.

c. Proceder a la comprensión y a la interpretación de la realidad educativa desde los significados y las actitudes e intenciones de las personas implicadas.

d. Analizar la realidad educativa a partir de la posición del investigador (y parte de la comunidad) en cuanto a que conforman el mismo marco de referencia de las personas investigadas, en contraposición con el investigador externo, objetivo e independiente, propio de la metodología cuantitativa.

De igual forma, siguiendo los planteamientos de Blanchet, con respecto a la relación entre la metodología cualitativa, propia de las Ciencias Humanas y Sociales (SHS) y, en especial, del método empírico-inductivo aplicado a las investigaciones en didáctica de lenguas, podemos decir que la elección de esta corriente se justifica con esta cita de Blanchet y Chardenet (2011):

> *Etant donné la place centrale des langues, de l'éducation, de l'éducation linguistique dans les fonctionnements*

humain-sociaux et dans les projets de société, une recherche en didactique des langues, au sein des SHS, est directement concernée par cette spécificité et cette exigence épistémologiques (p.14)

El método empírico-inductivo, tal como lo explica Blanchet (2011), sería el indicado para nuestra propuesta puesto que nos encamina hacia una comprensión (interpretación) de los fenómenos individuales y sociales observados en contextos espontáneos; por ejemplo, el de las clases, para averiguar el significado que tiene para los actores y, al mismo tiempo, para facilitar al investigador, el vivir esos fenómenos junto a ellos mismos. En este caso, el investigador es considerado como un actor más, implicado en el mismo proceso, sin dejar de lado, los procedimientos metodológicos que garantizan el análisis y la interpretación de significaciones dentro de las situaciones observadas y comparadas, porque al contrario de la investigación cuantitativa experimental, no hay, al inicio, una hipótesis para corroborar o validar. No obstante, iniciamos con una forma de cuestionamiento por medio de la cual es posible aportar respuestas.

En nuestro caso, partimos de una problemática general, dentro de ambientes académicos compuestos por individuos provenientes de diversas comunidades culturales y lingüísticas. Las características propias del investigador orientaron de cierta manera las elecciones, tanto para el acercamiento y el contacto con la población, como para la recolección de datos y análisis pertinente. Concretamente, la investigadora contaba con las siguientes características: mujer, hispanohablante, investigadora/estudiante, profesora de la institución estudiada y aprendiz de lengua portuguesa. El hecho de ser parte o "nueva integrante" del ambiente universitario como profesora y, al mismo tiempo, como observadora, permitió una toma de contacto y una convivencia bastante rápida. Sin embargo, a pesar de las posibles ventajas de este doble papel, tuvimos que llevar, paralelamente, una evaluación sobre las formas de abordar el objeto de estudio frente a nuestro rol, así como un proceso de autocrítica para tratar de delimitar las dos posiciones.

Ahora bien, en cuanto al contexto de estudio, parece un fenómeno de actualidad que las universidades de cualquier continente están cada vez más dispuestas a la recepción de extranjeros y a la circulación de profesores y estudiantes de varios lugares. Los contextos multilingües y multiculturales son más comunes de lo que creíamos en las instituciones sociales y educativas. De todos modos, pensar en el terreno de la UNILA como un proyecto inédito en Latinoamérica, nos condujo a una serie de cuestionamientos y a interesarnos en la problemática de la comunicación en un entorno multilingüe.

Este trabajo de investigación tuvo como razón primordial (ya antes, lo habíamos anotado), la realización de un estudio sobre las experiencias de los procesos de comunicación que se han llevado a cabo, en el contexto de la UNILA, desde 2010, a través de un trabajo centrado en los relatos de los estudiantes de su ámbito académico. Estos estudiantes que llegaron a la UNILA, desde diversos ambientes escolares, sociales y culturales, accedieron a un entorno en el que se vieron enfrentados a convivir, estudiar y llevar procesos de aprendizaje en una lengua extranjera y con culturas académicas diversas. Tal situación nos llevó a plantear una lista de objetivos, con base en el estudio de la intercomprensión plurilingüe como forma de comunicación en el contexto académico. Procedimos a integrar, en tres etapas, las líneas de la investigación cualitativa inscritas en el contexto educativo:

Primera: **Observar y recoger** suficiente cantidad de datos sobre los usos lingüísticos, estrategias y procedimientos de comunicación, comprensión y aprendizaje de los estudiantes, en el contexto académico bi-plurilingüe de la universidad.

Segunda: **Describir** los procedimientos de comunicación en el aula, las experiencias de vida y los relatos de los estudiantes, para su estudio a fondo.

Tercera: **Analizar** las experiencias de comunicación plurilingüe y el papel de la intercomprensión como herramienta de comunicación.

Asimismo, la universidad nos proporcionó una serie de condiciones favorables para el estudio etnográfico: una universidad relativamente pequeña, bilingüe (portugués/español), que recibe estudiantes de muchos países, principalmente de América Latina, lo que constituye un entorno multicultural apropiado para una inmersión certera y de gran provecho para la observación. Esta situación, en parte privilegiada y dentro del contexto, contribuyó a la indagación y a vivir, también, el proceso de la propia experiencia del bilingüismo institucional y la adaptación al sistema académico brasilero.

De acuerdo con los principios epistemológicos esenciales de la investigación cualitativa, que citaremos a continuación, elegimos las herramientas para la recolección de datos. Estos principios de manera general, son, según Blanchet y Chardenet (2011, p.16) y Bisquerra Alzina (2009, p.282), los siguientes:

- Principio de humanismo (los actores/individuos, considerados como sujetos autónomos, respetables y ricos en sus particularidades).

- Principio de intersubjetividad, el cual plantea que, a través de las interacciones entre los actores (incluyendo al investigador) y los significados, todo aquello que los mismos actores atribuyen a estas interacciones, se desarrolla y permite la comprensión de los fenómenos sociales y humanos.

- Principio de endoreferencia (*endoréférentialité*), es decir, la comprensión de los actores a partir de su propio sistema, desde el punto de vista local de referencia (perspectiva *emic*), sus valores y significaciones.

- Principio de heterogeneidad, consistente en considerar que los fenómenos sociales y humanos están, ante todo, marcados por una extrema heterogeneidad y complejidad, circunstancia que imposibilita el uso del reduccionismo y la generalización.

Entonces, todo nos conduce a un estudio de significaciones, de experiencias irrepetibles y no de cifras, ya que, a pesar de que los datos cuantitativos contribuyen a situar y a entender mejor este tipo de fenómenos, no por ello constituyen la finalidad de nuestro trabajo de investigación. Varios autores concuerdan con el carácter inductivo del enfoque cualitativo, por cuanto este enfoque nos lleva a un proceso de interpretación que debe pasar primero por la descripción y por la comprensión de los fenómenos. Sin embargo, es importante tener un conocimiento previo del terreno, lo cual hicimos según está reseñado en las páginas anteriores, con una descripción detallada del contexto y del campo, que será complementado a continuación acerca de la importancia de la metodología etnográfica dentro de nuestro trabajo, así como método y herramienta para los estudios del lenguaje.

5.2 Aportes del método etnográfico para los estudios lingüísticos y educativos

> *Estas miradas sobre el multilingüismo y la diversidad son fuerzas desestabilizadoras en el sentido que rompen con las prácticas investigadoras habituales en los campos del contacto de lenguas, del análisis de la interacción y del aprendizaje.*
>
> Luci Nussbaum (2012, p.279)

La metodología etnográfica de la investigación cualitativa ha sido empleada en un conjunto de trabajos dentro del estudio del lenguaje; por ejemplo, en áreas de la antropología lingüística (estudio de lenguas y dialectos, contactos, variación, relación lengua-cultura), en el espacio de la didáctica de las lenguas (etnografías del aula, estudios de caso, interacción) y en la lingüística aplicada (estudios de variación, sociolingüística y pragmática), etc. A través de los trabajos de investigadores como Blanchet, Byram, Hymes, Gumperz (y otros), pudimos ver que el método etnográfico y la etnografía de la comunicación o la etnosociología del lenguaje (Blanchet, 2012) permiten abordar y comprender problemáticas relacionadas con los estudios lingüísticos y culturales. De hecho, las diferentes investigaciones, estudios de caso y trabajos, nos han demostrado que el análisis y la revisión cualitativa brindan una serie de herramientas metodológicas para el estudio de la comunicación, la interacción, el examen y repaso de eventos comunicativos, que tienen que ver con la actividad social a diversos niveles, de ahí nuestro gran interés por explorar esta perspectiva.

Empezaremos por la definición más clásica, y por supuesto, apoyada en la etimología para entender la relación entre etnografía y la ciencia del lenguaje. *Etho* del griego ἔθνος, significa pueblo, comunidad, costumbre, sociedad; y, *grafía* también del griego γραφία significa escritura, descripción. De esta manera, los diccionarios de lengua[54] consultados definen la etnografía como el estudio descriptivo de las tradiciones, del contexto y de los pueblos o de las actividades de un grupo humano.

Dentro del campo de la antropología, la etnografía tiene un papel fundamental como herramienta metodológica; en algunos casos, definen o usan los dos términos, (etnografía y etnología), como semejantes. Sin embargo, la discusión de las diferencias entre antropología y etnografía, siempre ha formado parte de los debates en esta área. En 1876, Abel Hovelacque, antropólogo y lingüista, en su artículo *Ethnologie et Ehtnographie* presenta las diferencias y semejanzas entre estos dos términos que de hecho comparten el mismo objeto de estudio. La antropología (*Ethnologie*, término más utilizado en la escuela francesa), propone una forma de estudio mucho más amplia, tal vez menos precisa, en cuanto a su objeto; es decir, los métodos de

---

[54] Verificamos los siguientes diccionarios para proponer una definición: en español tomamos como referencia al de la RAE, en francés el Petit Robert y Larousse y el Diccionario de lengua portuguesa Porto Editores.

investigación en antropología pueden incluir o no la etnografía. Y, por el otro lado, la etnografía estaría más orientada a la forma como se abordaría el objeto de estudio para trazarlo y describirlo.

En cuanto al área de los estudios del lenguaje, la etnografía se presenta como una herramienta esencial de trabajo, no solo en el campo de la dialectología y las lenguas, sino también en la sociolingüística y en la didáctica de lenguas y culturas. La etnografía estudia la relación entre lengua, pensamiento y sociedad, y tiene muy en cuenta el contexto en el que se produce y las particularidades de los actores. A mediados del siglo XX, comienza a desarrollarse en Estados Unidos, lo que se llamaría la Etnografía de la Comunicación, con base, principalmente, en los trabajos de Gumperz y Hymes (1972), quienes enfatizan en la importancia de la diversidad lingüística y cultural dentro de la acción comunicativa.

Tal perspectiva centra su interés en el estudio de la interacción lingüística y de la comunicación y propone algunas unidades de análisis que se traducen como 'speech situations'- situaciones comunicativas-, 'speech events' -eventos comunicativos- , y 'speech acts'-actos comunicativos o actos del habla-. Cada uno de ellos se asocia con el contexto y cada una de las unidades de análisis, como indica Hymes, se distingue de las concepciones gramaticales como en el caso de la unidad fraseológica o léxica, ya que el significado, el estatus y la función del acto del habla, no depende solamente de la forma gramatical del enunciado. Así mismo, en la interpretación de los actos conversacionales, no sólo se debe sopesar el estatus social de los actores y la relación entre ellos, sino también, el contexto inmediato, así como los aspectos gramaticales para generar una mediación entre formas y normas lingüísticas y sociales. Por ejemplo, una situación comunicativa puede ser una fiesta o una clase; un evento comunicativo podría ser una conversación de dos invitados a la fiesta o una conversación entre el alumno y el profesor. Otro ejemplo, una broma o chiste puede ser incluido en la unidad del acto comunicativo. Para estos autores, es imprescindible el uso de la palabra dentro de un evento comunicativo, a pesar de que el mismo no incluya elementos verbales, como el lenguaje corporal y los gestos.

Los trabajos en etnografía de la comunicación nos brindaron muchos elementos para el análisis y sobre todo para la concepción metodológica; sin embargo, no fue nuestro propósito analizar unidades o eventos comunicativos de índole particular, pero sí, en forma general, lo relativo al uso, las alternancias y las estrategias de comunicación de los alumnos, elementos que pueden ser examinados por medio de un evento comunicativo, como en el caso de las interacciones en clase. También nos inspiramos en los estudios del enfoque funcional-comunicativo, en cuanto al uso de la lengua, a partir de situaciones de comunicación reales. Tomamos particularmente como unidad fundamental de análisis, la descripción del acontecimiento comunicativo y su significado. En ese sentido, el acontecimiento comunicativo es asumido como un tipo de interacción que integra lo verbal y lo no verbal, en una situación socio-culturalmente definida, desde la propuesta de análisis del discurso de Calsamiglia y Tusón (2001) y con apoyo del modelo SPEAKING de Gumperz y Hymes (1972, p.70), *Situation* (situación/contexto), *Participants* (participantes), *Ends* (finales), *Act sequences,* (secuencias de actos), *Key* (Clave o entonación), *Instrumentalities* (Instrumentos), *Norms* (normas) y *Genre* (géneros).

Todo ello fue un complemento que nos inspiró para las observaciones de aula, para las observaciones de interacciones, ya que en estos momentos o eventos comunicativos aparecen elementos como los rituales, la toma de palabra, los contratos lingüísticos, el uso de las lenguas según el contexto, las alternancias de lenguas, algunas estrategias de comunicación, etc. Al seguir a Gumperz y Hymes, podemos decir que el modelo SPEAKING propone una comprensión de la comunicación, teniendo en cuenta el lugar del ser humano, sus necesidades y sus satisfacciones, así como una forma de observar y analizar el funcionamiento del lenguaje en una situación determinada. En nuestro caso, es indispensable la contextualización para describir las interacciones bi-plurilingües en sala de clase y los factores que contribuyen a la elección y normas de uso.

Como bien lo vemos, la metodología etnográfica propone una serie de métodos de recolección y análisis de datos que, a pesar de las diferentes corrientes, ya sean antropológicas, lingüísticas, y/o educativas, todas ellas coinciden en la necesidad de desarrollar la investigación en un espacio concreto, es decir, en llevar a efecto, un trabajo de campo por un determinado periodo de tiempo, para el cual sugiere el empleo de un conjunto de técnicas (observación participante, entrevistas, etc). En nuestro caso, el periodo de llegada a la UNILA hasta el momento de la salida duró alrededor de dos años: julio de 2012 a diciembre de 2014. Sin embargo, anotamos que no todas las categorías de análisis están determinadas desde el inicio, y que los procesos de recolección y análisis de datos son sometidos a constante cuestionamiento y a otra serie de variables que, en muchos de los casos, el investigador no controla. Acerca del trabajo de campo, Velasco y Díaz de Rada (2006), apuntan al respecto: "...una situación metodológica y también en sí mismo un proceso, una secuencia de acciones, de comportamientos y de acontecimientos, no todos controlados por el investigador" (p.18).

No obstante, es bueno decir que la etnografía no se reduce al trabajo de campo. Este último, más que una técnica, es un conjunto de técnicas y una etapa esencial de la misma etnografía. Por otro lado, consideramos importante también remarcar el uso de la metodología etnográfica dentro de la investigación en educación. Este método es bastante utilizado en el área educativa, especialmente para describir y analizar la práctica docente, las relaciones sociales e institucionales, las vivencias y valores de los alumnos, así como el funcionamiento institucional. Los métodos más importantes de la investigación cualitativa en el campo de la educación, pueden ser consultados en manuales como el de Bisquerra Alzina (2009, p.94). Consideramos esencial explorar los diferentes métodos y conocer su funcionalidad y aplicación, ya que este ejercicio nos permitió escoger, diseñar y adaptar estos y las herramientas para nuestra investigación.

La investigación etnográfica, aunque tiene una larga trayectoria dentro de la antropología y los estudios culturales, recibió una gran acogida en el campo educativo durante los años 60´s. Esto se debe a que, hasta entonces, las orientaciones más positivistas y psicologistas aplicadas al estudio del rendimiento escolar, no tomaban en cuenta las experiencia de los actores sociales involucrados en el proceso, así como tampoco los aspectos culturales y sociales que son elementos que inciden directamente en este ámbito.

La aplicación como también la adaptación de estos métodos en el campo educativo fueron un aporte muy significativo para el desarrollo de estudios en profundidad; igualmente, a muchos investigadores les permitió aproximarse a la relación entre práctica docente y experiencia escolar. De estas experiencias surgen estudios que revelan las reglas implícitas de la interacción escolar, de las estrategias de supervivencia y resistencia por parte de los alumnos, como de las organizaciones, opiniones y comportamientos, entre otros.

Entre los múltiples estudios etnográficos, que han contribuido a la investigación educativa sólo citaremos algunos ejemplos, que nos ayudaron a elaborar nuestro diseño metodológico, por su importancia dentro del área, al igual que los elementos compartidos para tal fin.

De la lista de los trabajos clásicos, destacamos el de Woods, quien en 1987 publica *La escuela por dentro: la etnografía en la investigación educativa*. Del mismo modo, los trabajos sobre diversidad y multiculturalidad de Bartolomé, en los años 90. Sin embargo, más recientemente, vemos una gama grande de estudios destinados a trabajar el campo escolar, la interculturalidad y la aplicación de políticas educativas y ciudadanía, en especial, a través de los trabajos organizados por autores de gran renombre, como Byram, Zarate, Kramsch, Castellotti que reagrupan investigaciones realizadas en varios lugares del mundo; por ejemplo, el libro *Handbook of Multilingualism and Multiculturalism* (Zarate, Lévy y Kramsch, 2011). Citamos también el trabajo español *Voces del Aula etnografías de la escuela multilingüe*, Editado por Martín Rojo y Mijares, 2007.

En América Latina destacamos el trabajo de Hamel, director del programa "Comunidad Indígena y Educación Intercultural Bilingüe" y, profesor de la Universidad Autónoma Metropolitana-Iztapalapa; además de sus diversos trabajos en el área de las políticas del lenguaje, el bilingüismo, el conflicto lingüístico y la antropología lingüística. Así, Hamel nos permite apreciar la importancia y el papel de la aplicación de métodos cualitativos y etnográficos en el contexto de la educación bilingüe intercultural como lo muestra el documental *T'arhexperakua - Creciendo Juntos* (Hamel, 2011) y en las publicaciones sobre el tema (Hamel, 1988, 2000).

La implantación de programas de educación bilingüe, ya sea en lenguas autóctonas como extranjeras, desplegó, desde los años ochenta, una serie de investigaciones donde se observa, en muchas de ellas, el esfuerzo por un trabajo colectivo e interdisciplinar entre antropólogos, lingüistas y pedagogos, como es el caso del proyecto dirigido por Hamel. Así como algunos estudios etnográficos se dirigen a los espacios educativos públicos plurilingües como lo ilustra el libro *Prácticas y repertorios plurilingües en Argentina* (Unamuno y Maldonado, 2012), otros trabajos, tratan las instituciones privadas y/o de élite y su relación con las escuelas públicas, como se demuestra en la recopilación del libro *Bilingüismo en el contexto colombiano* (Truscott De Mejia, López Mendoza & Peña Dix, 2011).

Los estudios de intercomprensión también brindaron grandes aportes para esta parte metodológica; sin embargo, como la mayoría corresponde a entornos y plataformas virtuales de aprendizaje, la contribución de estos estudios fue empleada principalmente para la construcción del marco teórico y el análisis de los datos. Cabe indicar que los trabajos sobre entornos virtuales y más precisamente los referentes a las plataformas de intercomprensión *Galanet* y *Galapro*, al igual que diferentes experiencias de intercomprensión, también pueden ser interpretados como estudios etnográficos (etnografía virtual), ya que en ellos se describen el diseño, las etapas, los perfiles y las prácticas de los actores que participan de estas experiencias. Conviene citar una serie no tan exhaustiva de las recopilaciones: *Formação de Formadores para a Intercompreensão, princípios, práticas e reptos* (Araújo e Sá y Melo-Pfeifer, 2010), *Diálogos em intercompreensão* (Capucho, Martins, Degache y Tost, 2007).

Por último, utilizamos como referencia dos estudios de caso en contextos de multilingüismo, puesto que nuestro trabajo abarca esta temática y su enfoque metodológico. El primero corresponde al trabajo de Roberto Gómez Fernández sobre la experiencia de un niño brasileño y su proceso de integración y adquisición lingüística, en la escuela luxemburguesa plurilingüe. El autor realiza una investigación etnográfica haciendo uso de herramientas tales como entrevistas, observaciones de clase y un acompañamiento continuo a través de un trabajo de campo, que duró más o menos 3 años consecutivos y dio lugar a la publicación *Becoming a Plurilingual Child* (Gómez Fernández, 2013).

El segundo, también un trabajo de campo, realizado por J. Breugnot (2014) sobre la comunicación dentro del espacio institucional del Eurocorps. Aunque el contexto del Eurocorps es militar, comparte con el contexto de la UNILA el hecho de configurarse como instituciones bi-plurilingües, donde personas de muchos lugares se desplazan para convivir y trabajar o estudiar. El trabajo de Breugnot, además de ser de cuño etnográfico, también abarca temas como el plurilingüismo institucional, la intercomprensión y las estrategias de comunicación entre militares que no tienen la misma lengua. Este estudio nos muestra, por un lado, un equilibrio inicial de la institución que comenzó siendo bilingüe (alemán/ francés); posteriormente, con el ingreso de España se opta por la aplicación de un modelo comunicativo monolingüe: el inglés, que será impuesto como lengua de comunicación.

Asimismo, el autor revela por medio de las entrevistas los diferentes usos y prácticas lingüísticas que no siempre se someten a las políticas establecidas. Como lo anunciamos anteriormente, los trabajos al igual que las investigaciones son muy diversos y solo mencionamos aquí las más relevantes.

A partir de la reflexión anterior y con el propósito de hacer un desarrollo metodológico en profundidad, justificamos la elección del *método etnográfico* como la alternativa más potencial para nuestro trabajo, debido a la propuesta educativa que subyace en nuestra investigación, pues la etnografía, ya lo dijimos, es un método de investigación que parte de la idea de asumir la necesidad de una inmersión en la realidad investigada, contando para ello con herramientas básicas como observaciones, entrevistas, cuestionarios auto suministrados, talleres pedagógicos, fotografías, conversaciones informales y diario de campo, herramientas que permiten capturar la información necesaria para la posterior sistematización de la misma, en el ejercicio investigativo.

Este recorrido por las diferentes metodologías y formas de abordar las temáticas relacionadas de alguna manera con nuestro tema o contexto de investigación, nos llevó a elaborar un diseño metodológico híbrido, ya que no sólo en las etapas de pilotaje, también en la recolección y análisis de datos, se aplicaron diversas técnicas que fueron reelaboradas y adaptadas constantemente a las condiciones del contexto y a los límites del investigador, las cuales presentamos a continuación en el siguiente apartado.

5.3 Diseño metodológico: procedimientos, técnicas, herramientas de recolección de datos y de análisis

De acuerdo con sus principios, la investigación cualitativa, a diferencia de las investigaciones cuantitativas, no puede partir de un diseño preestablecido. El diseño que presentamos, se caracteriza por ser inductivo, abierto, flexible, cíclico y emergente; en otros términos, capaz de adaptarse y evolucionar a medida que se va generando el conocimiento sobre la realidad observada. Sin embargo, es bastante útil tener una cierta guía para seguir y, al mismo tiempo, un calendario por cumplir.

Latorre, del Rincón, y Arnal, (1996) proponen 6 fases para el diseño de la investigación cualitativa. Las primeras de ellas, ya las abordamos en la introducción y problemática de este trabajo: fase exploratoria y de reflexión, y fase de planificación. En este capítulo abarcamos, principalmente, la tercera, cuarta y quinta fase: fase de entrada al escenario, fase de recolección y análisis de la información y fase de retirada del escenario. La sexta es la fase de elaboración del informe. Este modelo de seis fases nos puso en la tarea de crear un calendario que adaptamos a nuestra situación.

Janesick, investigadora y etnógrafa, conocida por su metáfora de la flexibilidad del investigador y del bailarín, utiliza el lenguaje de la danza para entender los desafíos y los pasos de la investigación. Su trabajo es citado por Bisquerra Alzina (2009), para establecer que el diseño debe estructurarse en tres momentos: 1) Antes de ir al escenario, 2) Al inicio del trabajo de campo y, 3) Al retirarse del escenario. Seguiremos estas tres etapas y expondremos cuáles fueron los métodos utilizados en cada una de ellas (Bisquerra Alzina, 2009, p.284).

5.3.1 Antes de ir al escenario: observación empírica, encuentros y bibliografía

Como sugerimos, realizamos entonces el descriptivo del proceso en tres pasos: antes de ir al escenario, al inicio del trabajo de campo y al retirarse del escenario. El primer momento corresponde, al año 2011, después de una experiencia teórica y práctica dentro de la Maestría en Didáctica de Lenguas, cuando nos ocupamos en estudiar la intercomprensión, mediante una práctica teatral y observamos estrategias de prácticas plurilingües y de integración en contextos académicos, lo cual nos condujo al interés por un estudio más amplio en el marco de un doctorado.

Después de esta experiencia, procedimos al estudio de entornos académicos plurilingües en diversos países, centrándonos en las lenguas romances, con base en el aprendizaje y la elección de algunas disciplinas (teóricas y prácticas) relacionadas con estas temáticas, que nos facilitaron entrar en contacto y vivenciar los proyectos de intercomprensión, en condición de estudiantes y de participar, principalmente, en una sesión de *Galanet* y *Galapro*. También, esta experiencia nos posibilitó el poder asistir a varios encuentros científicos como seminarios, coloquios y grupos de estudios, que nos fueron de gran provecho, durante todo el transcurso de la investigación.

Otra técnica aplicada en esta fase fue la referente a la observación empírica de prácticas lingüísticas, tanto en el rol de ciudadana de Estrasburgo, una región de frontera, como en el rol de profesora de español, en la Universidad de Estrasburgo, y a la vez, partícipe en diversos proyectos de plurilingüismo e intercomprensión para estudiantes de varias nacionalidades y lenguas. Del mismo modo, en calidad de oyente en el congreso ALFAL (Asociación de Lingüística y Filología de América Latina) en 2011, 2014, 2017 circunstancia afortunada, fundamental para observar cómo luso-hablantes e hispanohablantes, principalmente, interactuaban en un ambiente académico. La intervención en discusiones sobre políticas lingüísticas, en las que los profesores Gilvan Müller de Oliveira (IPOL, Brasil), Ofelia García (CUNY, Estados Unidos) y Rainer Enrique Hamel (UAM, México) resaltaron, en aquel momento, el hecho de que la UNILA estuviera pensada como la universidad del MERCOSUR, un lugar interesante para un trabajo de investigación, por cuanto la UNILA (de todos sabido) proporcionaba un terreno privilegiado para este tipo de estudios, por ser bilingüe y por estar ubicada en un punto estratégico que servía de frontera para los países de Argentina, Brasil y Paraguay.

Elaborado ya el proyecto de investigación, su primera etapa fue dedicada a la búsqueda de información, especialmente, bibliográfica y sito-gráfica, en vista de que eran los únicos recursos disponibles en ese momento; no habían muchas publicaciones sobre el tema, y las pocas, de muy difícil acceso; por ello, hicimos un seguimiento permanente a la Universidad Federal de

Integración Latinoamericana, por medio de los documentos disponibles en línea, en su página web: http://unila.edu.br. Concluimos el estudio de los dos libros publicados por el Instituto Mercosur de Estudios Avanzados: *A UNILA em construção: um projeto universitário para a América Latina* (2009) y *UNILA - Consulta Internacional* (2009) y, como también, conocimos los videos de la llegada de los estudiantes, los relatos y otros elementos visuales dispuestos especialmente en: http://unila.edu.br/videos, sección esta, alimentada constantemente por el servicio de comunicación de la Universidad; además, en la actualidad, se hace un seguimiento de las redes sociales, preferentemente, de Facebook https://pt-br.facebook.com/unila.oficial y twitter https://twitter.com/unila.

Cabe resaltar que la página de la universidad en 2011- 2012 tenía una gran actividad en las dos lenguas, traducido y accesible, casi todo, tanto en español como en portugués. Entre 2015-2020, sin embargo, podemos constatar que gran parte de los artículos de la página en mención, las noticias y en especial, los documentos oficiales, aparecen generalmente (casi siempre) en lengua portuguesa. Pocos son los formularios, programas de estudios, edictos, etc., traducidos al español.

La observación de ese entorno a través de la pantalla, inicialmente bilingüe, más el contacto previo con profesores e investigadores interesados en la temática, nos permitió prepararnos e imaginar las posibilidades de ir al terreno, para realizar una estancia de recolección de datos, de intercambios universitarios y de programas de cooperación regionales, que fueron de gran apoyo. El hecho de participar del programa de cooperación y movilidad Internacional de la Región Rhône-Alpes CMIRA Explora'doc, facilitó el recibimiento por parte de la Universidad Federal de Paraná y la obtención de una co-tutoría entre las dos universidades (Francia y Brasil). Para complementar y casi que en forma consecutiva, surgió la respuesta positiva de una convocatoria de la cual participé, dándome la posibilidad de un contrato con la UNILA, en calidad de profesora visitante extranjera, lo que determinó que adelantara para mayo de 2012 la estadía en la UNILA y, de igual modo, pudiera programar otras metodologías para la recogida de datos dentro del lugar. Para ese entonces, la UNILA acababa de recibir su alumno número 1.000 y se proponía gestionar el ingreso de más alumnos, provenientes de varios países como Bolivia, Colombia, Ecuador, El Salvador, Perú, Venezuela, entre otros. Así, en estas condiciones, planeamos antes de mi partida, un primer protocolo de observación participante y una serie de cuestionarios sobre los usos lingüísticos de los estudiantes. Todo esto, sin nunca antes haber visitado la universidad.

De acuerdo con lo anterior, planteamos los objetivos iniciales, que en un primer periodo consistieron en observar, interactuar y aplicar la intercomprensión como forma de comunicación; en otras palabras, en nuestro caso, hablar y responder en español, frente a interlocutores luso hablantes. El hecho de no conocer el "terreno" con anterioridad, nos obligó a considerar un periodo más largo de tiempo para la aplicación de técnicas de recolección de datos, conscientes de que teníamos todo para observar, una nueva lengua para entender y un espacio para explorar. Esta situación no fue un obstáculo; por el contrario, se convirtió en una ventaja porque nos puso en la piel del recién llegado a un país y a un entorno nuevo, en donde muchas categorías sociales y culturales, todavía no habían sido construidas; y, a actuar siempre conscientes de la distancia requerida que debe tener el investigador y la separación de roles. Establecimos, por lo tanto, los espacios de trabajo e interacción del profesor, los momentos de observación del investigador y la recolección de datos.

Como ya lo mencionamos, la metodología cualitativa permite una cierta flexibilidad, ya que la información recogida es, en muchos casos, emergente y cambiante. Nosotros adaptamos las técnicas de recolección de datos, de acuerdo con el contexto y el espacio de trabajo del investigador, como, un antes, durante y después de subir al escenario. Así que, para la obtención de la información, recurrimos a distintas técnicas de modo alternativo y complementario:

1. Técnicas indirectas o no interactivas: documentos oficiales y documentos personales (fotos, diarios de campo, anotaciones, grabaciones espontáneas).

2. Técnicas directas o interactivas: observaciones de clase, observación participante, Entrevistas semi-dirigidas y grupos focales.

En esta primera fase de recogida de datos acudimos a las técnicas no interactivas, tal como ya anotamos. Este tipo de técnicas indirectas, según indica Bisquerra Alzina (2009, p.331) "no suponen la estancia del investigador en el escenario, pero sí la habilidad para negociar el acceso a dichas fuentes". A pesar de los límites, en esta etapa pudimos agrupar la lectura de documentos de varios tipos, impresos y multimedia. Con base en estos documentos, recogimos y captamos, por un lado, la evolución histórica, la trayectoria, las percepciones y el funcionamiento de la institución; por el otro, los encuentros, las clases y el contacto con distintos tipos de ambientes y experiencias previas que nos sirvieron como etapa preparatoria hacia el terreno. Una vez llegados al lugar y al campo de observación, pasamos a continuación a la segunda etapa.

5.3.2 Al inicio del trabajo de campo: Observación, entrevistas semi-estructuradas y grupos focales

> *"Una investigación cualitativa refleja, describe e interpreta la realidad educativa, con el fin de llegar a la comprensión o a la transformación de dicha realidad, a partir del significado atribuido por las personas que la integran. Esto supone que el investigador debe aproximarse y relacionarse con estas personas"*
>
> Bisquerra Alzina (2009, p.283).

Una de las finalidades de la investigación cualitativa es sumergirse en el mundo subjetivo y hacerlo emerger. Massot citado por Bisquerra Alzina (2004, p.364), por ejemplo, destaca la importancia de considerar a las personas integrantes de la realidad como partícipes activas de la investigación. De la misma manera, las relaciones e interacciones humanas al ser irrepetibles y únicas, dificultan la cristalización. También, al seguir el manual de metodología de la investigación, de Henández Sampieri, Fernández Collado y Baptista Lúcio (2006, p.537) , los autores citan 8 elementos para tener en cuenta, en el momento de entrar al campo, lo cual aquí resumimos en pocas palabras: *Observar* continuamente lo que ocurre en el ambiente y establecer vínculos con los participantes; *colocarnos* en la situación del otro; *recabar* datos sobre conceptos, historias y expresiones de los propios participantes; *detectar* los procesos sociales fundamentales y sus operaciones; *tomar* notas, apuntes, mapas, fotos; *elaborar* descripciones del ambiente; *ser* conscientes del papel de investigador y las alteraciones que provoca, y, *reflexionar* sobre las propias vivencias como fuente de datos.

Esta etapa esencial y la más larga del proceso, fue apoyada y acompañada por dos colaboradoras de investigación: María José Haro Sly y Daniela Tamara Fernández, estudiantes en aquel momento (2012-2013) de sociología y ciencia política de la institución. Las dos estuvieron presentes durante todo el proceso de organización y aplicación de las técnicas de recolección y tratamiento de los datos. Al respecto, basamos esta idea en la experiencia de los trabajos de Gumperz, quien para lograr su propósito de construir un método etnográfico, capaz de combinar el análisis de la conversación y la observación detallada de los participantes, solicitó a dos investigadores colaboradores, para observar sus clases y contribuir con sus aportes y la toma de datos.

En nuestro trabajo, las investigadoras colaboradoras acompañaron el proceso y establecieron una distribución de ciertas funciones, que nos permitió recoger los datos bajo diversos ángulos. Su contribución e intervención en el nivel humano como logístico, fue fundamental para esta investigación. El trabajo en grupo nos facilitó un acercamiento más horizontal y una toma de contacto con los informantes, menos jerárquica, lo que propició un espacio de expresión más cómodo. Así reagrupamos varios de los puntos que señalamos anteriormente sobre el trabajo de campo.

Desde el inicio, el hecho de ser parte de la universidad con el estatus de profesor, nos indujo a una serie de cuestionamientos sobre la metodología y, en especial, acerca de la relación que debíamos establecer con los informantes al momento de tomar los datos. Sin embargo, el trabajar en la Unila se estimó como la mejor posibilidad puesto que permitiría un fácil acceso y la participación de procesos, la utilización de espacios y la consideración de situaciones imposibles de observar desde otra posición. Obviamente, sabemos que nunca se llegaría a un equilibrio total en las relaciones, ni a pensar que el investigador pasaría inadvertido durante la ejecución del trabajo propuesto. Después de algunos intentos o pilotajes, la experiencia evidenció que el rol de profesor y la carga simbólica que conlleva esta posición, modificaba el diálogo, la expresión y a veces la postura crítica de los interlocutores. En muchos casos, los mismos informantes, es decir, los estudiantes observados y entrevistados habían tenido alguna relación académica con el investigador. De igual modo, en el caso de los profesores, quienes veían al investigador como colega.

Precisamente, para equilibrar esta carga simbólica y procurar un espacio más amplio de comunicación, la participación de las colaboradoras de la investigación fue determinante dentro de este proceso, lo que dio lugar a un diálogo más horizontal y dinámico con los informantes. Para la intervención de las colaboradoras, se hizo necesaria una preparación previa teórica y metodológica sobre las técnicas de investigación cualitativa. Una serie de discusiones, encaminadas antes y después de la recolección de datos, nos llevó a la evaluación continua de las labores. El acompañamiento de ambas partes fue ininterrumpido y el trabajo en equipo propició un espacio de confianza muy positivo durante esta etapa.

Presentaremos, inmediatamente, las tres técnicas de recogida de datos, utilizadas durante el periodo de trabajo de campo. La observación, los grupos focales y las entrevistas semi-dirigidas o semi-estructuradas. Mostraremos cada una de ellas, sus características y los procedimientos realizados en esta etapa.

Observación

La observación es un procedimiento bastante común de recolección de datos dentro de la investigación. Esta consiste en utilizar todos nuestros sentidos para percibir y describir hechos, situaciones y realidades sociales presentes. La observación designa, igualmente, la fase en la cual el investigador comienza a familiarizarse con una situación o fenómeno determinado, al describirlo y al analizarlo. A diferencia de una observación o una vivencia en otro contexto, la observación como herramienta de investigación se debe ejecutar de forma sistemática, de tal manera que nos permita organizar las percepciones. Por ello, el ejercicio de observar, implica toda una serie de operaciones, primero de sensibilización y luego de concentración de la atención, de comparación, de discernimiento, dirigidas a una intención establecida previamente.

En nuestro caso, la primera etapa consistió en la **observación indirecta** del terreno de la UNILA. Inicialmente (ya lo habíamos reseñado), procedimos a buscar el máximo de material a través de la pantalla (internet), la bibliografía existente y a distancia. Durante esta etapa, nos hicimos una imagen del público y de los discursos elaborados y difundidos y nos centramos en la dinámica de las lenguas dentro del ambiente. Entretanto, comenzamos a elaborar el descriptivo sobre el contexto de la universidad y su estructura, el cual completamos con las siguientes etapas de observación dentro del lugar.

Una vez que llegamos a Foz do Iguaçu, procedimos a la **observación directa y no estructurad**a. En esta etapa, el interés era comparar lo visto en la pantalla con las percepciones directas del entorno. Hablamos de observación no estructurada porque no se fija un foco o un elemento específico para observar, sino que, al comienzo, se intenta una percepción de manera general y amplia. Así que cada semana, llevamos a cabo una secuencia de observaciones, registradas en los diarios de campo y que completamos con fotos, mapas y anotaciones personales. Hernández Sampieri *et al.*, (2006) corroboran esta clase de trabajo. Para los autores, las observaciones durante este período son múltiples, generales y dispersas, con escaso "enfoque", puesto que apenas se está en el proceso de conocer el contexto y a los participantes. Sin embargo, conforme avanzamos en la investigación, las observaciones pasan a convertirse en ejercicios más rutinarios y, cada vez, mayormente centrados en el interés particular de nuestro objeto de estudio: la experiencia y la comunicación bi-plurilingüe en contexto académico.

La observación participante, una herencia de la antropología y la sociología, es una técnica que se utiliza actualmente en otras áreas como, por ejemplo, en la investigación educativa. Inmersos en nuestra labor, esta circunstancia nos permite la observación, al mismo tiempo que se participa de las actividades propias del grupo que se investiga. En nuestro caso, el hecho de ser profesor e investigador, a la vez, denota marcada inmersión, por la carga simbólica, ya lo habíamos dicho, que representa el profesor en una institución.

Por otro lado, las disciplinas que yo impartía[55] en aquel momento, correspondían al módulo de *español lengua adicional*, y estaban destinadas a un público exclusivamente luso-hablante, mejor dicho, únicamente para estudiantes brasileños, que debían aprender, practicar y producir en lengua española. Este entorno facilitó el acercamiento y el conocimiento de una buena parte de ciertas actividades, pero no de su totalidad. La mayoría de los alumnos entrevistados, y/u observados, aunque conscientes de mi

---

[55] Recordamos aquí que, aunque optamos por el uso de "nosotros" en este trabajo, en algunas ocasiones fue importante precisar las experiencias personales y singulares que contribuyeron a nuestra reflexión; y para evitar algunas confusiones al lector, procedimos al uso del la primera persona en singular "yo".

rol en la institución, no habían asistido a mis clases ni habían tenido una relación profesional conmigo.

Para no caer precisamente en problemas éticos ni en confusión de roles, siempre tuvimos la precaución (las investigadoras colaboradoras y yo) al hacer una observación en la sala de clase, de efectuar previamente una negociación con los profesores y con los alumnos, consistente en mostrar el objetivo explícito de la investigación, además de presentar nuestro trabajo, de tal modo que si todos estaban de acuerdo, se dejaba nota de la observación en la agenda y se cumplía a plenitud con el proceso ético (acuerdo y anonimato).

Las **observaciones participativas** en sala de aula, también nos permitieron detectar las prácticas lingüísticas y las relaciones que se establecían entre los alumnos alófonos y los profesores. Detallamos los turnos de palabra, las estrategias evidentes en cuanto a las formas de comunicación y aprendizaje, así como el recurso que utilizaban los profesores para comunicar y transmitir sus conocimientos y otras dinámicas que surgen en cada ambiente.

Lugar: En consideración al hecho de que la universidad está dividida en cuatro institutos: ILATIT, ILAESP, ILAACH e ILACVN, entramos a elaborar un esquema que nos facilitara recoger distintas variantes en una sola clase, y así también, tener una serie de disciplinas en diferentes áreas del conocimiento. Por ello, observamos y grabamos la clase, de alguna materia que se ofertara en cada uno de los institutos.

Público: Primero, seleccionamos a los profesores con perfiles más extremos: dos hispano-hablantes y dos luso hablantes. Por cada par de profesores en dichas lenguas, buscamos al profesor que tuviera un nivel más próximo del básico (A0-A2) en la segunda lengua de trabajo, y a otro, con un nivel de competencia más fuerte en la L2 (B2-C2). El criterio de nivel de competencia en español y portugués estuvo a cargo o atribución del propio sujeto. Con este perfil, seleccionamos un grupo de posibles candidatos, que grabamos según criterios de aceptabilidad y disponibilidad para tal experiencia.

En lo que concierne a los estudiantes, tratamos de que ninguna de las clases correspondiera a una disciplina que sólo contara con hispanohablantes o luso hablantes, como en el caso de las clases de lenguas, para así disponer de un público mixto.

Protocolo: Obtenido el acuerdo del profesor y de los alumnos, nos centramos en la observación, de forma presencial, con anotaciones y grabación de audio de la clase. Al finalizar esta, hicimos entrevistas semi-dirigidas, individuales, al profesor y a dos estudiantes presentes en la clase observada. En cuanto a las entrevistas semi-estructuradas, estas fueron hechas a los mismos cuatro profesores, para analizar sus experiencias en la impartición de clases, en un contexto bilingüe, con sus propios desafíos y problemáticas. Así mismo, seleccionamos, de modo aleatorio y voluntario a dos alumnos, con participación en cada una de las respectivas clases; uno, hispanohablante y el otro, luso hablante, para analizar sus experiencias con el bilingüismo en el ámbito académico y su relación con profesores y compañeros acerca de esta cuestión. Al término de una serie de clases, conferencias y experiencias de observación, seleccionamos un total de cuatros clases y doce personas entrevistadas.

Cabe recordar que mucho de este material recogido, clases, experiencias y, principalmente, los diarios de campo, no fueron completamente tratados ni anexados a esta publicación. Una de las razones fue la dificultad de abarcar y analizar todo el material recogido, y la otra razón, la referente a la cuestión ética, por el carácter personal del material y la delicadeza debida de no transgredir el ámbito privado. Sin embargo, muchas de estas percepciones y descripciones están incluidas a lo largo del proceso de escritura de la presente investigación, elaborada progresivamente, desde la descripción del contexto hasta el análisis.

La técnica de observación se apoya paralelamente en el proceso de descripción. Es decir, una vez percibidos y usados los sentidos, registramos la experiencia a través de las anotaciones de campo que pueden ser de diversas formas. En nuestro caso, recurrimos a la escritura (cuadernos de campo), a la fotografía, a grabaciones de ideas por sonido; material este que nos ayuda a recordar y a describir lo que observamos.

La descripción es una manera detallada de configurar, en registros escriturales (descripción densa), rutinas, conductas y hechos significativos observados. Sin importar que la herramienta sea la misma, y según la orientación del tema, la atención del investigador se enfoca en detectar los elementos microscópicos relacionados, a través de lo que Geertz llama, "descripción densa". En contrapartida, se puede proceder a crear una "mirada astronómica", que contemple la complejidad de macro-sistemas de organización social (el poder, la autoridad, el conflicto o el cambio), como lo sugieren los trabajos de Lévy-Strauss.

El objetivo, en nuestra investigación, fue el de concentrarnos mayormente en una observación del ambiente micro y así evidenciar y observar lo que Velasco y Díaz (2006) indican como finalidad de la descripción densa: "…perseguir estructuras de significación que, desde luego, aparecen muchas veces irregulares, no explícitas, extrañas unas a otras, y que el investigador debe conectar de alguna manera" (p.49).

Entrevistas semi-estructuradas

La entrevista es una técnica para obtener informaciones orales, directas y personalizadas de acontecimientos vividos. Por medio de esta clase de discurso se evidencian aspectos subjetivos, tales como creencias, actitudes, opiniones, valores, en relación con la situación que se estudia. Esta técnica puede ser utilizada como fuente principal de datos, ejemplo: el caso de la entrevista comprensiva (Kaufmann, 2011) o entrevistas en profundidad (Alonso, 1994), o puede ser complementaria de otras técnicas de datos. Las entrevistas que adelantamos, complementaron nuestro trabajo de observación y de los grupos focales.

Entre los tres tipos de entrevistas más utilizados: estructuradas, semi-estructuradas y no estructuradas, seleccionamos la segunda categoría. Las entrevistas semi-dirigidas o semi-estructuradas parten del objetivo ya establecido de antemano; sin embargo, se hacen preguntas abiertas para dejar al interlocutor en libertad de entrelazar diversos temas y experiencias.

Después de las observaciones participantes en las salas de aula, decidimos entrevistar a los profesores que dieron las clases y a dos de sus estudiantes, el hispanohablante y el luso hablante. A través de estas entrevistas logramos datos, informaciones e interpretaciones de los distintos sujetos, acerca de sus experiencias en la dinámica de enseñanza y aprendizaje en un contexto bilingüe. La elección por las entrevistas semi-estructuradas fue motivada por la explicación de Gaskell (Bauer y Gaskell, 2002), de que "a finalidade real da pesquisa qualitativa não é contar opiniões ou pessoas, mas ao contrário, explorar o espectro de opiniões, as diferentes representações sobre o assunto em questão" (p.68).

Las entrevistas semi-estructuradas nos enseñaron cómo viven ciertas experiencias los sujetos estudiados, en cuanto a comprender su terminología y captar la complejidad de sus percepciones. El objetivo prioritario de la entrevista cualitativa es el de proporcionar un marco, dentro del cual los entrevistados puedan expresar su propio modo de sentir con sus propias palabras (Patton, 1990, p.290).

La etapa de preparación de las entrevistas consistió, en su primera fase, en la planificación de los criterios de selección de los entrevistados, en la que intentamos buscar la mayor representatividad de casos. De acuerdo con Corbetta (2007):

Si no es necesario que la muestra sea representativa, tampoco es necesario que la elección de los sujetos se haga de forma aleatoria. Por lo general, el plan de selección de las personas a entrevistar se realiza del siguiente modo: se identifican unas cuantas variables importantes en relación con el tema estudiado (entre dos y cuatro), se combinan estas variables (nominales), y se entrevista a un número determinado de sujetos que cumplan las características de la combinación de variables. Los sujetos se eligen con el criterio del muestreo por cuotas, dejando al entrevistador en libertad para elegir a quién entrevistar, siempre que se cumpla la exigencia establecida por la cuota (p.348)

Público: Para la selección respectiva, consideramos tres tipos de variables: pertenencia a determinado instituto de la UNILA, nacionalidad y nivel de destreza en la segunda lengua de uso en la institución. Como mencionamos en el ítem 1 de la observación participante, decidimos hacer las entrevistas a cuatro profesores de cada uno de los institutos de la UNILA, dos de ellos, extranjeros y dos brasileños. Uno de los profesores brasileños tenía un nivel fuerte en la L2 (auto-denominados bilingües) y, el otro hablante, con un nivel más débil de L2 que se categorizó como monolingüe. Como lo anotamos antes, estas dos categorías: bilingüe/monolingüe, se establecieron con el fin de tener un contraste; no obstante, eso no significaba que al profesor le faltara un conocimiento, destreza en otras lenguas, o en la misma L2 (español/portugués). En general, los profesores categorizados como bilingües, eran aquellos que tenían una experiencia más firme en ambientes bi-plurilingües de aprendizaje, y que dominaban tanto el español como el portugués con alto nivel de proficiencia. De los dos estudiantes entrevistados por clase, fueron elegidos: un extranjero para representar el español y un brasileño para el portugués. Mostramos en grandes rasgos el perfil lingüístico, declarado a lo largo de las entrevistas, de los estudiantes que participaron de nuestro muestreo. Recordamos que nosotros no aplicamos ningún tipo de evaluación o diagnóstico para emitir o saber el nivel de proficiencia lingüística. De un total de 8 estudiantes entrevistados, 4 de ellos declaran no haber tenido un contacto previo con la L2 de la institución antes de ingresar a la UNILA. Asimismo, 2 de ellos no hacen referencia exacta sobre el conocimiento previo de la lengua (sin respuesta) y

2 declaran haber tenido contacto previo y conocimiento de la L2. Cuando nos referimos al tipo de contacto en la categoría de sociocultural, es el tipo de contacto que se realiza en situaciones no formales o, que no se encuentran relacionadas con las actividades de aprendizaje institucional.

La elección de entrevistar a profesores y estudiantes de cada uno de los institutos de la UNILA, nos facilitó el contar con las experiencias del contexto de aprendizaje bilingüe en las distintas áreas del conocimiento. Por otro lado, la elección de profesores brasileños y extranjeros bilingües, y brasileños y extranjeros monolingües, nos llevó a apreciar las experiencias subjetivas y las estrategias de enseñanza en cada una de las posibilidades. Las entrevistas a los estudiantes nos fueron de mucho provecho al observar las experiencias en términos de estrategias y dificultades del aprendizaje en clases realizadas. En total, efectuamos 12 entrevistas. A continuación sintetizamos la representatividad de los casos que escogimos para entrevistar:

Profesores (Instituto/nacionalidad-lengua o nivel autodenimado):

ILACVN: Argentina - Bilingüe

ILAACH: Brasileña - Portugués

ILAESP: Brasileño - Bilingüe

ILATIT: Mexicano - Español

Estudiantes (Instituto / nacionalidad estudiante1 / nacionalidad estudiante 2):

ILACVN: Brasileño / Paraguaya

ILAACH: Brasileño / Uruguayo

ILAESP: Brasileño / Colombiana

ILATIT: Brasileño / Boliviano

Protocolo: Una vez elegido el público y categorizado el público potencial, en la segunda fase de la planificación, realizamos el guión de la entrevista semi-estructurada, la que consistió en dos listas de preguntas guías, una para llevar a cabo la conversación con los profesores, y la otra, para la entrevista con los estudiantes. Las listas de preguntas guías fueron escritas en español y en portugués, y la entrevista se hizo en portugués, español, y, a veces, inclusive, en las dos lenguas o en lo que los mismos informantes categorizaron como "portuñol", término que explicaremos con más detalles en el análisis. Es importante resaltar que el cambio o alternancia de código, así como de idioma, es una práctica bastante presente tanto en ámbitos formales como informales de la universidad, uno de los objetivos de observación de este estudio. La elección de las entrevistas semi-estructuradas dejó abierta la posibilidad de las "respostas espontâneas dos entrevistados e a maior liberdade que estes têm podem fazer surgir questões inesperadas ao entrevistador que poderão ser de grande utilidade em sua pesquisa" (Boni y Quaresma, 2005, p.75).

Si bien, durante la entrevista contamos con las preguntas guías, como el propio nombre lo dice, estas sirvieron solo de indicación, y de acuerdo con la situación particular de cada uno de los entrevistados, cambiamos el orden de las mismas, reformulamos las preguntas en los momentos en que fue necesario, hicimos aclaraciones, así como también pedimos profundizar en ciertos temas que aparecieron en la entrevista y que no habíamos considerado en la planificación de la misma.

Lugar: Durante la tercera fase, fuimos en búsqueda de los profesores y estudiantes y nos centramos en coordinar la reunión con los mismos. Por cuestiones logísticas, realizamos todas las entrevistas en las dependencias de la universidad. Como la entrevista no implica una conversación cotidiana e informal, ni se trata de un diálogo donde los roles de los interlocutores están equilibrados y en el mismo nivel, sino de una conversación guiada, en la que el entrevistador establece el tema y controla que su desarrollo responda a los fines cognitivos, hicimos todo lo posible para que durante la entrevista, cada profesor y estudiante se sintieran lo más cómodo posible y dentro de la mayor confianza para responder con total libertad y, así mismo, contar sus experiencias (Corbetta, 2007). Hecho que Gaskell (Bauer y Gaskell, 2002) define como "rapport":

> (...) o entrevistador deve deixar o entrevistado à vontade e estabelecer uma relação de confiança e segurança, o que se costuma chamar de rapport. Isto se consegue através da forma como o entrevistador faz as perguntas, por um encorajamento verbal ou não verbal, e mostrando-se tranquilo e à vontade. A medida que o rapport é posto em ação, também o entrevistado com certeza vai se sentir mais à vontade e expansivo, para pensar e falar sobre as coisas além do nível das opiniões superficiais e com menos probabilidade. (p.74)

Por último, cabe anotar que el registro de las entrevistas se produjo por medio de una grabadora de sonido externo o, a veces, incluida dentro del celular. Las 12 entrevistas y las 4 clases correspondían a una selección, dentro de una serie de clases que habían sido grabadas y observadas y, por consiguiente, transcritas. Como dijimos, cada clase es diferente y es imposible reproducir exactamente el mismo tipo de interacciones. Fue una experiencia enriquecedora el poder observar, primeramente, el contexto y completar el mismo marco con las entrevistas, ya que nos generó un diálogo y nos procuró la recepción de las diversas percepciones y vivencias, en las que nosotros mismos nos involucramos con los participantes.

Grupos Focales

También llamados grupos de discusión, grupos de enfoque, los *focus groups* es una técnica cualitativa que recurre a lo que implica una entrevista colectiva, o sea, a un grupo de personas para recopilar información relevante sobre el asunto de investigación. Esta técnica tiende a incentivar la discusión en grupo y debe estar diseñada y preparada cuidadosamente para obtener percepciones sobre un área de interés.

La técnica de investigación cualitativa en Ciencias Sociales de los grupos focales fue descrita como entrevistas grupales, por primera vez, en 1926, por Bogartus. Durante la Segunda Guerra Mundial fue utilizada por Merton y Kendall para investigar los fenómenos despertados en las tropas por la propaganda de guerra. De la discusión en grupo emergían discursos que a veces no se presentaban en las discusiones individuales. Un poco más tarde, en 1952, Thompson y Demerath utilizaron esta técnica para estudiar los factores que afectaban la productividad en grupos de trabajo. Durante mucho tiempo esta técnica fue silenciada y sustituida por otras herramientas de recolección de datos. De nuevo, en los años 80, se vuelve a notar su aplicación a varios estudios en el área de ciencias sociales, principalmente, en la ciencia política, dentro del campo electoral; en ciencias de la educación, y en sociología, así como también, en las áreas de la salud (Ressel, Colomé, Gualda, Hoffman, da Silva y Dutra, 2008; Cruz Neto, Moreira y Sucena, 2002).

Conviene resaltar que los grupos focales fueron ampliamente utilizados en el área de marketing para probar productos y analizar preferencias de consumidores, a la hora de comprarlos, en estudios de mercado. Claramente, existen grandes diferencias entre las concepciones y presupuestos que presentan los grupos focales en el área de las ciencias sociales y las investigaciones de mercado, debido al objeto de estudio, el interés de la investigación, los objetivos y la propia naturaleza del procedimiento.

Los Grupos Focales (GFs) constituyen una técnica accesible y práctica para analizar la población para ser investigada, ya que permiten programar discusiones organizadas, que son útiles a la hora de explorar el amplio espectro de puntos de vista, sobre una determinada temática. Según Bisquerra Alzina (2009) "la intención de los grupos focales es promover la auto-apertura entre los participantes y generar un discurso grupal para identificar distintas tendencias y regularidades en sus opiniones". (p.343)

Esta técnica se centra en un número concreto de tópicos, variables o dimensiones de estudio. Nuestro trabajo se enfocó en los siguientes tópicos: experiencias con las lenguas, bilingüismo, intercomprensión y formas de comunicación en contexto académico.

Así mismo, Krueger (citado por Cruz Neto *et al.*, 2002), describe el grupo focal como: "pessoas reunidas em uma série de grupos que possuem determinadas características e que produzem dados qualitativos sobre uma discussão focalizada" (p.4), al recibir ciertos estímulos en forma de preguntas o tópicos, se genera un diálogo entre los participantes que motiva un proceso de interacción grupal, y esto hace que emerjan diferentes opiniones o se llegue a consensos sobre determinados temas. Anita Gibbs en el libro *Research Methods and Methodologies in Education* (Arthur, Waring, Coe, y Hedges, 2012), nos brinda una definición y las características relevantes de esta técnica:

Focus groups and group interviews are methods often used synonymously to mean an organized discussion with a selected group of individuals to gain collective views about a research topic. Group interviews are a way to gather many opinions from individuals within a group setting but are largely didactic between interviewer and each individual in the group. The distinguisher of focus groups is that they are interactive, the group opinion is at least as important as the individual opinion, and the group itself may take on a life of its own not anticipated or initiated by the researcher (Gibbs, 2012, p.186).

Esta técnica de los grupos focales, al ser dinámica e interactiva permite al investigador alinearse con los participantes y descubrir la forma cómo ellos perciben su realidad. Y, de acuerdo con lo que sostiene Gibbs (2012), en el área de la educación y en la enseñanza de lenguas, dicha técnica ha sido implementada para diversos propósitos, tales como: "co-constructing new knowledge, gauging opinion, evaluating services, generating theory, learning from experiences, understanding the everyday use of language, interpreting cultures, reshaping people's views, political action and empowerment of marginalized groups" (p.186).

Decidimos implementar la técnica de los GFs, al considerar las ventajas que la misma presenta y el espacio de discusión que propone, ya que nos facilita el conocer las experiencias, reflexiones y procesos de aprendizaje, los usos y prácticas de las lenguas, al mismo tiempo que el diálogo grupal, que se genera durante la realización del GF, lo cual constituye un fenómeno lingüístico plurilingüe en sí mismo. Al conectar la información, surgían ejemplos de comunicación bi- plurilingües de forma espontánea.

Público: En vista de que los GFs están conformados por grupos con características definidas, hemos acordado, para analizar el fenómeno del bilingüismo y la comunicación académica plurilingüe en la UNILA, establecer cuatro grupos, uno por cada generación de alumnos de esta universidad (años 2010, 2011, 2012 y 2014)[56]. Como sostienen Krueger (1991) y Bisquera Alzina (2009), los grupos deben ser lo suficientemente pequeños para que cada uno de los participantes tenga la oportunidad de expresarse y lo suficientemente grandes, para que permitan promover libremente las diversas percepciones. De acuerdo con los citados autores, el número de participantes debe estar entre 4 y 12 personas.

El Cuadro 3 presenta las informaciones relativas a cada uno de los GFs.

Acogiéndonos a estos criterios, cada uno de los cuatro grupos estuvo integrado por 5 y 8 estudiantes en total. En tales grupos hubo participantes luso hablantes e hispanohablantes, con representación de estudiantes de cada uno de los institutos de la universidad. Esto nos facilitó una visión amplia de las experiencias en las distintas áreas del conocimiento: humanidades, ciencias

---

[56] Cabe resaltar que se realizaron GFs en las promociones 2010, 2011, 2012 y 2014. La ausencia de GF en 2013 está relacionada a que en aquel año no ingresaron estudiantes en la universidad.

sociales, ciencias naturales y ciencias exactas, que nos posibilitó el constatar la existencia o no de diferencias en la relación del lenguaje con respecto a las áreas del conocimiento.

Cuadro 3. Grupos focales. Características del público seleccionado para los grupos focales. Fuente: Elaboración de la autora.

Grupos focales	Total número de participantes	Nacionalidades	Instituto	Participantes por instituto
2010	5	Argentina	ILATT	1
		Brasil	ILAESP	2
		Uruguay	ILAACH	
		Paraguay	ILACVN	2
2011	7	Uruguay	ILATT	1
		Bolivia	ILAESP	3
		Brasil	ILAACH	1
		Paraguay	ILACVN	2
2012	7	Chile	ILATT	2
		Colombia	ILAESP	2
		Ecuador	ILAACH	1
		Brasil	ILACVN	2
2014	8	Brasil	ILATT	3
		Argentina	ILAESP	3
		Uruguay	ILAACH	1
		Paraguay	ILACVN	1

Si bien existen dos procedimientos en los GFs, en los cuales se llevan a cabo: a) varias discusiones con un mismo grupo en torno a diferentes temáticas y b) varios grupos focales, con discusiones sobre un mismo tema, concluimos en que nos resultó más enriquecedor, la opción b, debido a las características de nuestra investigación. Se construyó un guión de preguntas (abiertas) que fueron aplicadas a cada uno de los grupos de estudiantes, los cuales estaban divididos por año de promoción (al ingreso) de la UNILA. Esta elección nos pareció importante, puesto que pudimos percibir, durante las entrevistas semi-estructuradas, la probabilidad de que existieran algunas diferencias con respecto al tiempo o período vivido, así como también acerca de las experiencias que se repiten en cada promoción. El tiempo entra a constituirse en un factor interesante para la comprensión del uso de los distintos procedimientos de comunicación y aprendizaje que los actores cumplen para entender y hacerse entender en un contexto académico bi-plurilingüe.

Con respecto a las informaciones sobre las características lingüísticas de los estudiantes que participaron del muestreo (total de 27 estudiantes), observamos que en su mayoría son hispanohablantes (18 estudiantes) y declaran haber tenido un contacto o un conocimiento previo con la L2 de la institución debido, principalmente, a aspectos socioculturales. Del mismo grupo sólo 4 estudiantes hispanohablantes y 1 lusohablante declaran nunca haber tenido contacto previo con la L2.

La elección por la metodología de grupos focales se basó en nuestra convicción de que el proceso del lenguaje y, por tanto, del bilingüismo como fenómeno particular, surge de manera relacional. Es por esto que se fomentó el debate sobre las experiencias de los estudiantes con respecto a sus impresiones y vivencias en un mundo académico bilingüe. Al enfocar a los estudiantes en un ámbito más cotidiano, los invitamos a participar de los grupos focales que efectuamos durante las pausas que ellos tenían entre las clases, lo cual nos proporcionó una visión más compleja del proceso, al considerar la tendencia humana de formar opiniones y actuar socialmente, según la relación con los otros. De esta forma, los grupos focales generaron debates, diálogos dialécticos e incluso opiniones divergentes sobre un mismo tema, y todo esto proporcionó un panorama más reflexivo sobre el bilingüismo y las experiencias de aprendizaje y comunicación académica en la UNILA.

La interacción de los participantes fue un aporte fundamental del método de grupo focal. Durante la discusión, estos participantes de todos los institutos y de varios países de América Latina, narraron sus experiencias acerca del proceso de comunicación bilingüe dentro del ámbito académico, en las variadas esferas del conocimiento; y de igual modo, el proceso de aprendizaje del idioma extranjero durante las diferentes instancias de las carreras de grado, representadas por los grupos que hacen parte de las respectivas promociones de unileros: estudiantes de primer año, denominados "calouros" y los "veteranos"[57] de todos los años de ingreso, desde la fundación de la Universidad. Los alumnos ejecutaron así una "conversación en debate", ya que los puntos en pauta, acerca de las estrategias utilizadas, las experiencias y las condiciones para la enseñanza y aprendizaje del bilingüismo que la UNILA ha ofrecido, fueron ampliamente discutidos por todos los participantes de cada uno de los GFs.

Protocolo: Para el funcionamiento de los grupos focales hicimos una planificación conjunta con las colaboradoras que se encargaban de la organización y distribución de las labores del mediador, relator, observador y operador tecnológico durante los GFs y para la transcripción de los diálogos, posteriormente. El encargo de las tareas para la realización de los GFs estuvo dividida entre las colaboradoras, que cumplieron con las funciones de moderadoras, observadoras y operadoras tecnológicas; de esta manera, mi posición como investigador se mantuvo en el papel de relator de los GFs, lo que permitió una participación directa, que evitó siempre, cualquier situación de incomodidad para los estudiantes. Como ya lo dijimos, el doble rol de investigadora y profesora de Lengua Española de la UNILA, dificultaba un diálogo fluido con los estudiantes acerca de sus experiencias, impresiones y críticas de la política lingüística de la universidad; por lo tanto, hay que resaltar que la intervención de las colaboradoras fue positiva, de una importancia mayor. Fueron tres los integrantes de cada grupo focal: una colaboradora-mediadora, una colaboradora-observadora y el investigador-relator.

---

[57] *Calouros y veteranos,* hacen referencia a los alumnos nuevos, recién ingresantes a la universidad, y los antiguos. Este tipo de términos los analizaremos desde el punto de vista del contacto lingüístico en el análisis.

Para llevar adelante estas tareas de la mejor forma posible, procedimos en primera instancia, a realizar una serie de lecturas y a lograr la mejor preparación posible con las colaboradoras, acerca de cómo ejecutar las distintas funciones dentro de los GFs, y también en cuanto a la construcción de la guía de preguntas y de las observaciones. La preparación fue conjunta, ya que se trató de nuestra primera experiencia en utilizar esta técnica.

Una vez analizadas las lecturas, realizamos un GF piloto que sirvió para poner en práctica lo debatido y para evaluar las dificultades y errores, y ya más preparadas, ejecutamos la primera discusión con el GF 2010. En cada uno de los GFs, la colaboradora-mediadora, desempeñó una función clave, pues fue ella la encargada de iniciar y motivar la discusión, mantenerla y concluirla, todo orquestado con antelación y debidamente acompañado por el investigador. La mediadora era la única habilitada para interactuar con los estudiantes, colocar los puntos por tratar, conducir el debate, y en especial, garantizar la participación de todos, además de evaluar la diversidad de opiniones, resultante de la controversia.

Por otro lado, la colaboradora-observadora tenía la tarea de analizar y estimar el proceso de conducción del GF, fuera de apuntar los errores y dificultades enfrentadas en la realización de cada grupo. Otra de sus funciones consistía en analizar siempre la relación del participante con la mediadora. Por la falta de más colaboradores, las operaciones de grabación y los aspectos técnicos de la grabación del debate, también estaban en manos de las colaboradoras-observadoras.

La persona relatora del grupo tenía a su cargo la importante misión de centrarse en observar el estado de comodidad de los participantes y la integración entre ellos, frente a los demás realizadores de la investigación. El papel de relator cumplía con la tarea de nominar los discursos de cada participante, describir la posición de los estudiantes en la ronda de conversación, y concentrarse en hacer una serie de anotaciones sobre aspectos lingüísticos de los participantes. Por consiguiente, estas anotaciones nos facilitaron la contextualización y el análisis de las entrevistas, posteriormente.

Al final de cada GF llevábamos a efecto una discusión y evaluación de la experiencia. Las anotaciones fueron fundamentales para un mejor resultado de estos GFs. Así mismo, una vez terminadas las grabaciones, las transcripciones de estas fueron divididas equitativamente. Y concluida esta tarea, se procedió al trabajo de las correcciones y revisiones con el audio de cada grabación, trabajo que no fue del todo fácil, ya que, además de las dificultades de transcripción de entrevistas grupales, se sumaba la cuestión lingüística. Los participantes venían de distintos países de América Latina, cada quien con sus propios acentos y peculiares expresiones, que a veces, dificultaban la transcripción. El hecho de tratarse de un debate bi-plurilingüe, exigió de la mayor concentración para la transcripción correcta en cada idioma. La guía de preguntas fue elaborada en conjunto, como ya lo dijimos, y reformada después de la prueba piloto del GF. El pilotaje previo nos sirvió para poner a prueba la correcta comprensión de las preguntas por parte de los participantes del grupo, como también la claridad y extensión de la guía.

Lugar: La organización e invitación de los participantes no fue tarea fácil; esperábamos contar con 10 participantes por GF, pero por lo general, los estudiantes, previamente contactados, no se hacían presentes, a pesar de enviarles un e-mail de invitación antes del inicio de cada GF, dándoles a saber sobre el tema de la investigación y los objetivos de la misma. Muchos de los estudiantes encontraron en esta situación un espacio de expresión y una forma de sentirse escuchados frente al tema del bilingüismo que les afecta en el diario vivir. No obstante, además del espacio de dialogo, esta experiencia no les propiciaba ningún incentivo a nivel académico. Contamos solo con la buena voluntad de cada uno.

Realizamos estos encuentros en el PTI (Parque Tecnológico de Itaipu), durante el horario de almuerzo entre las 12m., y 2pm. El horario como la elección del lugar, fueron los más convenientes para llevar a efecto los GFs, con participantes de todos los institutos de la UNILA, que siempre disponen de aulas en períodos y locales diferentes. Como mencionamos anteriormente, en el capítulo sobre la UNILA, el PTI se encuentra alejado de los demás espacios de aulas de la universidad, pero con la particularidad de ser el lugar que concentraba una mayor presencia de alumnos e institutos. Y, quizá, por ello mismo, con tantos estudiantes en diferentes espacios, no fue fácil el conseguir la asistencia de todos los invitados. Sin embargo, logramos un buen número de participantes para todos los GFs, y la posibilidad de contar con un transporte propio, lo que contribuyó a resolver algunos inconvenientes de movilidad.

Los debates, al propiciarse en salas de clases reservadas con antelación, facilitaron el uso de estos ambientes de la manera más adecuada, de tal modo que conseguimos sentar a los participantes en forma de ronda, para que les fuera más cómodo hablar y seguir la discusión y, por consiguiente, nos sirvió a nosotros para la obtención de buenas grabaciones. En consideración a que muchos de los participantes asistieron durante el horario de su receso para el almuerzo, les ofrecimos en señal de agradecimiento, bebidas con un pequeño refrigerio, en cada reunión.

Con todos los GFs, se procedió a una primera presentación de los integrantes del equipo, además del detalle de los objetivos de la investigación y la solicitud de autorización, junto con el acuerdo para grabar el debate. La invitación a los participantes a presentarse, hizo que se rompiera el hielo y se creara un ambiente de mayor confianza entre ellos. La mediadora inició el debate de acuerdo con la guía de preguntas que elaboramos. Se buscó la respuesta la de todos y cuando esta no se conseguía, se los motivó a participar, en forma espontánea. Tratamos de explorar el máximo de opiniones posibles sobre cada uno de los disparadores o temáticas. Como bien se explicó en su momento, la guía es un elemento que no necesita ser estático, así que cuando aparecían ideas relevantes para la investigación que nosotros no habíamos considerado, incentivamos a los participantes a profundizar en esos aspectos, lo que nos sirvió mucho para explorar un abanico de puntos de vista y opiniones.

Al llevar a efecto los GFs con estudiantes de la UNILA y con los organizadores del mismo medio, las diferencias económicas, culturales y sociales, en ningún caso provocaron relaciones o situaciones de conflicto. Tanto informantes como organizadores hacíamos parte del contexto cotidiano de la universidad y, por ello mismo, nos colocamos de la forma más horizontal posible. Cabe anotar que las dificultades en cuanto a tensión, conflicto y posiciones de poder que pueden aparecer en otros ambientes, según describe Gibbs, no se presentaron en nuestro caso.

Pudimos apreciar cómo la aplicación de esta técnica resultó doblemente interesante. Por un lado, logramos recoger y analizar las impresiones de los estudiantes y, por el otro, los grupos constituidos por estudiantes de distintas nacionalidades, generaron intercambios comunicativos bilingües en sí mismos. De las entrevistas grupales emergieron varios fenómenos lingüísticos de intercomprensión, no sólo para analizar las estrategias de comunicación entre hispanohablantes y luso hablantes, sino también, para indagar la comunicación y la comprensión entre distintas formas y variantes de la lengua española y portuguesa presentes en la UNILA.

Al entender que los procesos de comunicación y de bilingüismo se dan de manera relacional, los GFs abrieron un espacio para el debate en un ámbito más cotidiano, con base también en la tendencia humana a formarse opiniones y a actuar socialmente en el trato con los otros. De estos grupos surgieron diversas situaciones de discusión, diálogos e, incluso, opiniones divergentes sobre un mismo tema, lo que brindó un panorama más reflexivo acerca del bi-plurilingüismo en la UNILA. La interacción de los participantes fue algo esencial del método de grupo focal para el análisis pertinente. Recogimos un buen número de experiencias de aprendizaje que nos dieron más claridad frente al proceso de intercomprensión, bilingüismo y comunicación en el ámbito académico de las distintas esferas del conocimiento y también del proceso de integración y contacto entre hablantes de otros idiomas, durante las variadas instancias de las carreras de grado, representadas por los grupos que hacen parte de las distintas promociones de unileros: "calouros" primíparos y veteranos de todos los años de ingreso desde la fundación de la Universidad.

Una vez presentadas las herramientas de recolección de datos, así como el proceso del trabajo de campo, pasamos a la última etapa del diseño metodológico, en la cual el investigador se retira de su objeto de estudio y comienza el tratamiento de los datos.

5.3.3 Al retirarse del escenario: transcripción, anonimato y códigos de identificación

Recopilada ya la información e inmerso dentro del contexto de estudio, el investigador debe organizar todo muy bien para poder conservar y visualizar los datos de la forma más conveniente. Esta etapa parece simple, pero requiere de una cierta concentración y logística, debido a que la experiencia de inmersión y las vivencias en el campo son, como en nuestro caso, muy intensas.

Para nosotros, evidentemente no fue fácil, terminar la recolección de datos y continuar el trabajo dentro de la institución, pues varias veces supusimos que entre más datos lográramos, mejor sería el resultado. No obstante, la recolección no sistemática ni bien organizada de cualquier tipo de datos, provocó en varias ocasiones algunas confusiones por lo cual los datos que fueron recogidos en estos ámbitos informales preferimos no tratarlos porque no cumplen con el protocolo exigido en este tipo de investigación.

Durante esta etapa posterior a la recolección de datos, debimos elegir un procedimiento de organización y un protocolo de transcripción. Como nuestro interés, ya expuesto en la parte metodológica, se enfocó en el trabajo sobre el discurso del sujeto acerca de las experiencias, no elegimos un protocolo de transcripción lingüístico-fonético, sino que nos limitamos al trabajo de transcripción ortográfica estándar, en forma de discurso narrativo.

De acuerdo con Aneta Pavlenko en el libro *The Blackwell guide to research methods in bilingualism and multilingualism* (Wei & Moyer, 2008), "There is no standard way to transcribe oral narratives - transcription conventions are usually chosen with the research questions and the theorical framework in mind (Och, 1979)" (Pavlenko, 2008, p.314).

Transcripción

Sabemos que existen varias propuestas de codificación y transcripción para facilitar la lectura, registrar por escrito y analizar una serie de material multilingüe y multimodal obtenido; algunas de ellas nos permiten trabajar de forma muy precisa interacciones bi- plurilingües como el caso del programa LIDES: Language Interaction Data Exchange System[58] de la Universidad de Lancaster- UK. Sin embargo, debido a la naturaleza de nuestro trabajo, hemos procedido a la elaboración de una convención básica de códigos de transcripción inspirado en manuales y en las líneas del TEI Text Encoding Initiative[59].

Las transcripciones buscan dar una imagen del discurso de una forma más legible, utilizando lo que sería la ortografía estándar. A esta propuesta de transcripción, también hemos tenido que adaptar, suprimir o añadir, algunos códigos con el fin de resaltar ciertos elementos emergentes en los discursos

---

[58] LIDES es un proyecto que permite una transcripción muy completa y especializada en interacciones plurilingües. Consideramos que puede ser un excelente complemento para un futuro estudio. https://eprints.lancs.ac.uk/id/eprint/1250/ (Recuperado el 30 de abril de 2020).
[59] http://www.tei-c.org/release/doc/tei-p5-doc/en/html/TS.html (Recuperado el 30 de abril de 2020).

plurilingües, como por ejemplo: cambio de código (code-switching), préstamos lingüisticos (borrowing) o *calcos*, sintácticos o semánticos.

Anotamos aquí, los códigos escogidos:

> : Cambio de hablante
> X: Intervención de un participante identificado como X.
> - Correcciones, vacilaciones, palabras cortadas.
> [Lugar donde se inicia una superposición o solapamiento (ya sea cambio de tema, objeción, etc)
> / Pausa corta, inferior al medio segundo.
> // Pausa larga.
> ... Suspensión voluntaria.
> LETRAS EN MAYÚSCULA
> - al Inicio: Los nombres propios, apodos, siglas y marcas, excepto las convertidas en marcas lexicalizadas, aparecen con la letra inicial en mayúscula.
> - TOTAL DE LA PALABRA: Pronunciación marcada o enfática (palabra o sílaba).
> ((--con alguna palabra-)) Transcripción dudosa.
> ((indescifrable)): Fragmento indescifrable.
> - (chasquido) (risas): Anotaciones que aparecen al margen de los enunciados y se consideran sonidos significativos para la interpretación del texto.
> ¡ ! Exclamaciones o admiraciones.
> ¿ ? Interrogaciones. También para los apéndices: ¿no?, ¿eh? ¿verdad?
> *Cursivas*
> *Total de la frase:* Reproducción e imitación de emisiones: estilo directo, cita textual, etc.
> *Palabra en cursiva:* palabra en otro idioma

Anonimato y códigos de identificación

Siguiendo los parámetros éticos del trabajo investigativo en Ciencias Sociales, en general, en todo el proceso de recolección de datos seguimos los tres principios fundamentales de conducta, establecidos y sugeridos para la investigación, tal como indica el artículo de Analía Meo (2010 p.6)

Los diferentes códigos, declaraciones, legislaciones y debates en torno a la ética de la Investigación, coinciden en identificar tres principios fundamentales que deben guiar la conducta de los/as investigadores/as: el consentimiento informado de los sujetos investigados, el carácter confidencial de la información recibida, y el respeto al anonimato de los participantes de la investigación (Punch, 1986).

En consecuencia, todas las grabaciones de clases, entrevistas y grupos focales, contaron con el consentimiento informado de los sujetos (oral, y en algunos casos, escrito)[60]. Así que para ejecutar el proceso de anonimato y poder identificar a los entrevistados y participantes de los Grupos Focales, sin enseñar sus identidades, llevamos a efecto, una serie de códigos para distinguir a cada uno de ellos.

Códigos de las Entrevistas (Entr.)

El primer código hace referencia al Instituto al que pertenece la clase observada, y al profesor o profesora entrevistados, de igual modo que a los estudiantes entrevistados de las respectivas clases.

ILACVN: Instituto Latino-Americano de Ciências da Vida e da Natureza
ILAACH: Instituto Latino-Americano de Arte, Cultura e História
ILAESP: Instituto Latino-Americano de Economia, Sociedade e Política
ILATIT: Instituto Latino-Americano de Tecnologia, Infraestrutura e Território

---

[60] En la mayoría de los casos el consentimiento y la autorización para las grabaciones y el registro de los datos se realizaba de forma oral y con antecedencia previa. Por otro lado, los documentos referentes a los procedimientos, así como las transcripciones de las entrevistas, debido a cuestiones éticas no están publicados.

Seguido del guion, la letra **P** o **E** hace referencia a si el entrevistado/a es Profesor/a o Estudiante. Las letras **B** o **H** se refieren a si el entrevistado/a es brasileño/a, en el caso de los hablantes de portugués, o hispanohablantes.

De esta manera los códigos en mención, quedan compuestos por: INSTITUTO + (**P** PROFESOR O **E** ESTUDIANTE) + (**H** HISPANO-AMERICANOS O **B** BRASILEÑO)

Los códigos de las entrevistas, se encuentran resumidos a continuación, donde anexamos a la información, la nacionalidad de los entrevistados.

Profesores	Argentina **ILACVN-PH**	Brasileña **ILAACH-PB**	Brasileño **ILAESP-PB**	Mexicano **ILATIT-PH**
Estudiantes	Brasileño **ILACVN-EB**	Brasileño **ILAACH-EB**	Brasileño **ILAESP-EB**	Brasileño **ILATIT- EB**
	Paraguaya **ILACVN-EH**	Uruguayo **ILAACH-EH**	Colombiana **ILAESP-EH**	Boliviano **ILATIT-EH**

Códigos de los participantes de los Grupos Focales (GF)

Los códigos de los participantes de los Grupos Focales hacen igualmente referencia al instituto al que pertenecen los estudiantes:

ILACVN: Instituto Latino-Americano de Ciências da Vida e da Natureza

ILAACH: Instituto Latino-Americano de Arte, Cultura e História

ILAESP: Instituto Latino-Americano de Economia, Sociedade e Política

ILATTIT: Instituto Latino-Americano de Tecnologia, Infraestrutura e Território

Posteriormente se anexaron siglas[61] para denotar la nacionalidad de los participantes:

AR Argentina, **BR** Brasil, **BO** Bolivia, **CL** Chile, **CO** Colombia, **EC** Ecuador, **PY** Paraguay, **UY** Uruguay.

Aquellas nacionalidades que se repetían en cada uno de los grupos focales están seguidas de numeración 1, 2 o 3, que indica el orden en el que estos estudiantes hablaron durante la discusión en el GF. Por último, el código de los estudiantes participantes del GF presenta los números 10, 11, 12 y 14, que se refieren al año de ingreso en la universidad. Por ejemplo, BR3-14 GF: significa que era un estudiante brasilero (BR), que había ingresado en 2014 y que dentro de su grupo focal era el número 3 entre los brasileros.

Como anunciamos desde el inicio, optar por la aplicación de metodologías de cuño etnográfico requiere tomar en cuenta una serie de minuciosos detalles, una gran flexibilidad y la capacidad de integrar constantemente nuevas alternativas de aproximación al tema estudiado. Consideramos que describir estos procesos, además de permitir una metarreflexión de toda la experiencia de campo, contribuyen también al proceso de análisis y a la manera de apropiarse y posicionarse frente al objeto de estudio. Así, este amplio recorrido nos conduce y nos prepara a entrar en la siguiente etapa correspondiente a la tercera parte y dedicada al análisis de datos.

---

[61] Estas siglas se inspiran de los códigos de dominio por países utilizados en internet.

PARTE III

Intercomprensión académica: Aprendizaje y experiencias

> *A diferencia de otras miradas sobre los fenómenos de contacto entre lenguas, se supone que son los hablantes quienes categorizan las formas como propias o ajenas a un repertorio o sistema lingüístico particular, dejando pistas en la interacción (muchas veces no verbales) sobre la asignación que hacen de las formas a los repertorios, pistas que el investigador puede recuperar en el análisis.*
> Virginia Unamuno y Ángel Maldonado (2012, p.235)

Una vez definidas las bases teóricas de nuestra discusión, expuesto el contexto y descrito el proceso y el diseño metodológico, procederemos en este capítulo, al análisis del material seleccionado y organizado.

En la segunda parte concerniente al contexto y la metodología, explicamos que nuestro trabajo se inscribe en una metodología cualitativa de cuño etnográfico y, por la misma razón, su análisis se basa en el corpus elaborado a partir de los grupos focales, las entrevistas, las observaciones de las clases y los documentos oficiales, que se reflejan en el discurso narrado por los mismos participantes. Según apunta Heller (2008), estas herramientas de recolección que usamos (entrevistas y observaciones) son complementarias, por tratarse de un trabajo sobre bilingüismo:

> *Much ethnographic research on bilingualism uses a combination of observation and (usually accompanied by audio- or videotape recording) and interviews, since so much of this work is devoted to spoken language [...] Observation then is centrally a question of discovering where it is that things relevant to our concerns occur, and under what circumstances. It is about mapping out the landscape of bilingualism, and then investigating the interesting bits in greater detail* (Wei y Moyer, 2008, pp.256-257).

Esta combinación entre lenguaje oral (discurso) y observaciones contiene un gran potencial para el estudio de prácticas plurilingües; sin embargo, el tratamiento de los datos requiere de una serie de recursos y elecciones para poder adaptarlo y presentarlo en forma escrita.

En el capitulo 2.3.3 (Parte II) *Al retirarse del escenario: Organización, transcripción y codificación*, se explica el proceso de selección de datos y la codificación de las entrevistas y de los grupos focales. Recordamos la conveniencia de recurrir a esta codificación ya que facilita la lectura de los fragmentos que utilizamos en esta parte del análisis.

Esta tercera parte, está destinada al análisis y se desarrolla en tres capítulos. En el primero, explicamos el proceso escogido para el tratamiento del discurso de nuestros interlocutores dentro de la dimensión narrativa. Después, veremos cómo a partir del discurso y las observaciones podemos destacar algunos elementos para realizar un "mapping out the landscape of bilingualism", según Heller; es decir, trazar el mapa del paisaje del bilingüismo en nuestro contexto de la UNILA tomando como marco las dos situaciones de aprendizaje que sobresalen en los datos: formal e informal. El segundo y tercer capítulo están destinados al análisis de las narraciones sobre la vivencia de la experiencia plurilingüe académica, desde el abordaje de las dos preguntas de investigación: ¿Cuáles son los procedimientos que los estudiantes y los profesores utilizan para comunicarse y entenderse mutuamente, en el entorno bilingüe/multilingüe que propone la UNILA?; ¿Cuáles son las posibilidades y limitaciones de la intercomprensión como forma de comunicación dentro de este contexto académico?

6
Discurso y situación

6.1 Tratamiento de la dimensión narrativa

Las entrevistas al igual que los grupos focales fueron analizados como formas de discurso narrativo. Algunos trabajos en investigación educativa y bilingüismo coinciden en que el uso de la narrativa es un tipo de discurso, dentro de la biografía lingüística y en entrevistas familiares, que muestran varios trabajos colectivos en torno a las metodologías como *The Blackwell Guide to Research Methods in Bilingualism and Multilingualism* de Wei y Moyer 2008; dentro de esta obra colectiva, Mistry brinda la siguiente definición de la narrativa: "The term *narrative*, as used here, refers to "all types of discourse in which event structured material is shared with readers or listeners, including fiction stories, personal narratives, accounts and recounts of events (real or imagined)" (Mistry, 1993, apud Pavlenko, 2008, p.311).

Conforme a esta definición y a los aportes de Pavlenko (2008), podemos destacar en ellos dos tipos de narrativas: ficciones (*fictional narratives*) y narrativas personales (*personal narratives*). Nuestros datos, en cuanto a entrevistas, incluyen narrativas personales, o sea, relatos basados en los conocimientos y vivencias de los hablantes, a partir de su propia realidad. Nuestros informantes respondieron a una serie de preguntas y compartieron sus experiencias dentro del marco social de una conversación y no a partir de ejercicios o técnicas de recolección de datos, en los que la imaginación y la ficción intervienen como forma de elaborar y hacer emerger un discurso.

Ahora, por estar nuestros datos conversacionales inmersos en una interacción verbal, recogen un conjunto de experiencias y de reflexiones contadas por los propios estudiantes y profesores en forma de discursos narrativos, como expresamos anteriormente. Estos discursos contienen relatos, en donde los informantes, son parte esencial del evento (como actores de la acción); por ejemplo, cuando cuentan alguna anécdota que les ha sucedido:

> **BO-11 GF:** (24:28) era el tercer mes o algo así, y yo estaba pasando por algunos problemas y fui a desesperadamente hablar con la psicóloga, y yo trataba de explicar lo que me estaba pasando y ella no conseguía entender por completo todo lo que yo le estaba explicando, y eso en lugar de ayudarme como psicóloga, me dejó más estresada, porque no podía explicarle lo que me estaba sucediendo.

En otras ocasiones, el relato del informante hace referencia a una experiencia vivida por otros individuos, de modo que sitúa al informante fuera del relato, para convertirlo en observador, descriptor o narrador:

> **BR3-14 GF:** (16:53) Então, o nosso professor-coordenador, ele tentava meio que misturar um pouco dos dois, ele falava em português (querendo dizer espanhol), aí se a gente ficava: "o que?", ele olhava assim para alguns e via que estavam com uma cara meio que de interrogação e falava em português, aí a gente: "ahhh, agora eu entendi", porque também ele, nem todos, aliás nenhum, na verdade, dizia: "professor, não estou entendendo", a não ser... Principalmente no começo...

También, como se puede observar, en otros casos, se encuentran secuencias en las que el narrador está dentro y fuera de la historia, como por ejemplo, en el siguiente extracto, en el que la generalización incluye al actor por medio del uso del "nós" o "a gente", como de esa distancia cuando habla de "os brasileiros/o brasileiro" con respecto al evento descrito:

> **BR1-11GF:** (08:22) No caso dos brasileiros, eu acho que também tem, a gente é meio acomodado para, para praticar a

> língua... (9:35) Bom, eu, particularmente, acho que, que... brasileiros, nós, além da acomodação, a gente é muito introvertido nesse aspecto, desde sempre não somos acostumados a lidar com outros, a gente se olha muito para dentro, o brasileiro se olha para si mesmo.

Todos estos elementos referentes a la posición del hablante, deben ser considerados en el momento del análisis de datos, ya que a través de ellos podemos observar diferentes tipos de información y descripción, en cuanto a creencias, estrategias, identidades propias o del otro, etc.

Así como las entrevistas (grupales e individuales) constituyeron un *corpus* de información, la misma situación e interacciones dentro de la entrevista y grupos focales, paralelamente generaron un marco para registrar ciertos procedimientos de comunicación bi-plurilingües.

> **BR-12 GF:** (36:23) En mí punto, yo creo que la formación que eu tive nas aulas de espanhol, vou falar assim porque consigo falar melhor (risas)... não foram vagas e contribuíram muito para a minha formação na língua espanhola,...

> **CL1-12 GF:** (25:21) Eu me lembro também quando a gente foi pra Curitiba, eu pedi um copo de lei[tʃi] e me disseram: "o quê?", um copo de lei[tʃi]. Leite. Ah, isso! En el habla el acento cambia mucho. [¡Claro!]. Y no entienden aunque suene parecido, el brasileiro no entiende (risas).

En esta situación, se observaron decisiones y estrategias comunicativas, alternancias de códigos y fenómenos de contacto lingüístico que evidencian la interrelación entre lenguas-culturas en contexto académico. Estado tal que nos aproxima al análisis conversacional en situaciones de bilingüismo, como apunta Hamel (1984) en el artículo *Análisis conversacional*, en referencia a la frontera entre México y Estados Unidos:

> *La situación diglósica, sin embargo, constituye un campo muy rico para investigar la reproducción y constitución*

de las relaciones sociales en la interacción verbal, puesto que la elección de una lengua u otra lengua, en situación comunicativa, implica una decisión de mucho mayor alcance para los hablantes que un estilo más o menos formal en una lengua (p.56).

Al seguir la reflexión de Hamel, intentamos observar, precisamente en la primera parte del análisis, cuáles lenguas o formas de comunicación son utilizadas en el contexto académico, en algunas interacciones y en la sala de clases de la UNILA. Muchas de estas observaciones y de los estudios de análisis conversacional, nos brindan luces para poder entender y comprender los procedimientos y experiencias plurilingües. No obstante, nuestro trabajo no se inscribe en las metodologías del análisis conversacional propiamente. Los extractos seleccionados cumplieron con una transcripción tradicional y, en algunos casos, se buscó aproximar y adaptar el discurso oral a una narrativa más que a una descripción morfo-fonética de la lengua.

Un elemento para recordar es el ambiente en el cual fueron tomados los datos: la Universidad. La vida en el aula así como en el contexto académico es única y diversa, al mismo tiempo, por lo cual no se puede homogeneizar con escalas preestablecidas o datos estandarizados; de igual forma, cada situación observada o vivida es irrepetible. Nuestra intención no es generalizar o elaborar normas. Como partimos de una perspectiva comprensiva, la metodología de análisis de contenido (Bardin, 2013) nos procuró un soporte para la construcción de una propuesta, codificación y categorización de análisis, con fundamento en los extractos seleccionados. El análisis de contenido, según lo indica Bardin, propone una forma de interpretación de datos, en la que el investigador debe encontrar el equilibrio entre el rigor de la objetividad y la riqueza de la subjetividad. Nosotros seguimos los pasos sugeridos por Bardin, en su orden cronológico: 1) pre-análisis, 2) exploración de material y tratamiento, 3)interpretación y conclusión. En todas estas etapas pudimos reagrupar los temas y los subtemas recurrentes, además de la selección de las categorías que construyeron nuestra propuesta de tipología de análisis.

Además del análisis de contenido, nuestra propuesta de categorización y análisis se inspira en metodologías, líneas de estudio y tipologías discutidas en diversas investigaciones sobre el lenguaje, el bilingüismo, el contacto entre lenguas y culturas, los contextos educativos que articulan el análisis y el marco teórico (Borel, 2012; Gumperz, 1982; Hamel, 2011), adaptados a nuestras propias necesidades y a los objetivos del trabajo. Así, debido a la imposibilidad de atomizar el discurso, y poderlo tejer en su conjunto, proponemos un marco de análisis a partir de una categorización adaptada y adecuada, conforme con el contexto, con el público y con las particularidades de nuestro terreno, para reconstruir, a través de ellos, los procedimientos y poder descubrir estructuras propias. De esta manera, con base en cada pregunta de investigación, presentamos y desarrollamos la discusión e incluimos los extractos seleccionados. Estos extractos son segmentos del discurso que hacen parte de un corpus completo, propiedad del autor. Los extractos tomados de los datos, en esta parte separados para facilitar su visualización y lectura, sin necesidad de recurrir constantemente a la totalidad del corpus. Asimismo, cada extracto contiene informaciones que permitirán al lector localizar el discurso en el corpus general: el código de identificación y los minutos del turno de palabra. Reagrupamos, también, en algunos casos, el conjunto de extractos para visualizar en su conjunto el tema o la categoría trabajada. Así, una serie de tablas y diagramas forman parte del texto ya que sirven como soporte visual, al mismo tiempo que están en diálogo constante con el contenido analizado.

6.2 Situaciones de aprendizaje y paisaje lingüístico

Bien sabemos que el espacio académico o escolar no es el único lugar donde ocurre el aprendizaje. Además de este, en dicho contexto, ocurren otros procesos (Aguirre Pérez y Vázquez Molini, 2004). Para visualizar mejor esta situación, identificamos dos condiciones de comunicación y aprendizaje que coexisten en la mayoría de entornos educativos: la primera hace referencia a las situaciones formales y no formales de aprendizaje, y la segunda, a las situaciones informales de aprendizaje.

Definimos **situación formal de aprendizaje**, según el Glosario de terminología de la política europea de educación y formación (2004), documento multilingüe, dirigido a investigadores y a las personas interesadas en el tema de las políticas educativas. Autores como Aguirre y Vázquez (2004), hablan igualmente de tres tipos de situaciones de educación, las cuales se definen con respecto a criterios estructurales (espacio, organización). Por otro lado, algunos autores se refieren a esta situación, sustentados en criterios metodológicos (estilos de enseñanza-aprendizaje). A pesar de los diversos criterios y definiciones, la mayoría de las fuentes consultadas concuerdan con esta definición:

> *Aprendizaje que tiene lugar en entornos organizados y estructurados (p.e. un centro educativo o formativo, o bien, en el centro de trabajo) y que se designa explícitamente como formación (en cuanto a sus objetivos, su duración y los recursos empleados). La formación o aprendizaje formal presupone intencionalidad por parte del alumno. Por regla general, siempre da lugar a una validación y a una certificación o titulación* (CEDEFOP, 2008, p.43).

En el contexto de la UNILA, la situación formal de aprendizaje, a la cual recurrimos, son las clases, que implican un contenido o materia dentro del programa académico de la universidad y que tiene como objetivo la validación de unos créditos, por medio de una evaluación. Una clase es un ejemplo de situación en donde la comunicación y los contenidos se encuentran organizados, monitoreados generalmente por el profesor, quien a su vez, evalúa y verifica constantemente el proceso de aprendizaje. Así, los procedimientos de comunicación, en este contexto, están dirigidos y constan de una intencionalidad, ya sea la del aprendizaje o la transmisión de un conocimiento.

La mayoría de las preguntas (abiertas), hechas en las entrevistas, incentivaban a los hablantes a describir precisamente los procesos que se llevan a cabo en este tipo de situación, como lo ilustra el siguiente extracto:

> **ILACVN-EH Entr.**: (00:56) Bueno, cada profesor tiene su idioma, así, por los argentinos, algunos tratan de hablar en portugués con los brasileiros, pero ellos no tienen problema en que nosotros entreguemos en español o en portugués, es libre. Tanto los profesores brasileros también, dicen que, si somos hispano hablantes, bueno, que pregunten en español.

Sin embargo, en los datos también observamos una constante referencia a otro tipo de situaciones. Por la misma razón, muchos especialistas argumentan, y con estos coincidimos perfectamente, acerca de que el aula o la situación formal no es el único espacio de aprendizaje, de interacción y de comunicación plurilingüe. Así pues, para definir el **aprendizaje no formal**, acudimos a la misma fuente del glosario de terminología de la política europea de educación y formación (CEDFOP, 2008), "aprendizaje integrado en actividades organizadas pero no calificadas explícitamente de actividades de aprendizaje (en cuanto a objetivos didácticos, duración o recursos de formación) el aprendizaje no es intencional desde la perspectiva del alumno" (p.48).

En el caso de la UNILA, este tipo de situación podría ser, por ejemplo, el aprendizaje que se adquiere por medio de otras actividades extra-académicas, cursos o actividades deportivas y/o lúdicas que ayuden al aprendizaje, por ejemplo, de una lengua, pero que no sean establecidas para esa función. Por ejemplo, los cursos de extensión, donde los alumnos y la comunidad comparten espacios y aprendizajes en torno a diversas actividades, muchas de ellas desvinculadas del currículo académico. Sin cumplir todas las características de este tipo de situaciones, este ejemplo podría de cierta manera aproximarse a lo que presentamos en este extracto:

> **AR1-14 GF:** (20:21) Mi experiencia, así, como estrategia para comprender el portugués, creo que era esa la pregunta, la primera fue irme a vivir con cinco brasileros (risas) sin saber hablar nada de portugués, así que, obligadamente, todos los días, los iba a escuchar. Y, bueno, después, en mi curso, sólo somos cinco hispanos y todos los demás son *lusofalantes* y, ahí... los profesores eran, de seis, cinco eran *lusofalantes* y un hispano, pero que también hablaba en portugués todo el tiempo, entonces...

Al vivir en la frontera, estas actividades pueden favorecer el aprendizaje de otra lengua de manera no planificada ni intencionada. Aunque, como vemos en el ejemplo anterior, hay una intención de aprender la lengua; sin embargo, no hay una verdadera planificación para hacerlo en ese contexto, y se refiere al mismo tiempo a una situación formal (clase) como informal (la vida privada). Esta situación que es a la vez formal o no formal (y hasta informal), se puede presentar también en actividades asociativas y lúdicas, ya sean presenciales o en línea. No ha sido fácil el poder obtener suficientes relatos al respecto como tampoco los elementos necesarios para ilustrarlos, y por eso consideramos que estas dos situaciones (formal y no formal), se incluyan en una misma categoría: la de situación formal de aprendizaje, por ser las dos bastante similares y porque coinciden en varios elementos, tales como la intencionalidad de aprendizaje, así no todas las actividades sean planificadas.

Por otro lado y en contraste con lo anterior, logramos los datos suficientes para crear una categoría de **situación informal de aprendizaje,** que definimos como:

> *Aprendizaje resultante de actividades cotidianas relacionadas con el trabajo, la vida familiar o el ocio. No se halla organizada ni estructurada en cuanto a sus objetivos, duración o recursos formativos. Los aprendizajes informales carecen por regla general de intencionalidad por parte del alumno* (CEDEFOP, 2008, p.93).

De acuerdo con esta situación descrita, podemos mostrar algunos ejemplos de nuestros datos, así:

> **AR2-10 GF:** (37:58) Creo que, una vez cuando llamamos a un *delivery* de pizza y teníamos gustos... dos o tres diferentes, nos trajeron una pizza de mismo gusto [*ah, sí*]. Y una pizza grande, de diferente tamaño que habíamos pedido.

> **BR1-14 GF:** (36:53) ... além da integração entre todos os estudantes, ainda mais para quem está em moradia, eu acho que não tem ferramenta mais eficaz que essa, que estar vivendo com as pessoas de outros países, não tem como você criar uma coisa a mais, sabe? Está vivo, está vivenciando a cultura das outras pessoas...

Las situaciones informales harán entonces referencia a todo lo que los informantes relacionan con las actividades cotidianas, en una ciudad fronteriza como Foz do Iguaçu, en su vida fuera de la universidad, en las residencias universitarias llamadas "moradias" tanto por los hispanohablantes como por los brasileros. Varios edificios fueron adaptados en la ciudad para cumplir ese propósito de viviendas estudiantiles. Así, varios son los términos que transitan entre las dos lenguas, principalmente adoptados en español, para crear un lenguaje de comunicación que facilite la circulación entre los aspectos administrativos, didácticos y culturales del cotidiano de la universidad. Por ejemplo, palabras portuguesas que se usan en español: *crachá* (para referirse al carné estudiantil), *relatório* (informe en español), *moradia* (residencia universitaria), *auxílio* o *bolsa* (beca), *mismo si (se)* (aunque), *dar carona* (dar un aventón o llevar a alguien en el carro). En lengua portuguesa se recurre, en menor medida, a palabras -en español- como *hispanohablante* para referirse a los estudiantes de habla hispana (en portugués *hispanofalante*). Encontramos muchos más ejemplos como "*subir uma foto o um arquivo*" (en portugués seria *botar uma foto na internet* o *enviar uma foto*), pero presentamos sólo los que se encuentran relatados en nuestro corpus. Como observamos, hemos colocado en *itálico* el léxico en lengua extranjera dentro del discurso para diferenciar las lenguas, asimismo para visualizar las marcas de ciertos fenómenos de contacto.

Como vemos, podemos encontrar definiciones sobre situaciones de aprendizaje bastante claras y precisas; sin embargo, en la práctica existe una gran dificultad en delimitar e identificar precisamente las diferencias entre las situaciones y separar los procesos que ocurren dentro de las mismas. Meirieu[62], en su "petit dictionnaire de pédagogie", nos da rápidamente un contraste entre estos tipos de situaciones:

> *Expressions qui se stabilisent aujourd'hui, en particulier en Europe, et qui désignent et opposent, d'une part, l'éducation scolaire relevant d'institutions identifiées comme l'Ecole et, d'autre part, les activités éducatives encadrées par des associations diverses qui effectuent, par exemple, de l'accompagnement scolaire. On peut y ajouter, aussi, l'éducation informelle qui comprend tout l'environnement éducatif (médias, culture, etc.).*

El debate en torno a las situaciones de aprendizaje, al aprendizaje dentro y fuera de estas situaciones, al papel de la institución dentro del aprendizaje, es no sólo extenso, sino muy dinámico y controversial. Muchos autores como Meirieu, nos invitan a cuestionar el lugar de la institución escolar, así como la definición de aprendizaje que se establece en la sociedad. Vemos que el aprendizaje no se construye en un solo espacio y que precisamente las situaciones como estas (formales, no formales e informales), al mismo tiempo que permiten y estructuran un marco para la enseñanza y el aprendizaje, también se extienden, dialogan y crean un flujo de espacios y contextos donde se forman y transforman constantemente en contenidos y experiencias del mismo proceso de aprender. El interés por recurrir a estas categorizaciones, ha sido el de buscar una forma de organizar la información para que pueda ser más sencilla de visualizar, en

---

[62] http://www.meirieu.com/DICTIONNAIRE/dictionnaireliste.htm (Recuperado el 30 de abril de 2020).

forma de escenario (contexto, situación). Se da seguimiento pues, a la metáfora teatral a la cual recurre Goffman (1988) para analizar las interacciones y las acciones de los individuos en la sociedad. En los estudios discursivos y comunicativos, Calsamiglia y Tusón Vals (2001), el término escenario hace referencia al espacio físico, (lugar, tiempo y su organización), en el que se produce un determinado evento comunicativo. Igualmente, estos elementos hacen parte de lo que se denomina contexto. En este orden de ideas, el escenario como contexto nos permitirá describir, al seguir a autores como Circouriel (citado por Isaac Joseph, 2009, p.102), en el libro *"Erving Goffman et la microsociologie"*, la siguiente definición de contexto:

> *Le terme contexte peut désigner: lieu où se déroule l'évènement de langage, les participants présents, ceux qui peuvent parler et ceux qui choisissent de garder le silence, les aspects socio-temporels de l'interaction en cours, les buts qui apparaissent explicites ou ceux qui émergent, les rapports statutaires ou sociaux implicites, observables ou identifiables dans le cours de l'échange* (Cicourel, 1967).

Proponemos, entonces, a partir de este escenario, hacer una lectura de las dinámicas lingüísticas y de las comunicaciones inscritas, que emergen del discurso, sirviéndonos de las mismas palabras y experiencias para dibujar y colorear una imagen de lo que sucede en estas situaciones de aprendizaje. De modo tal que recurrimos al término de paisaje lingüístico, un concepto que, desde los años 90 (Gorter, 2006), ha tomado fuerza para describir y estudiar el multilingüismo urbano, por medio de las fotos, los paneles, las inscripciones y las marcas identificativas y lingüísticas en diversas ciudades.

En nuestro caso, no nos servimos propiamente de las fotos o imágenes pero sí de la observación y la descripción para justamente proporcionar esa imagen descriptiva. Recurrimos, también, al uso del término paisaje, en alemán *Landshaft*, que quiere decir igualmente: pintura, paisaje o territorio; y según el diccionario de la RAE[63] significa: 1. Extensión de terreno que se ve desde un sitio. 3. Pintura o dibujo que representa cierta extensión de terreno. Así, entre dibujo y paisaje, deseamos tejer una especie de Mola Kuna, colcha de retazos –*patchwork*–, un continuum de pedazos narrativos, un paisaje general de la comunicación en este contexto multilingüe, que evidencien prácticas, situaciones y experiencias. La noción de paisaje lingüístico está igualmente relacionada con otro tipo de conceptos, tales como mercado lingüístico, mosaico lingüístico, ecología de las lenguas, diversidad lingüística o situación lingüística (Gorter y Shohamy, 2009; Gorter, 2006; Calvet, 1999).

Coincidimos, pues, en recurrir a este término de acuerdo con Gorter (2006, p.1), quien señala: "In those cases linguistic landscape refers to the social context in which more than one language is present. It implies the use in speech or writing of more than one language and thus of multilingualism".

Por lo visto, no solo podemos dibujar este paisaje por medio de las imágenes, sino también, por las palabras. Recurrir a términos ya establecidos como este, nos permite encajar nuestros objetivos de estudio en bases teóricas de tratados sobre el plurilingüismo de gran trayectoria, con lo cual se nutre el trabajo nuestro y, en su provecho: "L'étude du paysage linguistique apparait comme un moyen d'accroitre notre compréhension des phénomènes de plurilinguisme dans des contextes sociaux et d'apprentissage de plus en plus complexes" (Sabatier, Moore y Dagenais, 2013, p.143).

Con base en estos elementos que acabamos de mencionar, los mismos harán parte de la descripción que presentamos a continuación, en atención a nuestra doble categoría de situación formal (que incluye también la categoría de situación no formal), como asimismo la de situación informal.

---

[63] El *Diccionario de la lengua española* es la obra de referencia de la Academia. La última edición es la 23.ª, publicada en octubre de 2014. Versión en línea: http://lema.rae.es/drae/?val=paisaje (recuperado el 30 de abril de 2020).

7

Procedimientos de comunicación y de aprendizaje en el contexto académico

Esta parte corresponde a los elementos encontrados referentes a la siguiente pregunta: ¿Cuáles son los procedimientos que los estudiantes y los profesores utilizan para comunicarse y entenderse mutuamente, en el entorno bilingüe/multilingüe que propone la UNILA?

A partir de la categorización expuesta sobre situaciones de aprendizaje formal y no formal, comenzamos el ejercicio de tejer y unir a retazos los relatos y así construir nuestro paisaje lingüístico.

7.1 Las clases bilingües: situación formal y no formal de aprendizaje

> Art. 111: O ensino na UNILA, bilíngue e interdisciplinar, em consonância com sua missão institucional ...
>
> UNILA, 2013c, p.19.

Tal como lo determina el artículo 111 del Reglamento General de la Universidad, la enseñanza en la UNILA, además de otras características, es bilingüe. *Ensino*/enseñanza hace referencia a todas las actividades que implican la acción de "enseñar", instruir, la cual no está desligada de la acción de aprender. Aunque el término *ensino* puede cubrir todo tipo de actividades, es interesante recalcar que en el reglamento oficial, de los tres términos que hacen parte del vocabulario de la educación superior: *ensino, pesquisa e extensão*, -docencia, investigación y extensión-, sólo se nombra aquí uno de ellos. Lo que nos lleva a cuestionar, por un lado, si la noción de bilingüismo en el reglamento, hace referencia a la acción de enseñar (instruir-relación profesor/estudiante) y si esta actividad es caracterizada por ser "bilingüe". Por el otro, si el término *ensino* hace referencia a la enseñanza en todos sus aspectos (incluida la investigación y la extensión universitaria), la cual es definida como bilingüe y que, según el mismo reglamento, estas tres actividades están siempre relacionadas.

Sabemos bien que, a pesar de existir una cierta autonomía universitaria, las leyes federales (nacionales) se imponen sobre la misma y pueden en muchos casos generar dificultades administrativas. Recordemos que la lengua oficial de Brasil es el portugués, así existan lenguas co-oficiales. Como no aparece escrita una definición de bilingüismo en la documentación oficial, las interpretaciones y las prácticas pueden ser muy diversas e incluir distintos ámbitos del bilingüismo (sociales, institucionales e individuales).

Nuestro trabajo no tuvo como objetivo analizar el conjunto general de la institución universitaria; sin embargo, hay que tener en cuenta estos factores que afectan evidentemente el aspecto detallado de nuestro foco de análisis; la elección fue centrarnos en la comunicación dentro de la sala de clases, en contexto académico, por lo cual, merece atención la descripción de la situación de clase, también llamada aula, como situación comunicativa, para observar en qué lenguas y qué procedimientos de comunicación emergen en este contexto. Por ello, comenzamos por la descripción que los estudiantes y profesores nos ofrecen sobre la comunicación en clase.

A través de las entrevistas (individuales y colectivas) se condujo a los estudiantes y profesores a contar sus experiencias sobre las percepciones y vivencias en las clases. Evidentemente, otros espacios de comunicación fueron enunciados y descritos dentro de las experiencias. Así, cuando preguntamos acerca de qué lenguas utilizaban en las clases para comunicarse con sus compañeros y profesores, obtuvimos una serie de respuestas que reagrupamos en el siguiente cuadro para una mejor visualización y que comentaremos con detalles en este subcapítulo.

Recurrimos al uso del diagrama (Figura 6) y destacamos los discursos de los interlocutores en otro formato, así podrán ser visualizados los extractos. Utilizamos una selección de discursos que coinciden, se repiten o sobresalen de acuerdo con los subtemas y las cuestiones desarrolladas. Podemos observar la presencia de dos lenguas principales de instrucción, y de comunicación en la sala: el español y el portugués. En este sentido, vemos que la existencia o presencia de dos lenguas es aceptada, tolerada y practicada en la sala de aula y, por ende, en la enseñanza en coherencia con el reglamento. Dentro del espacio del salón de clase, una de las formas en que los estudiantes describen dicho ambiente, es la de un espacio de libertad y respeto.

> **BR1-14 GF:** (10:40) ... pelo menos o que eu tenho visto na Unila, é que eles sempre dão muita liberdade ao bilinguismo e muito respeito a isso,...

Esa libertad se puede percibir en la elección de la lengua que los actores escogen para la comunicación. Según las descripciones, pudimos obtener una variedad de situaciones. Conviene anotar que en el reglamento de la universidad, no se encuentran directivas que especifiquen o limiten en qué idioma deben impartirse las clases, como señalamos anteriormente. Sin embargo, la referencia al bilingüismo es mencionada y, en algunos casos, especificada como un bilingüismo español/portugués, es decir la lengua institucional, en este caso, será el español o el portugués.

Comunicación plurilingüe en la educación | 197

Grupos Focales

(32:35) UY-10: Bueno, yo, yo al comienzo preguntaba en español y nunca tuve ningún profesor con alguna dificultad, después empecé a preguntar mismo en portugués para practicar yo. Pero...

(11:26) BR1-11: A maioria das aulas são em português, isso é um fato, então a gente não enfrenta muito problema com isso. Mas, quando tem alguns professores, principalmente argentinos, acho que é o acento que eu mais tenho dificuldade de entender, mas, só... no inicio, até você se acostumar com o ritmo da fala do professor e depois, tranquilo. Leitura... também é tranquilo, também. Acho que leitura é bem tranquilo nesse ponto.

(27:48) EC2-12: Ahora sí, entonces, al profesor se le puedes preguntar en español o en portugués y él te responde igual, en español o en portugués. Ahora los profesores, la mayoría, sí, son bilingües.

Entrevistas a estudiantes

(2'43) ILATIT- EB: Acredito que sim, é... tem muitas provas que eu faço que o enunciado das questões é em espanhol, outras em português, é... literatura em espanhol e em português, tem dado as ferramentas sim. Tem essa mistura de idiomas mesmo, durante as aulas, os trabalhos, nas provas, tudo.

(02:47) ILATIT-EH: Esa materia hay en las dos, español, portugués y hasta inglés. Pero por lo que hay acá libros en portugués, entonces como que el profesor traduce los libros del portugués para español. Pero es similar, sólo cambia algunas pala

(08:35) ILAACH-EB: Sim, não tem nenhum, não tive nenhum problema até hoje com relação à compreensão, por exemplo, quando eu falo em português e o professor é *hispano hablante*.

(01:14) ILAESP-EB: Bom, acho que a maioria... Assim é bem, é dividido, né, tem professores que falam em português e professores que falam em espanhol, mas acho que a maioria ainda é português ainda. Os professores, pelo menos os meus de Relações Internacionais, eles falam em português. E o material, o pessoal sempre tenta buscar, quando o professor não disponibiliza, a gente tenta buscar na outra língua na internet, né, às vezes tem alguma tradução na internet, a gente tenta procurar pra ... pra ler tanto em português ou em espanhol, né, dependendo da pessoa.

Entrevistas a profesores

(01:10) ILAESP-PB: É... quando, quando esses alunos formam um grupo majoritário de, de, de falantes de português, a comunicação é em português. / E quando eles fazem parte de um grupo majoritariamente de falantes de espanhol, a aula normalmente é em espanhol. // Só que, aí, dependendo, de, de, de quem pergunta o quê, a resposta, ela é dada na língua que o professor julga que é a que facilita mais a compreensão da resposta

(06:00) ILAESP-P:B (...) como é o caso comigo, pelo menos, a gente consegue oferecer bibliografia, o mesmo material tanto em português quanto em espanhol, isso não...

(00:21) ILACVN-PH: Bueno, en mi caso, yo sé el portugués, hablo más o menos, entonces cuando me preguntan en portugués, intento responderlo en portugués, cuando me preguntan en español, respondo en español. A veces me doy cuenta que les resulta difícil comprenderme cuando les hablo en español, entonces les repito en portugués.

(3'33) ILAACH-PB: Olha, no início... é muito difícil. // Eu lembro quando eu dei aula para uma turma de engenharia civil, só tinham quatro alunos brasileiros, porém todos os demais alunos vinham de, se eu não me engano, 9 países diferentes. E pessoas que vêm do interior, que falavam línguas indígenas. É outra forma de falar também. Não foi fácil. Agora, é desafiador. É uma... eu tive que fazer um esforço para me fazer compreender inclusive no espanhol, olha! Foi quando me deparei com uma obrigatoriedade para me fazer compreender, eu tive... e foi interessante porque na turma tinha uma aluna que ela era formada em espanhol e ela me ajudava.

Figura 6. Diagrama de organización de Temáticas y Discursos.
Fuente: Autoría propia basada en recolección de investigación.

Tanto alumnos como profesores expresan la situación de clase o de instrucción como un espacio de libertad al momento de decidir en qué idioma se comunican, mientras se encuentren dentro del binomio español/portugués. Detectamos cuatro tipos de situaciones en cuanto a la elección de comunicación y acontinuación los ilustramos con extractos:

1. Uso de la lengua L1 institucional más conocida por el hablante, ya sea esta materna o lengua nacional de su país de origen.

   UY-10 GF: (32:35) Bueno, yo, yo al comienzo preguntaba en español y nunca tuve ningún profesor con alguna dificultad, después empecé a preguntar mismo en portugués para practicar yo. Pero...

   BR1-11 GF: (11:26) A maioria das aulas são em português, isso é um fato, então a gente não enfrenta muito problema com isso.

   AR2-10 GF: (33:09) A mí me pasó preguntar una vez, siempre en español....

2. Uso de la L2 institucional o lengua extranjera, lengua adicional, lengua del "otro".

   UY-10 GF: (32:35) ... después empecé a preguntar mismo em portugués para practicar yo. Pero...

   BR-12 GF: (08:40) ... Mas eu lembro que tinha uma professora de Metodologia Científica, que ela falava em espanhol na aula mesmo sendo brasileira e o professor F, que é o que dava aula de módulo da UNILA.

   AR2-14 GF: (23:21) es muy lindo cuando ellos salen de la clase de español y nosotros de la de portugués, porque nos juntamos y ellos quieren salir hablando español y nosotros portugués (risas)...

   EC1-12 GF: (26:17)... hay gente que si no le preguntas en portugués no saben que les dijiste. [¿Pasa, sí, esto?]. Es hasta un poco común creo yo. Pero hay otros que, sí, intentan, o por lo menos entienden. [Sí]. Uno pregunta en español, después en portugués, pero tiene todo que ver ((indescifrable)).

3. Uso de alternancia lingüística, habla bilingüe o un tránsito entre portugués y español

    EC2-12 GF: (27:48) Ahora sí, entonces, al profesor se le puedes preguntar en español o en portugués y él te responde igual, en español o en portugués. Ahora los profesores, la mayoría, sí, son bilingües.

    Entrevistador: (00:02) ¿En qué idioma te comunicás con tus compañeros de clase, en español o en portugués?

    ILAACH-EH: (00:17) En "portuñol".

    Entrevistador:((00:24) ¿En "portuñol"?

    ILAACH-EH: (00:25) A veces en portugués, a veces en español.

4. Uso de la comunicación gestual, no verbal u otras formas de lenguaje.

    BR-10 GF: (39:06) às vezes o que mais funcionava, às vezes, era a linguagem de gestos mesmo.

    CO-12 GF: (03:17) ... Y cuando llegamos acá, yo creo que el aprendizaje se dio más en la integración, en la conversación con manos. Y... y, bueno, ya a medida que uno va leyendo los textos de las asignaturas...

    EC2-12 GF: (27:15) Bueno, al inicio es complicado, costaba un poco comunicarme. Al menos yo, hace un rato, me comunicaba más con señas que con palabras, lo que es un poco complicado.

Observamos que tanto estudiantes como profesores son conscientes del uso y la presencia de dos lenguas: español y portugués, en el contexto del aula, así como de otros lenguajes que no están contemplados en el reglamento o normativa. Dentro de la secuencia anterior, sobresale el reconocimiento, en el sentido descriptivo, a ciertas variedades y variantes del portugués y del español. Así mismo, se puede inferir la presencia de lenguas indígenas (por la composición étnica de algunos estudiantes) y de lenguas extranjeras (inglés, principalmente), pero en ningún momento se hace referencia al uso de estas lenguas como forma de comunicación en el aula. Aparte de la comunicación en español y portugués, un elemento que sobresale es la presencia de fenómenos de contacto: *"mistura de idiomas mesmo"* o lo que muchos llaman como "portunhol/portuñol" el cual es tolerado y practicado ampliamente. Tema que sería interesante tratar con más profundidad en un trabajo posterior, según señalan investigadores y recientes trabajos sobre estudios de contacto lingüístico y cultural:

> *Il est souvent difficile de déterminer les frontières entre les variétés dialectales d'une langue ou deux langues contiguës, et on a plus affaire à la notion de continuum (Théorisé par Schutchardt 1979 [1983]) qu'à des systèmes clairement définis, surtout sur des aires contiguës* (Bornes Varol, 2011, p.41).

Nuestro objetivo no se especializó en el estudio de fenómenos de contacto e interlinguas o en un análisis lingüístico de contacto entre el español y el portugués, pero al ser un elemento tan presente, consideramos importante mencionarlo.

De acuerdo con la composición étnica y el país de origen de la población observada podremos deducir que el español y/o el portugués no son las únicas lenguas maternas o L1. En algunos países como Paraguay sabemos que una parte importante de la población es bilingüe, habla guaraní y español. También se observa retomando la Figura 5 en el caso de los alumnos, la presencia de un 3% de la población que declara la pertenencia a comunidades indígenas[64].

---

[64] Aunque no sea el caso de todos los países, vale recordar que el multilingüismo es reconocido dentro de las constituciones de algunos países de América Latina. Así, muchas comunidades autóctonas e

Observamos que cuando se establecen criterios étnicos, cualquiera que sea la razón política o demográfica, no siempre se incluye el perfil lingüístico. Si bien, la mayoría de los países latinoamericanos tienen el español o el portugués como lengua oficial o co-oficial, reconocida, ello no garantiza que los ciudadanos provenientes de estos países dominen completamente la lengua oficial o co-oficial, o en muchos casos se advierten ejemplos de bilingüismo o plurilingüismo en este tipo de datos.

Conviene resaltar que la universidad no tiene dentro de sus criterios de selección e ingreso un requerimiento lingüístico en sus requisitos; en cambio, sí se aplica para los profesores, ya que las pruebas de selección se hacen en español y en portugués (seleccionando una de ellas). Sin embargo, a través del discurso podemos observar la presencia de otras lenguas:

> **BR3-14 GF:** (34:22) Esse negócio da Bolívia, nós temos dois colegas na sala que são bolivianos, só que eles eram de lugares diferentes da Bolívia, não falavam espanhol antes de vir aqui, eles falavam a língua deles e aprenderam espanhol aqui, eles passaram a aprender espanhol aqui na Unila e estão desenvolvendo o espanhol deles igual nós..
>
> **AR1-10 GF:** (40:55) ...Pero no, no había, tipo, no había problemas con la integración, de hecho ((indescifrable)) porque había como, había como ganas de integrar. Porque... era la primera turma, entonces, no... no sé, teníamos ganas de conocer a los otros, tipo, la gente se interesaba, incluso, por ejemplo,

---

inmigrantes poseen, conservan y transmiten sus lenguas nativas, originarias y de herencia. En algunos casos, el perfil étnico puede darnos ciertos indicios sobre la presencia y la práctica de algunas lenguas; sin embargo, las lenguas minoritarias y de inmigración no siempre se ven reflejadas en el perfil étnico. A nuestro pesar, no tenemos datos oficiales o estudios sobre el perfil lingüístico de los alumnos, profesores, técnicos; solo poseemos los datos de la institución (autodeclarados) del componente étnico y la nacionalidad. Aclaramos que el Estado Brasilero continúa usando el término "raça" para clasificar a su población; no obstante, debido a los valores políticos, sociales que acarrea ese término, decidimos traducirlo al español como étnia.

querían que los paraguayos nos enseñen guaraní ((Indescifrable))

Así mismo, según el Cuadro 2 de estadísticas por nacionalidades, notamos la presencia de personas que provienen de países como Francia, Senegal, Irán e Italia, en donde las lenguas oficiales no son, ni el español, ni el portugués, lo cual nos da un indicio de un multilingüismo más diverso del imaginado. De igual manera, se aprecia la altísima presencia de personas de nacionalidad brasileña tanto en el caso de profesores (81,42% en 2015) que de alumnos.

De la misma forma que en las clases, podemos ver en la composición del público (estudiantes y profesores), una variedad de lenguas que no aparecen descritas o presentes al momento de referirse a las clases de lenguas. Para comenzar, se distinguen dos tipos de clases: las materias o disciplinas (optativas / obligatorias) del área de estudio específica, y las materias de "lenguas". En contexto, las materias que ellos llaman "lenguas", "clases de español", "*aulas de português*", hacen referencia directa a la disciplina denominada por la institución Español/Portugués Adicional[65].

Esta disciplina de lenguas es de carácter obligatorio y se ofrece en los primeros tres semestres de todas las carreras de pregrado (*graduação*), con una carga horaria de 120 horas para los dos primeros semestres y de 60 horas para el tercero. Así

---

[65] Nuestro interés es el de describir y analizar en la triangulación, los discursos y los datos recogidos con el fin de aportar respuestas a nuestras preguntas de investigación, mediante un enfoque etnográfico. Los fundamentos y los debates teórico-metodológicos sobre los cuales se edificaron los contenidos, las materias de lenguas ofertadas en la UNILA, no corresponden a nuestro objeto de análisis. Sin embargo, la justificación teórica sobre la cual fue construida esta disciplina y su denominación como lengua adicional, además de precisiones sobre el tema, se encuentran descritas en el siguiente Proyecto Pedagógico del Ciclo Común UNILA(2013): http://unila.edu.br/sites/default/files/anexo_da_resolucao_009-2013_-_ppc_ciclo_comum_de_estudos.pdf (recuperado el 30 de abril 2020).

mismo, la clase de lenguas está inmersa en un módulo que se llama Ciclo Común, el cual hace parte de todos los cursos de la universidad y que contempla tres materias: 1) Fundamentos de América Latina, 2) Lengua adicional (portugués/ español) y, 3) Introducción al pensamiento científico (ciencia y ética). Como ya lo hemos mencionado, el Ciclo Común es uno de los elementos que diferencia a la UNILA de otras universidades brasileras, pues su objetivo principal es incentivar el pensamiento crítico, el bilingüismo y el conocimiento general de la región latinoamericana y caribeña.

Existen en la universidad, actualmente, otras materias optativas y materias lingüísticas, según la oferta, como: lengua guaraní (establecida desde 2012), inglés, francés, alemán y quechua. Sin embargo, estas no son mencionadas en los datos recogidos. Suponemos que esta ausencia se debe probablemente al hecho de que muchas de estas clases se programaron y se ofrecieron recientemente o eran propuestas a un público específico; por lo tanto, no corresponden al programa de disciplinas obligatorias para las carreras de pregrado (aparte de un pregrado en letras que oferta guaraní). Otra posibilidad que podemos inferir es la relación estrecha entre el término bilingüismo y la utilización de las dos lenguas de uso en la institución, que son el español y el portugués.

Insistimos en esta distinción entre clases de lengua y otras, puesto que en las asignaturas de español o portugués, a diferencia de las demás disciplinas, los estudiantes de una misma promoción (brasileros y extranjeros) no reciben la clase juntos, contrariamente a lo que sucede en clases de otras materias. Los grupos se encuentran separados, con el fin de que los alumnos hispanohablantes aprendan portugués y los alumnos lusohablantes, aprendan español. Es de señalar que la carga horaria es bastante alta en los primeros tres semestres, pues varía de cuatro a ocho horas de clase de lengua adicional por semana, según el semestre y el programa.

Clases de lengua en situación formal de aprendizaje

A través siguientes extractos ilustramos la percepción de los estudiantes sobre las situaciones de aprendizaje y las clases de lenguas:

> **AR1-10 GF:** (49:00) ... eso, lo que dijo el Ur-10. Que haya clases, que haya profesores extranjeros, y, bueno, el curso de portugués del comienzo, que algunos dicen que no les sirvió, pero a mí, sí, me obligaba a redactar en portugués, que después no lo volví a hacer más, obligadamente no, sino para practicar ((indescifrable)).

> **BR3-11 GF:** (28:01) Acho que isso pode ser melhor construído, acho foi um passo, mas talvez essas aulas que foram dadas, né, seguiram um padrão que não foi tão dinâmico e às vezes não foi tão, assim, prazeroso ou interessante para nós, né. E, não sei, talvez montar outra forma de fazer com que esse conhecimento chegue até o aluno, fazer com que haja esse interesse pelas aulas de espanhol ou de português que seja, porque na minha época mesmo era... assim, muita gente faltava, tipo nas aulas de espanhol tinha uns cinco alunos, sei lá, entendeu, numa turma de 20...

> **CL2-12 GF:** (16:33) A mí, tampoco, nunca presenté, o sea, nunca me exigieron presentar un trabajo en portugués, excepto, claro, para la materia específica de portugués, que, por lo general, eran cosas simples, lo máximo fue, no sé, un texto argumentativo de una página...

> **AR2-14 GF:** (23:21) ... es muy lindo cuando ellos salen de la clase de español y nosotros de la de portugués, porque nos juntamos y ellos quieren salir hablando español y nosotros portugués (risas)...

Podemos constatar que los discursos que hacen referencia a la descripción de la clase de lenguas, específicamente, son pocos con respecto a otros datos. Obtuvimos muchos discursos sobre las experiencias vividas en estas clases, mucho más que sobre la descripción de cómo eran las clases. Sin embargo, con base en estos datos, podemos anotar que las clases de lengua tienen una configuración diferente a las de otras clases.

En cuanto a la comunicación, se resalta la presencia de verbos como *obligar* o *exigir* en los casos de los estudiantes con los códigos AR1-10 y CL2-12, los cuales contrastan con la impresión de una cierta libertad (mencionada anteriormente), en cuanto a la elección del idioma de comunicación y la posibilidad de alternancia de lenguas, que si se expresan en los discursos sobre las otras clases. Sin embargo, esto no quiere decir que la comunicación en sala de clase sea mejor o peor en una u otra situación. Podemos ver también que este ambiente de "exigencia" es descrito como una situación potencial de aprendizaje. Por ejemplo, un estudiante hispanohablante de la promoción 2010 (AR1-10), confirma: *algunos dicen que no les sirvió -pero a mí sí.*

Por otra parte, observamos también que el hecho de recibir las clases de lengua, puede ser percibido como una situación que incentiva a la comunicación en la lengua del otro. Ya habíamos reseñado este ejemplo, pero no sobra repetirlo, porque ilustra muy bien el estímulo o la motivación para el aprendizaje de la otra lengua:

> **AR2-14 GF:** (23:21) ... es muy lindo cuando ellos salen de la clase de español y nosotros de la de portugués, porque nos juntamos y ellos quieren salir hablando español y nosotros portugués (risas)...

Dos elementos sobresalen aquí, el primero corresponde al grupo, ya que como describimos anteriormente y podemos observar en el extracto anterior, el "grupo" constituido por un conjunto de estudiantes de varias nacionalidades, inscritos en una misma carrera, son separados en dos, en las clases de lenguas. El segundo, que al reunir de nuevo el grupo, emerge la posibilidad de practicar la lengua de aprendizaje (situación no formal).

Estas clases de lengua, en contraste con las otras clases, se consideran espacios de comunicación, en donde predominaría el uso de una lengua sobre la otra, en el sentido de que una lengua en particular es escogida, estudiada e incentivada para la utilización. Aunque, eso no impide que haya presencia y uso de otras lenguas o alternancias de códigos lingüísticos, debido a que los mismos hacen parte del repertorio lingüístico del público y de los objetivos planteados para estas clases (interculturalidad y variedades de la lengua) dentro de todo proceso de aprendizaje. No obstante, si el objetivo de aprendizaje de una clase de lenguas es, en principio, "el aprendizaje de una lengua-meta", es evidente que se hagan esfuerzos por recrear un espacio que impulse a los actores a producir o utilizar preferiblemente la lengua meta. Como indica el Plan de Desarrollo Institucional (2013-2017) de la Universidad (UNILA, 2013b), el objetivo de estas clases de lenguas es el de promover el bilingüismo y preparar a los estudiantes para desarrollar habilidades y competencias lingüísticas de objetivo académico; el PDI (2013-2017) de la UNILA define el público y la necesidad de estas clases de la siguiente manera:

> [...] *atendendo aos propósitos de constituir a UNILA como uma universidade bilíngue, os estudos da língua portuguesa para os estudantes não brasileiros e da língua espanhola para os estudantes brasileiros, prepararão os estudantes para as atividades relacionadas ao ensino, pesquisa e extensão em uma universidade de caráter internacional latino-americano e caribenho* (UNILA: 2013b, p.20).

En este orden de ideas, el papel o la función de las clases de lengua viene a integrar los principios básicos de la UNILA (bilingüismo, interdisciplinaridad e integración):

> *Entende-se que o ensino de Português e Espanhol como línguas adicionais deve buscar desenvolver a compreensão e produção de textos e discursos na língua-alvo, sensibilizar os estudantes para o multilinguismo regional, problematizando os discursos monoculturais e*

etnocêntricos, reconhecendo e valorizando a diversidade cultural latino-americana e promovendo atividades de interação sistemática com diversos modos de viver e de se expressar (UNILA, 2013a, p.14)

Por un lado se evidencia que la enseñanza de lenguas es necesaria en el ámbito académico que propone la UNILA y la disciplina se integra a los presupuestos de la Institución. No obstante, aparece en el discurso una cierta carga y responsabilidad implícita delegada a esta disciplina lingüística, como una forma de garantizar el bilingüismo en la institución, sin nombrar otro tipo de posibilidades.

La intención de promover la enseñanza de una lengua (adicional, extranjera, segunda...) así como de cualquier otra disciplina, con el objetivo de integrar y preparar a los alumnos para el mundo académico, e inmersa en un contexto plurilingüe (y multicultural) y dirigido a un público internacional, requiere la coordinación de un buen número de factores (políticos, educativos, institucionales), una preparación de los participantes (que comprenda todo el cuerpo universitario) y un seguimiento constante de las políticas educativas y lingüísticas de gran complejidad, que no son explícitas. La educación lingüística, sin contar con las actividades no formales como extensión, en el contexto de la UNILA, está dirigida (de forma obligatoria) y garantizada solamente a los estudiantes de la universidad, lo cual deja desamparados a un número de actores que hacen parte del funcionamiento de la institución[66].

Por otro lado, estos tres grandes pilares institucionales descritos en los documentos (bilingüismo, integración e

---

[66] Durante la huelga de 2015 (que no tuvimos la posibilidad de acompañar directamente en el lugar), el conjunto de técnicos administrativos de la UNILA mencionaron en diversas ocasiones la dificultad de un trabajo en un ambiente bilingüe, la falta de recursos para la formación y la necesidad de reevaluar el concepto de bilingüismo a nivel institucional, como lo podemos observar en este informe: http://greveunila2015.blogspot.fr/2015/06/desconhecimento-e-nao.html (recuperado el 30 de abril de 2020).

interdisciplinariedad) contrastan con la descripción de la práctica, en el caso de la disciplina de lenguas, la que es descrita como una situación comunicativa dirigida a la producción en una sola lengua, especializada en una disciplina o saber (lengua) y donde el grupo constituido solo por alumnos de diversas nacionalidades se encuentra aparte de todo, disociado. Dentro de este orden de ideas, podemos ver que la voluntad de promover la educación lingüística y, por ende, el bilingüismo, es de hecho una preocupación principal del conjunto de la Institución desde su creación. Sin embargo, el papel de garantizar esta educación bilingüe no depende principal y únicamente de la enseñanza de lenguas, más aún sin contemplar e incluir perspectivas en didáctica de lenguas que acojan el plurilingüismo como por ejemplo los enfoques plurales. Como hemos podido observar, el uso de las lenguas, el contacto lingüístico y, de hecho, el bilingüismo, se va a reflejar y se puede promover en diversas instancias (individuales, sociales e institucionales) y en situaciones de aprendizaje tanto formales como no formales.

Las diversas situaciones de aprendizaje, como ya sabemos, están constantemente interrelacionadas y, por lo tanto, no podemos caracterizarlas o atomizarlas. Por eso, una vez descrita las situaciones formales y no formales, pasamos a observar los relatos sobre las situaciones informales.

7.2 Ciudades de frontera, tránsito de población y moradías[67] estudiantiles: situación informal de aprendizaje

Como mencionamos anteriormente, nuestro foco principal de observación fueron los contextos académicos. No obstante, al tener en cuenta la diversidad de situaciones en las que los estudiantes interactúan y el tránsito constante entre las mismas, procedemos a describir las experiencias de comunicación fuera del

---

[67] Como expusimos anteriormente, moradia (término en portugués) significa en español, residencia universitaria.

aula. Nuestros datos nos ayudan a precisar, a través del discurso, la experiencia de contacto lingüístico (y cultural) e integración. Para este objetivo, Bornes Varol (2011), remarcamos la pertinencia que brinda la etnolingüística como área de estudio: "L'ethnolinguistique étudie l'encodage de la culture et de l'identité dans et par la langue. Elle étudie ce que l'on peut apprendre des représentations communes au groupe en observant la langue dont il se sert" (p.78).

Así, tomando en cuenta el aporte descriptivo de la etnolingüística observamos, por ejemplo, cómo la convivencia y el contacto fuera de un contexto formal, contribuyen al aprendizaje de lenguas y a la percepción e identificación del otro. De igual modo, según los contextos, se pueden visualizar, en mayor o menor medida, una presencia y el uso de diversos lenguajes y formas de expresión, como se observa en la siguiente secuencia.

Situación informal de aprendizaje

AR2-10 GF: (24:09) Creo que eso (el vivir en la *moradia*) colaboró a una rápida interpretación porque estabas ahí en la *moradia* y todo el tiempo te veías con otra persona, con tus colegas brasileros, en la hora del almuerzo ellos estaban escuchando portugués, ibas a jugar al fútbol, escuchabas el portugués, el guaraní.

UY-11 GF: (13:33) En mi caso fueron, no sé, las primeras 3 o 4 semanas que llegué, fue como muy difícil porque no había tenido contacto con el portugués y todo era portugués: claro, las clases que tenía eran en portugués, ibas al supermercado y tenías que enfrentar el portugués... Pero, sí, fue una dificultad los cuatro meses primeros y después no, ya no tuve más esta dificultad, hoy leo un texto en portugués o leo en español, o escucho una película en portugués y tal vez demore 5 minutos para darme cuenta que está en portugués.

> **AR1-14 GF:** (25:10) ... Porque, por ejemplo, los brasileros no tienen problema... Entonces, por eso es más como esa necesidad, no sé si lo ves tanto como presión, porque es también como divertido estar así e intentar comunicarte y ahí decís, bueno, voy a intentar hablar y veamos si me entiendo o no, por eso que yo creo que también es un incentivo.

Vemos en los relatos anteriores que se identifica en el contexto informal una alta presencia del portugués como lengua de comunicación. A pesar de ser Foz do Iguaçu una ciudad multicultural y de frontera, la misma se encuentra situada en Brasil, cuya lengua oficial es el portugués.

Sería interesante explorar en un futuro, si esa presencia fuerte y el uso constante del portugués como lengua de contacto, de comercio y de comunicación (entre comunidades no lusohablantes) está igualmente presente a un alto nivel en las ciudades vecinas como Ciudad del Este o en Puerto Iguazú, donde la lengua oficial y nacional es el español y el guaraní (en el caso de Paraguay). Por ejemplo, en el caso de los estudiantes paraguayos, principalmente, se observa que en la mayoría, está muy presente un conocimiento de la cultura brasilera y del portugués, lo cual veremos en el siguiente extracto:

> **PY2-11 GF:** (01:27) Yo siempre tuve contacto. En Paraguay siempre fui a un colegio grande, y siempre tuve compañeros brasileros y de otras nacionalidades también. Siempre tuve contacto con el portugués y en tanto con personas de Brasil. Y también voy, *venho*, había venido mucho a Foz y también en el colegio y en el conservatorio siempre tuve contacto con la cultura de Brasil.

> **BR2-14 GF:** (05:29) Eu fiz um curso de espanhol pelo estado de São Paulo durante 3 anos, foi no ensino médio, mas... era para eu ter saído de lá fluente pela carga horária do curso, mas isso não aconteceu. Eu cheguei aqui sabendo algumas coisas, mas não tudo o que era necessário para ter uma conversa com um *hispano hablante*, por exemplo.

Por otra parte, sabemos que varios países, miembros del MERCOSUR, han implementado a lo largo de la última década suficientes programas de enseñanza del español y del portugués como lenguas de integración. Colombia, por su parte, ha impulsado programas de bilingüismo con el objetivo de llevar a sus ciudadanos al dominio de lenguas como el inglés. Esas políticas nacionales, por ejemplo, se reflejan en algunos discursos, en los que los estudiantes mencionan no haber tenido ningún contacto previo con la L2 de la institución, la lengua portuguesa o española. En nuestro corpus, los sujetos que mencionaron nunca haber tenido contacto con la lengua del otro, fueron principalmente alumnos hispanohablantes[68]. Al contrario, los alumnos brasileros si mencionan, a diversos niveles, haber tenido algún tipo de contacto o conocimiento de la lengua española.

> **CO-12 GF:** (03:17) Eh... no sé, nuestro primer contacto con el portugués, fue en el avión, que nos ofrecieron *frango* y no sabía que era *frango* (Risas).
>
> **AR1-10 GF:** (04:30) Yo soy de Salta y no sabía nada de portugués. Hay también un programa, o sea, hay un canal brasilero en la televisión por cable, pero nunca... yo no sabía nada de portugués.

A un nivel más local y retomando la inmersión de los estudiantes y profesores en una ciudad de frontera, observamos que en contraste con la flexibilidad y la posibilidad de alternancia que brinda la situación formal (UNILA) donde el español y el portugués conviven, transitan y se relacionan, vemos en cambio, que en el contexto de la ciudad de Foz do Iguaçu, la lengua nacional se impone en el ambiente informal y eso genera en el estudiante o profesor hispanohablante la necesidad, casi una

---

[68] Este índice no significa que estos alumnos no hayan tenido contacto con otras lenguas extranjeras. Nuestro corpus al ser pequeño no es representativo para sacar conclusiones o generalidades sobre el contacto lingüístico o el aprendizaje de lenguas extranjeras en países de América Latina, ni ese fue en ningún momento nuestro propósito.

obligación, de aprender esta lengua para llevar a cabo, actividades de su vida diaria.

En este sentido, comprobamos con el discurso que el portugués y el español no se encuentran en el mismo nivel de uso y de necesidad como lo podemos observar:

> **AR1-14 GF:** (25:10) ... Porque, por ejemplo, los brasileros no tienen problema, digamos, si ellos tienen que ir a comprar alguna cosa ...

Esta situación puede ser semejante a la comparación que se hace en didáctica de lenguas cuando se habla de la enseñanza y el estudio del aprendizaje de una lengua "meta", dependiendo de la situación y del contexto. Por ejemplo, la situación del francés como lengua extranjera no es igual que la del francés como L2, francés con objetivo académico/especifico (FOA/FOE) y estos conceptos han ido variando según el contexto global. En el caso, por ejemplo, del francés como L2 o lengua extranjera, Muller (2011), en su trabajo de tesis, evidencia una serie de matices interesantes sobre la terminología utilizada (LE o/y L2) y nos invita a cuestionar la percepción de una lengua extranjera o una L2 dentro del proceso de aprendizaje, según dos casos concretos que parten de la perspectiva de quien aprende: los estudiantes extranjeros y los inmigrantes trabajadores:

> *Si certains auteurs refusent de parler de français langue seconde dans le cadre de l'enseignement du français aux adultes migrants (Cuq, 1991, p.140), d'autres considèrent que cette formulation, initialement utilisée pour décrire «une langue étrangère à statut privilégié» (Cuq, 1991, p.129), peut également être appropriée à la formation linguistique des apprenants arrivés à l'âge adulte en France* (Muller, 2011, p.120).

Aunque los trabajos sobre la enseñanza del portugués o del español como lengua extranjera, L2, lengua de herencia y lengua adicional en el contexto latinoamericano, son bastante recientes y muchos de ellos poco explorados, esta comparación con el francés nos invita a reflexionar sobre varios puntos para tener en cuenta a la hora de una propuesta o lineamiento, en cuanto a la enseñanza de lenguas en este contexto de integración regional, multilingüe y a la vez plurilingüe[69].

En primer lugar, vemos que la situación de los hispanohablantes diverge con respecto a la de los brasileros, en cuanto a que los primeros se encuentran en situación de aprendizaje de una lengua extranjera, al mismo tiempo que en situación de inmersión y de migración. Es decir, un estudiante brasilero necesitará desarrollar una serie de competencias lingüísticas (en la lengua-meta) suficientes para adelantar sus actividades académicas, tal vez orientadas a destrezas de comprensión más que de producción y se encontrará más cercano del aprendizaje de una lengua extranjera, ya que está inmerso en el territorio brasilero.

Por el contrario, para los estudiantes hispanohablantes, la situación de aprendizaje del portugués se aproximaría más a la del aprendizaje de una L2 y en situación de inmersión y de migración. No obstante, no sabemos hasta qué punto un estudiante hispanohablante, latinoamericano, viviendo dentro de condiciones legales de movimiento migratorio (como el MERCOSUR) puede, o no, ser considerado un inmigrante o futuro trabajador en este contexto[70]. En todo caso, ya sea dentro de un marco de inmigración temporal o estable, sí hay elementos que pueden encontrar eco en los trabajos sobre francés como segunda lengua y que afecta directamente las prácticas de enseñanza/ aprendizaje.

---

[69] Evidentemente, los estudios sobre la enseñanza del francés están enmarcados en otras situaciones sociales y culturales conformes con su pasado colonial y los movimientos de inmigración en diferentes épocas. Además, cabe recordar que las corrientes y los estudios lingüísticos en nuestro continente son extremadamente ricos y diversos; sin embargo, en el área de ELE y la didáctica de lenguas podemos decir que aparecen después de los años 90, principalmente.

[70] Situación que variaría, por ejemplo, en el caso de los estudiantes haitianos, muchos de ellos refugiados que entraron a estudiar en la UNILA en 2015, pero de los cuales no tenemos datos, ya que nuestro trabajo se llevó a cabo entre 2012 y 2014.

Desafortunadamente, esta discusión no la vemos en ningún momento mencionada o evocada en los documentos y justificativas pedagógicas e institucionales, a pesar de ser un elemento latente. En este sentido, retomamos la reflexión de Muller (2011), quien a su vez cita el trabajo de Hervé Adami (2009) sobre la formación lingüística de inmigrantes:

> *Alors que pour les migrants, la langue est un moyen de s'insérer dans le pays où ils vivent. Pour ces derniers, la formation linguistique «n'est jamais un choix mais une nécessité, voire une contrainte» (Adami, 2009, p.101). En raison des impératifs que les migrants rencontrent dans la vie quotidienne, leur apprentissage de la langue cible vise avant tout une intercompréhension; c'est pourquoi son fondement est d'ordre pragmatique* (Muller, 2011, p.120).

Para ilustrar esta situación, podemos ver el ejemplo de una estudiante hispano-hablante quien resalta, precisamente, el contraste entre la necesidad de aprendizaje de estas lenguas en el contexto de la UNILA y en la ciudad de Foz do Iguaçu:

> **UY-14 GF:** (27:42) ...nosotros ya estamos inmersos en el idioma portugués. No salimos de la clase y empezamos a hablar español como si nada, o sea, cualquier cosa que necesitamos tenemos que recurrir y hablar en portugués. En cambio, ellos (*los brasileros*), no. Ellos tienen ocho horas semanales, donde se tienen que esforzarse de verdad en mostrarle al profesor, a veces sí, a veces no, y después salen y como que, vuelven a su mundo ¿no? Entonces ahí tienen las cosas positivas y las cosas negativas, para los dos casos, nosotros estamos siempre ahí, casi siempre presionados, pero tiene su lado positivo, porque, digamos, aprendemos más rápido. En cambio, ellos, no, tienen... en menor intensidad, les va a llegar de menos, y también dependen mucho del interés personal.

Como podemos observar, en el caso de los estudiantes hispanohablantes, el dominio y el aprendizaje del portugués se acerca más al cuadro del inmigrante, ya que fuera de usar esta lengua en el ámbito de sus estudios, el portugués es necesario para la inserción en la sociedad y en sus actividades extracurriculares en Brasil, y así lo señala también uno de los profesores entrevistados. Los mismos profesores son conscientes del contexto sociolingüístico al que pertenece la UNILA, una institución brasilera y localizada en ese país, el equilibrio que se planificó dentro del proyecto inicial de la institución, mitad del cuerpo académico hispanohablante y la otra mitad de brasileros, en primer lugar, es difícil mantenerlo y no se cumple como lo vimos en los datos demográficos. Y reseñamos aquí el párrafo descriptivo de la UNILA en los documentos oficiales:

> "Na concepção da Unila, sobressai como da mais alta relevância a de ser uma instituição bilíngue, com professores e alunos do Brasil e dos diversos países da América Latina. A meta é ter 10.000 alunos e 500 professores, sendo uma metade oriunda do Brasil e a outra da América Latina..." (IMEA, 2009a, p.11).

En segundo lugar, y por varios aspectos, la universidad en su conjunto, es una institución que no es ajena o aislada del contexto social y del contacto con la población local; por lo cual, los hispanohablantes, además de pasar por un proceso de inserción social, deben también acogerse a las leyes y políticas educativas nacionales. Dos espacios que como vemos en el siguiente relato, afectan recíprocamente en el ambiente académico como informal y que recordamos no se encuentran evocados en ninguna de las directrices pedagógicas.

> **ILAACH-PB Entr.:** (06:51) Um aspecto é porque nós estamos no Brasil, então vocês saindo na rua, vocês indo ao supermercado, vocês tendo que pegar um ônibus, vocês vão ter que falar... pode até falar em espanhol, mas nem todo mundo vai compreender, então isso acaba obrigando as pessoas. Mas também eu acho que por alguns esforços que são colocados, assim. Então, essa é uma questão e nós brasileiros acabamos às vezes nos acostumando, mas isso não é bom. E isso eu acho que

diminui exatamente o que a gente veio fazer aqui, o bilinguismo mesmo, né, diminui essa interação, não o bilinguismo, mas diminui essa interação, que ela é necessária que se tenha na universidade.

Sin embargo, la situación de frontera y la posibilidad de convivir con un número significativo de hispanohablantes en territorio brasilero, o en el caso contrario, de luso hablantes en territorios donde el español es lengua oficial o cooficial, puede generar matices a la hora de limitar las terminologías; por eso, consideramos delicado atrevernos a proponer una terminología fija, pero sí evidenciar las diversas manifestaciones que podría generar este contacto de población. Hay casos en los que, hasta para los mismos brasileros, una ciudad de frontera como Foz do Iguaçu, puede ser también percibida como un espacio multilingüe "autorizado" o como un espacio aparte del mismo territorio nacional, según recogemos en este relato:

> **BR2-11 GF:** (01:17) Eu também, o meu primeiro contato com o espanhol foi no ensino médio. Mas bem superficial e... o contato com os *hispano hablantes* foi quando cheguei em Foz.

Dentro de nuestro trabajo, ya lo mencionamos, no tenemos un registro oficial del perfil lingüístico de todos los profesores y alumnos; sin embargo, hemos constatado de forma espontánea, el uso, la alternancia, el léxico de lenguas como el guaraní o el inglés, los dialectos germánicos o románicos (caso del talian en Brasil), entre otras lenguas, las cuales se ven reflejadas de modo más evidente en el contexto informal. Por ejemplo, en las situaciones informales se registra la presencia del uso de lenguas como el guaraní, lenguas de herencia como podría ser el talián o veneto, variaciones de contacto lingüístico que, contrariamente, no aparecen tan visibles en el contexto formal:

> **BR-12 GF:** (21:22) ...No meu caso aconteceu uma vez, mas foi mais uma questão de, foi mais uma bronca, entre uma colega que até ela já saiu do curso. Ela falou alguma coisa em espanhol logo no segundo e eu não entendi e, aí, eu fui pedir, né: "colega, tem

como você repetir?" e ela repetiu, só que ela falava em guarani também, não sei. Aí eu fiquei, né, hum, não entendi, repete de novo e ela: "yo ya te dije BR-12!

AR2-10 GF: (24:09) ... y todo el tiempo te veías con otra pers..., con tus colegas brasileros, en la hora del almuerzo ellos estaban escuchando portugués, ibas a jugar al fútbol, escuchabas el portugués, el guaraní.

BR-10 GF: (11:27) Santa Terezinha, a grande parte da etnia ali são italianos, a grande parte do pessoal que vieram de Santa Catarina, do Rio Grande do Sul, né? Há 60 anos, para morar ali, né? Ali era colonizadora Criciúma, né? Ali tinha muita madeira, então, muitas serrarias também. Grande parte do pessoal também...as formas de falar, às vezes, a mesma palavra, tipo "leite": lei[tʃi]; lei[te]; lei[ti]. Até aqui no Paraná se vê essa variação...

BR3-14 GF: (34:22) Esse negócio da Bolívia, nós temos dois colegas na sala que são bolivianos, só que eles eram de lugares diferentes da Bolívia, não falavam espanhol antes de vir aqui, eles falavam a língua deles...

Para concluir este capítulo, retomamos la voz de este estudiante que resume, a través de su experiencia, la importancia de la interacción (integración) como situación comunicativa, como espacio de conocimiento mutuo, donde varios elementos (verbales y no verbales) juegan un papel en intento de conexión y comunicación con el otro, generando un tránsito de conocimientos y saberes entre espacios formales e informales.

CO-12 GF: (03:17) ... Y cuando llegamos acá, yo creo que el aprendizaje se dio más en la integración, en la conversación con manos. Y... y, bueno, ya a medida que uno va leyendo los textos de las asignaturas, de las materias, la cosa se va facilitando más, también hay que tener en cuenta que la mayoría de los profesores que tenemos son brasileros. Así que yo creo que fue un proceso ahí medio complementario entre esos espacios formales académicos y los informales y más tranquilos.

En esta misma perspectiva, complementamos este diálogo entre situaciones de aprendizaje y prácticas lingüísticas, a través de la reflexión que nos proporciona Nussbaum (2012):

> *Así el aprendizaje formal, en contextos educativos, y el aprendizaje en medio no formal, por el contacto con personas o con comunidades que hablan lenguas o variedades distintas a las propias, se encuentran imbricados en un mismo individuo; la competencia plurilingüe se adquiere a lo largo de la experiencia vital, participando en prácticas comunicativas* (pp.275-276).

Hacer un recorrido por las diferentes situaciones de aprendizaje, nos llevó a percibir de qué manera la comunicación entre comunidades lingüísticas y culturales está inmersa en una constante de trazos entre similitudes y diferencias que tejen a su vez un continuum entre las situaciones, con un denominador común: integrar, interactuar, entender y hacerse entender. Y que como veremos en el próximo capítulo, ese denominador común se encuentra relacionado con temas tanto sociales como individuales.

7.3 Convivencia y fenómenos de contacto: identificación y marcas trascódicas

El caso de una institución pública denominada bilingüe, localizada en una frontera lingüística y cultural, presenta una serie de elementos que pueden ser analizados a partir del contacto lingüístico o de la sociolingüística de contacto. Como lo vimos en el marco teórico, el contacto de lenguas es un área muy interesante para el estudio de ambientes plurilingües, ya que nos permite abordar situaciones, en las que diversos hablantes, actores sociales, se encuentran e interactúan, por diversos factores, produciendo una serie de cambios y variables lingüísticas y sociales. Evidentemente, siendo esta un área tan compleja, nuestra forma de ilustrar el contacto lingüístico se limita a una selección restricta de los factores de contacto de identificación y variación y algunos casos de alternancias.

Debido a que los propios especialistas del contacto lingüístico evidencian la dificultad a la hora de coincidir en una y única tipología y, por ende, una teoría del contacto, nosotros procedimos, en esta parte, a seleccionar los elementos de contacto, principalmente a partir de cuatro trabajos y perspectivas. El primero, los trabajos consultados del lingüista Elizaincín (1992 y 2007), que conciernen al aspecto más lingüístico y contextualizado en zona de frontera entre el portugués y el español del Uruguay. El segundo, el trabajo del grupo de investigación interdisciplinar *Langues, Musiques et Sociétés* del CNRS de la Universidad Paris Descartes, que presenta una colección de artículos en el libro *Chocs de langues et de cultures? Un discours de la méthode* (Bornes Varol, 2011) y que reúne investigaciones sobre el contacto desde la perspectiva antropológica, musicológica, psicológica y la lingüística para proponer una tipología interdisciplinar del contacto. Por último, desde el punto de vista de la didáctica de lenguas y la sociolingüística de contacto, dos trabajos esenciales para este capítulo, así como para el siguiente sobre la intercomprensión. Se trata del libro de Borel (2012), *Langues en contact - Langues en contraste* y el trabajo colectivo dirigido por Simonin y Wharton (2013), *Sociolinguistique du contact: Dictionnaire des termes et concepts* donde se abordan los conceptos claves del contacto de lenguas para comprender los fenómenos ligados al plurilingüismo como un complejo conjunto político, social, lingüístico y educativo.

De esta manera, de los términos generales al estudio de contextos plurilingües tanto educativos como sociales, estos dos últimos trabajos completaron el triangulo de enfoques, desde los cuales partimos para proponer unas categorías del contacto lingüístico contextualizado en la UNILA. En este orden de ideas, retomamos las palabras de Garatea Grau (2011, p.258): "El contacto de lenguas es en sí mismo un hecho cuya comprensión exige abrir el horizonte e incorporar otras disciplinas y otros puntos de vista que permitan recuperar el contexto".

Identificación

Uno de los puntos en común de toda América y a diferencia de Europa, es que los países que componen este extenso territorio, no tienen el correspondiente directo y genérico, a lo cual suelen estar acostumbrados los europeos. Es decir, en Francia, el gentilicio es francés o francesa y el idioma oficial es el francés o la lengua francesa, igual en Alemania, España, Italia, Suecia, etc. A diferencia de algunas naciones europeas como Bélgica, Suiza, Luxemburgo, Irlanda, curiosamente, la mayoría de ellas caracterizadas por su multilingüismo, es difícil encontrar un país en Europa donde no se revele la correspondencia directa con el trío Lengua- Pueblo-Estado. Los trabajos en sociolingüística coinciden en el papel fundamental de la lengua, como revelador de identidades y como forma de identificación, según lo mencionan Moore y Brohy (*in Simonin y* Wharton, *2013)*:

> *Les langues s'affichent ainsi comme des signes d'identité: elles reçoivent en effet une fonction symbolique d'identification sociale, par lesquels s'expriment des liens de (dé) solidarité. Il n'est ainsi pas rare que la dénomination des populations, des langues et de territoires s'inscrivent sur des paradigmes identitaires éponymes (les Français parlent le français, les Tewas parlent tewa) (p.297).*

Pues bien, en lo que concierne a América Latina, más precisamente a Suramérica, debido a los procesos históricos, políticos y económicos, dos lenguas de origen romance, el español y el portugués, son las que principalmente representan y prevalecen como lenguas nacionales, oficiales o co-oficiales, lenguas de instrucción en la mayoría de los Estados Latinoamericanos[71].

---

[71] Aclaramos que nuestro objetivo no es negar la existencia y presencia de otras lenguas y lenguajes que aún persisten en el continente Americano. América se encuentra entre los continentes con mayor densidad lingüística en el mundo. En el territorio suramericano contamos con 459

Somos conscientes de que, el español y el portugués son lenguas heredadas del proceso de colonización, y que su instalación en Suramérica ha sido fruto de múltiples y complejas dinámicas que, en consecuencia, provocaron el desplazamiento y en muchos casos la extinción de las lenguas autóctonas. Considerando todos los matices y los ricos debates políticos en torno a la interculturalidad, integración regional, a las alianzas entre países, la política del lenguaje, la protección y desaparición de lenguas, es un hecho que el español o el portugués son actualmente parte constitutiva de la identidad individual y social de los pueblos latinoamericanos (así como otros lenguajes), comenzando por el simple hecho de ser cada una de ellas, lenguas oficiales o cooficiales de los Estados Nacionales.

Es dentro de esta perspectiva, tal vez simplista y binar (español/portugués), que comenzamos a desglosar aspectos complejos relacionados con la identificación, no solo con respecto y dentro del lenguaje, sino también, en cuanto al espacio geográfico y simbólico que se refleja en el discurso de nuestros informantes.

Elegimos adoptar la noción de identificación, propuesta en la tipología de contacto de Bornes Varol (2011), debido a su carácter interdisciplinario. En el área de la didáctica de lenguas, es posible que se recurra más al término de representación, subjetividad o identidad. Sin embargo, según las diferentes áreas, podemos encontrar equivalencias entre términos: identidad, identificación, representación, alteridad, los cuales son recurrentes cuando queremos hablar o comprender el "sujeto" frente a sí mismo y en relación con los demás o el otro. En el trabajo colectivo de Bornes Varol, la identificación se caracteriza porque es inherente a toda situación de contacto, ya sea con el

---

lenguas vivas, según los datos del *Ethnologue* https://www.ethnologue.com/region/SAM (recuperado el 30 de abril de 2020). Sin embargo, cabe notar que de estas 459 lenguas, sólo 16 son institucionales, considerando el enorme territorio. Dentro de esta categoría de lenguas oficiales, el español y el portugués siguen siendo las de mayor representación.

Otro[72] (objeto/sujeto) o los Otros, así como en el interior de la cultura. Además, explican los autores, que la identificación es obligatoriamente recíproca, por lo cual no hay identificación sin la concepción de Otro, a pesar de afectar de manera diferente, tanto al Uno como al Otro.

> *Nous la définissons donc, collectivement, comme processus de réception empirique (souvent implicite) par les individus, de la convergence[73] et de l'absence de convergence entre deux individus, deux ensembles, deux systèmes (au minimum) et le traitement qu'ils font de ces différences* (Bornes Varol, 2011, p.472).

En este orden de ideas, encontramos como reflejo en nuestro contexto de estudio UNILA, dos comunidades más visibles a partir de la lengua (o variedad lingüística): hispanohablantes o hispanos, y, brasileros o *lusofalantes*[74], a partir de la denominación que podemos observar en los siguientes ejemplos.

Identificación por comunidad lingüística

BR-10 GF: (28:36) ... os *hispano-hablantes* se esforçam muito mais, se esforçaram muito mais pra aprender o português do que os brasileiros, que se sentiram mais acomodados. Isso é fato.

ILATTIT- EB Entr.: (3:19) Não, alguma palavra ou outra, mas, se tiver perto de um colega hispano, já me aproximo dele e soluciona.

UY-11 GF: (04:28) Creo que muchos como que conseguimos crear un idioma propio de UNILA, donde yo hablo un portugués que entiende gente de la UNILA, pero que tal vez otro brasilero

---

[72] El OTRO en el sentido francés de "AUTRUI".
[73] El término convergencia (*convergence*) se refiere a las equivalencias "*équivalences*" o divergencias de sí mismo y de los otros.
[74] Dejamos la palabra *lusofalante* (en portugués) que, fuera de ser más utilizada por los entrevistados, refleja bastante la alternancia de uso entre las dos lenguas.

no, y los *luso falantes* hablan un español que también es entendido por la gente de UNILA, pero no por gente de otros lugares.

ILATIT-PH Entr.: (00:20) Lo que, sí, preocupa de cierta manera es, de los dos lados, del hispano que llega con un profesor brasileño y el brasilero que llega con un hispano, si existe una deficiencia en cuanto a esa adaptación que, bueno, que es compleja...

Podemos ver que la palabra Brasilero o Brasileño, aparece para referirse a las personas que vienen de Brasil y hablan portugués. Tal como lo explicamos anteriormente, las dos formas son correctas, aceptadas en la lengua española. Resaltan de estos ejemplos, algunos elementos para la identificación, como que el término Brasilero o Brasileño y *Lusofalante* hacen referencia a la misma comunidad representada en la UNILA. Por el momento y según las estadísticas, en el caso de los estudiantes, los únicos individuos provenientes de un país cuya lengua oficial es el portugués, es Brasil, lo que explica que se pueda percibir como una relación directa, el uso entre estos dos términos, considerados ya sinónimos[75]. Evidentemente, este tipo de manifestaciones puede variar con el tiempo y con el ingreso de profesores o estudiantes que provengan de otros países de habla portuguesa.

Conviene recordar, además, que bajo el gobierno del presidente Lula, también se creó una institución con el objetivo de integrar, por medio de la investigación académica, a los países de habla portuguesa (prioritariamente del continente Africano), que es el caso de la Universidade da Integração Internacional da Lusofonia Afro-Brasileira (UNILAB); en este contexto podría variar la percepción del término *lusofalante* y brasilero, asunto que contrariamente no ocurre en la UNILA, ya que en el caso de Portugal y/o, más claramente, España, como país europeo hispanohablante, en ningún momento, por ley o decreto, se

---

[75] En los datos oficiales demográficos de nacionalidades de profesores titulares (de 2015) hay un individuo de nacionalidad portuguesa.

encuentran con menos posibilidades de participación, convenio o ingreso en la UNILA. Al contrario, hay un número significativo de acuerdos internacionales entre la UNILA y las universidades españolas y portuguesas (europeas en general), así como en el ámbito nacional, los lazos entre Brasil y España son bastante estrechos y activos con respecto a la enseñanza de la lengua española. Además, debido a las nuevas olas migratorias, después de las crisis económicas, el número de personas provenientes de Europa hacia América Latina, aumentó rotundamente en los últimos años, lo que se refleja hasta en los datos proporcionados por la institución sobre la nacionalidad de los profesores titulares, en los que por ejemplo se encuentran los españoles entre las nacionalidades más representadas[76].

Por otro lado, observamos que el término hispano o hispanohablante hace referencia a los profesores o alumnos extranjeros (a Brasil) que, en principio, son oriundos de países, cuya lengua oficial o co-oficial es el español. Con esto no queremos decir que sólo hablen español, ya vimos a muchos individuos de estos países que hablan otras lenguas. Observamos pues, en estos ejemplos, que el uso del término español[77] hará referencia a la lengua en general y no a la comunidad de hispanohablantes (hispanos) que serían para el presente caso, los miembros de esta comunidad.

---

[76] Como podemos ver en el cuadro de nacionalidades de profesores de los 16 países representados, Brasil aparece en primer lugar con 81,42 %, seguido de Argentina con 5,57%, de Perú 3,41%, de Cuba con 1,86%, de Colombia con 1,55% , España y Mexico, cada uno con 1,24%.

[77] A diferencia de Europa, se acude más al término de hispano (a veces latino) para hacer referencia a los miembros de comunidades hispanohablantes. En Francia, siendo el país donde realizamos el doctorado, el término "espagnol/e" en francés, puede encontrarse en registros informales, como una referencia a la lengua, al país España, así como "aux origines" de la persona o sea a la proveniencia hasta lejana. También es muy común que un latinoamericano hispanohablante deba reiterar frente a un francés que su lengua materna no es el "argentin, chilien, péruvien, colombien, cubain, etc " sino el español. Pero esta situación no la encontramos enmarcada de la misma manera en América.

Otro elemento interesante por mencionar es que nuestro corpus no contiene indicación alguna del uso del término *Hispano* o *hispanohablante* como sinónimo directo de "latinoamericano" o Latino (en este caso, excluyente de componente luso o brasileño). Es decir, en nuestros datos, latinoamericano, según lo expresan los hablantes, equivale igualmente a lusohablantes, hispanohablantes y hablantes de otras lenguas, provenientes de países que se encuentran en el territorio americano, principalmente en América Latina y el Caribe. Por ejemplo, un profesor de nacionalidad española, italiana o senegalesa, no es latinoamericano, pero, según la lengua de uso en la UNILA podría entrar en el conjunto de *lusofalantes* e hispanohablantes, ya que será usuario de una (o varias) de esas lenguas y en algunos casos se verá en la situación de representar o ser identificado bajo este término.

Sabemos también que la definición de América Latina y Latinoamérica, son términos complejos y muy estudiados, pero no pretendemos elaborar una discusión sobre este tema; simplemente nos interesa expresar una precisión que, desde lo relatado, nos permita observar algunos matices. En algunos trabajos en enseñanza de lenguas, encontramos ejemplos de alumnos brasileños, que se refieren a los hispanohablantes americanos, en términos del Otro, y que usan la palabra latinoamericanos para identificar a ese otro que no es brasileño y que no se incluye como tal. En este sentido, y a modo de ejemplo, citamos el artículo de Da Silva Mariano Lessa: *Ensino de E/LE: Tornando visível e reconstituindo uma América Latina invisível*, en el trabajo colectivo *Formação de Professores de Línguas na América Latina e transformação social*[78], quien realiza una lectura crítica de representaciones sociales, imaginarios y memorias divulgados en los libros de enseñanza en Brasil. Con base en experiencias de clase, Da Silva Mariano Lessa (*in* Gimenez y de Goés Monteiro, 2010) nos muestra la forma cómo puede ser

---

[78] Las universidades brasileras (UNICAMP, USP, UFRJ, etc.) cuentan con un buen número de trabajos e investigaciones en torno a la enseñanza del español, los estudios contrastivos y las percepciones sociales de las lenguas.

percibido el continente latinoamericano y sus habitantes, dentro del imaginario brasilero y la importancia de tratar estos temas en el aula.

> *Nos dados acima podemos observar que a América Latina se apresenta como lugar do atraso. Há um distanciamento dos alunos, que não se identificam com os povos latino-americanos. Parece haver invisibilidade da América Latina nos contextos sociais a que pertencem esses alunos (p.212).*

Caso inverso, al que tal vez se encuentra en ciertos discursos en América del Norte, en donde el termino *hispanic*[79] incluirá a todo latinoamericano, aunque no sea hispanohablante. Sin embargo, este tipo de referencias no las encontramos en nuestro corpus, lo cual puede ser (o no) fruto de la propia formación y política educativa que se promueve en la institución de conocimiento y reconocimiento del continente.

No obstante, se puede observar que la convivencia y la identificación con un lugar común y compartido como puede ser la universidad o el continente, genera discursos inclusivos donde los individuos se identifican con un gran conjunto: el hecho de ser latinoamericanos. Por otro lado, esta supra identificación no excluye la pertenencia lingüística hispanohablante y *lusofalante*, que se expresa a viva voz en la elección de la lengua como en la variedad y acento, así como en la nacionalidad. En menor medida encontramos la referencia a la identidad étnica[80]. Tales aspectos,

---

[79] Encontramos en el siguiente blog una explicación del término *hispanic* y la experiencia sobre las clasificaciones migratorias en Estados Unidos http://www.allinportuguese.com/are-portuguese-and-brazilians-hispanic así como una explicación más formal del término en: http://www.pewhispanic.org/2009/05/28/whos-hispanic/ (recuperado el 30 de abril de 2020).

[80] En la Figura 6 de nacionalidades e identidad étnica se puede apreciar que una gran mayoría de personas no proporcionan información concerniente a la identidad étnica, como se ve en las columnas de no declarado o no informado.

dentro del contexto la UNILA, los encontramos en este tipo de discursos:

> **UY-10 GF:** (44:31) ... digamos, si cambia nuestra identifi..., nuestra identidad respecto a nuestro país. En mi caso sí. Sí... pienso que sí, digo... que sinceramente, por ejemplo, no pienso tanto en Uruguay estando acá, sino casi tomo a Uruguay como cualquier otro país, digamos, naturalmente, ¿no?, pasa tal cosa en tal lado, no sé... No sigo tanto a Uruguay, entonces, en ese sentido, es como que inconcientemente va cambiando un poco la identidad, digo, no dejo de ser uruguayo ni reniego ni nada, pero sí me voy sintiendo más latinoamericano en mi forma de comprender.

En este orden de ideas, y en situación de contacto o bilingüismo, algunos autores recurren a las teorías del continuum, debido a la imposibilidad de hacer un corte o de determinar sistemáticamente dónde empiezan los límites de una identificación a otra. De esta forma, Bornes Varol (2010) se refiere a Strougo (2006) [81] para mostrar cómo "le continuum se crée par la construction de passerelles entre les systèmes, qui permettent au sujet de les mélanger et de se construire au-delà des frontières systémiques". En esta misma dinámica, observamos una categorización que, aunque no la tratamos en este análisis, es importante mencionarla, y que precisamente refleja bien la reflexión de los autores mencionados. Se trata de identificaciones de frontera, en este caso los *brasiguayos*, como lo vemos a continuación:

> **PY-10 GF:** (03:21) Bueno, yo soy de Paraguay [um-hum] y vivo a unos 100 km de acá, de Foz [está bien]. Bueno, digamos que, en mi localidad, mi ciudad, hay muchos los que se denominan "brasiguayos", que son brasileros pero ya están radicados en Paraguay. Ellos continúan hablando en portugués, entonces... ellos en sus comunidades tienen radios comunitarias donde ellos

---

[81] Los autores hacen referencia al artículo de Zaki Strougo de 2006 "Principe de coupure, acculturation formelle, et faux-self" *Migrations-Santé,* n126: 9-49.

dedican un espacio, hablan en portugués o español. Y siempre hay ((indescifrable)).

Como podemos apreciar en los dos extractos anteriores (UY-10 y PY-10), la identificación tanto colectiva como individual recurre al proceso de nominación (territorial y lingüístico) y corresponden a lo que Moore y Brohy apuntan, en el caso de situación de contacto lingüístico y cultural, a que " le processus de nomination et de dénomination d'une ou de plusieurs langues, plus que de réussir à décrypter des pratiques linguistiques, reflète des assignements et des positionnements identitaires de reconnaissance sociale, tant interne qu'externe" (p.297).

Así mismo, con este recorrido, deseamos dejar claro que los términos de identificación evocados y observados en nuestros datos, ilustran algunos aspectos de la práctica en la UNILA y no se pretende en ningún momento extender generalizaciones con respecto a la realidad o al imaginario local (Foz do Iguaçu) o nacional (Brasil o cualquier otro país) ya que ése no es el objetivo ni el interés de nuestra investigación.

Marcas transcódicas

Una vez expuesto los datos referentes a la identificación, pasamos a continuación a observar otros fenómenos de contacto que emergen en el contexto bilingüe. Sabemos la dificultad que existe en un trabajo de identificar, describir y analizar los fenómenos de contacto lingüístico como son la alternancia de códigos[82] o lo que describiremos como marcas transcódicas. En lo que concierne a la alternancia de códigos (code-switching, en inglés o alternance codique, en francés) podemos decir que es una

---

[82] Varias son las corrientes que estudian a nivel lingüístico el contacto, de esa manera encontramos un número extenso de términos y de traducciones de esos términos que se refieren de cierta manera al mismo fenómeno, a pesar de sus matices. Elegimos dos términos para facilitar la lectura: alternancia de códigos y marcas transcódicas, las cuales usaremos a lo largo de este capítulo.

de las muchas manifestaciones de las situaciones de contacto y mezcla (mixing) de lenguas. Recordamos la definición que nos brinda Poplack (1980):

> Code-switching is the alternation of two languages within a single discourse, sentence or constituent. In a report on an earlier study of a balanced bilingual speaker (Poplack, 1978a), code-switching was categorized according to the degree of integration of items from one language (L1) to the phonological, morphological and syntactic patterns of the other language (L2) (p.583).

Esta definición general toma una cantidad de formas y matices debido a que el contacto lingüístico se puede producir en lenguas que comparten cierto grado de proximidad o lejanía. En este sentido, se encuentran grandes dificultades para definir una tipología que cobije, de forma universal, la cantidad de lenguas y posibles contactos entre ellas. En nuestros datos encontramos algunos casos de alternancia códica dentro del conjunto de variedades del español y del portugués. Es posible que haya algunos discursos en los que se pueda observar el contacto con otras lenguas, sin embargo nos limitamos al binomio ya anunciado. Siguiendo con el análisis de Elizaincín (2007), el español y el portugués son catalogadas como lenguas próximas ya que poseen el mismo origen, pertenecen al mismo tipo lingüístico y comparten un alto grado de *arealidad*[83] (tanto en América como en Europa).

Según algunos estudios, y gracias a las tipologías, es posible determinar o predecir algunos puntos en los cuales puede haber la posibilidad de producirse fenómenos de alternancia o mezcla de códigos lingüísticos. Sin embargo, en el caso entre hablantes con cierto grado de bilingüismo, una dificultad se revela,

---

[83] La arealidad o "lingüística areal" es, en realidad un antecedente de los estudios sobre el contacto, ya que su principal objetivo es el de explicar, por el lado geográfico, las semejanzas que pueden encontrarse entre lenguas cercanas en el espacio pero lejanas tipológicamente (Elizaincín, 2007, p. 128).

como lo explica Poplack (2004): " As described in ensuing sections, bilingual communities exhibit widely different patterns of adapting monolingual resources in their code-mixing strategies, and these are not predictable through purely linguistic considerations" (p.591).

Como nuestro foco de análisis se inspira de las teorías de la sociolingüística más que propiamente en la lingüística formal, consideramos que estos factores que acabamos de anunciar son relevantes a la hora de observar y analizar nuestros datos. Por eso, sabiendo que los siguientes datos hacen parte del discurso de hablantes con cierto grado de bi/plurilingüismo, que se expresan en dos lenguas próximas y que están en situación de contacto, vamos ahora a observar algunos fenómenos de lo que Lüdi y Py (2003) denominan como marcas transcódicas y lo aplicamos al conjunto reducido de nuestro muestreo:

> *On désignera par marque transcodique tout observable, à la surface d'un discours en une langue ou variété donnée, qui représente, pour les interlocuteurs et/ou le linguiste, la trace de l'influence d'une autre langue ou variété* (p.142).

Si bien comenzamos por definir la alternancia códica, ubicamos las dos definiciones como una forma de entender los lazos y las similitudes entre ellas. Cabe recordar, igualmente, que muchos de estos fenómenos también aparecen dentro de las tipologías y estudios de las escuelas variacionistas. Por eso, a pesar de la relación y de ser productos del fenómeno de contacto, decidimos optar por considerar la variación y el cambio como fenómenos que aparecen dentro de un aspecto más macro-social y las marcas transcódicas como aquellos fenómenos que se reflejan en una comunidad más limitada como es el de nuestro caso.

Dentro de los múltiples tipos de alternancias o marcas transcódicas presentamos solo las que fueron contempladas en nuestro estudio. Comenzamos por las **interferencias** que según Lüdi y Py (2003) se define como "Des éléments issus du système d'une langue sont introduits dans le système d'une autre langue, ou, au contraire, certains éléments sont abandonnés dans une langue parce qu'ils n'existent pas dans l'autre langue" (p.110).

Mostramos aquí una recopilación de algunos ejemplos que poco a poco describiremos:

> **AR1-10 GF:** (40:55) ...era la primera *turma,* entonces, no... no sé, teníamos ganas de conocer a los otros, tipo, la gente se interesaba, incluso, por ejemplo, querían que los paraguayos nos enseñen guaraní.
>
> **CO-12 GF:** (16:02) ... Entonces, lo que yo acostumbro a hacer es tomar los apuntes en portugués. Y en las lecturas también, en los *fichamentos* y esas cosas, en portugués también...
>
> **EC1-12 GF:** (13:57) Ahora sí. Ahora estoy haciendo (14:01)... Estoy haciendo *relatórios* para profesores en portugués y, en los laboratorios, te obligan a hacer los *relatorios*, trato de hacerlo en portugués.
>
> **ILATIT-PH Entr.:** (00:20) ... El otro caso que es de los *calouros,* los chicos que están llegando a Unila, sí, presentan una fuerte deficiencia en cuanto al aprendizaje del idioma.
>
> **ILAACH-PB Entr.:** (01:40) O *acento*, o *sotaque*, é muito diferente. Se nós pegarmos só os alunos... os brasileiros da nossa turma, nós termos da Bahia, temos de São Paulo, duas eu acho que de São Paulo...
>
> **BR3-14 GF:** (14:46) ... Agora, esse semestre, a gente não tem nenhum professor *hispanohablante*, é dificultoso que a gente conversa... agora nós falamos com alguns *hispanohablantes*...
>
> **PY-14 GF:** (13:40) ...llegaba un momento donde me cansaba de intentar traducir tanta cosa, porque es un poco *cansativo* cuando todo el tiempo cambias drásticamente...Y para *aprimorar*, por así decir, mi portugués, yo, en seguida, hice amigos brasileños...

Dentro de esta serie de interferencias podemos observar que todas ellas no tienen las mismas características, por lo cual las analizaremos por medio de los préstamos, traducción, innovación e interferencia de estilo.

Los primeros cuatro discursos corresponden a lo que se cataloga como préstamos, según la definición de Hamers y Blanc (1983): "élément d'une langue intégré au système linguistique d'une autre langue" (p.451), en este caso, el préstamo es léxico, o sea dentro una frase en español, los hablantes integraron palabras en portugués. Es interesante que el léxico prestado corresponde al vocabulario especifico relacionado con el área de la educación universitaria brasilera y con el contexto académico.

Comenzamos por *Turma*, una palabra que en portugués se refiere al grupo de estudiantes que componen una misma disciplina, carrera o programa de estudios. En español hay diversas formas de nombrar este mismo conjunto de estudiantes y no encontramos un término compartido y único: clase, curso, generación, hornada o promoción. Aunque existe en español uno o varios términos para evocar lo mismo, estas palabras pueden tener un significado ambiguo y producir malentendidos lingüísticos tanto dentro de la lengua española como en la lengua portuguesa, como por ejemplo promoción. Lo mismo sucede con las otras palabras: *calouro*, que en español podría ser cachimbo, primíparo, novato, de nuevo ingreso. *Relatório*, que sería un género textual que corresponde al informe o reporte técnico o de laboratorio; sin embargo sabemos que tanto dentro del mundo académico hispánico, los géneros textuales comparten una tipología bastante uniforme pero también pueden emerger de forma diferente según el contexto y el país.

Igualmente, sucede que según las lenguas y las culturas académicas, un informe, *relatório* o *rapport*, a pesar de tener la misma funcionalidad, seguramente encontramos diferencias según los países o universidades (lo mismo sucede con los *fichamentos* que son las fichas de lectura). Estas palabras, además de ser préstamos lingüísticos, cumplen una función dentro de la comunidad del habla: unifican y especifican un referente sociolingüístico, a través de un neologismo, que neutraliza posibles malentendidos o matices que podrían también entenderse como estrategias de comunicación y comprensión. Por otro lado, reflejan valores o conocimientos compartidos, lo cual ilustra bien el desarrollo de la competencia plurilingüe.

El quinto ejemplo, referente al código de identificación: ILAACH-PB, lo podemos interpretar como una alternancia códica; sin embargo, la palabra en español está seguida de la traducción en portugués: *sotaque*, lo cual nos aproxima a una situación comunicativa donde la estrategia de expresión está marcada por la traducción. Es decir, que una alternancia códica es visible pero está seguida de una traducción o autocorrección. Como no sabemos el factor que motivó esta alternancia no nos atrevemos a proponer una interpretación, sin embargo sí podemos describir el contexto. Se trata de una entrevista individual en la que el entrevistador es hispanohablante y el entrevistado es luso hablante. Los dos hacen parte de la comunidad universitaria pero no tienen una relación formal, el primero es estudiante (pero no del profesor entrevistado) y el segundo es profesor. En este contexto, suponemos que el cambio de código de acento a *sotaque*, puede ser una estrategia para facilitar la comprensión debido a que estas dos palabras son opacas y el entrevistado es consciente de esta diferencia al utilizar las dos. También, puede ser que el entrevistado comenzó a hablar en una lengua y continuó en la otra; sin embargo, el hecho de recurrir al mismo término en las dos lenguas nos da un indicio de una posible intención de rectificación.

El sexto extracto corresponde a una interferencia de estilo o un cierto extranjerismo neutralizado. Así hayamos analizado el término *lusofalante* e hispanohablante con respecto a la identificación, sabemos que estas palabras, a diferencia del caso anterior, sí existen, presentan un grado de transparencia y hay una cierta unanimidad en su uso: *hispanofalante* o hispanohablante/ luso hablante – *lusofalante*. Aunque hay sinónimos de estos términos como hablante del portugués /español, no es una palabra que cambia según la variedad lingüística. No obstante, es interesante notar que este fenómeno de alternancia aparece de forma idéntica y es muy recurrente. Esta situación aparece repetida en todo el corpus, lo que nos induce a cuestionar sobre el porqué de esta interferencia o adaptación (de estilo y de fonética). Por un lado, no sabemos si es una forma de uso compartida por la comunidad universitaria de la UNILA o es una variación lingüística que caracteriza a la situación de frontera y que se refleja como un cambio. Para proporcionar una respuesta, sería necesario realizar un estudio más preciso y extenso, ya que nuestro corpus no puede darnos más indicios para una explicación lingüística de la variación o innovación. En este sentido, siguiendo a Garatea Grau (2011) podemos decir que: "interesa una innovación si y sólo si es adoptada. Porque si no se adopta, estamos ante creaciones fugaces sin relevancia para el cambio, simples reflejos de la creatividad Individual" (p.254).

Dentro de la misma condición encontramos otro fenómeno relacionado con el quinto extracto identificado como Py-14. Corresponde a la palabra *cansativo* como adjetivo (en español cansador), teniendo en cuenta la proximidad de las lenguas puede tratarse de una transferencia o, igual que el ejemplo anterior, no sabemos si se trata de una variante fronteriza. El hablante respectivo es una persona paraguaya y declara haber tenido un contacto constante con el portugués. Aunque su discurso es completamente comprensible, más para una comunidad bilingüe, no tenemos datos para decir que este término hace parte de alguna variante o situacion de contacto entre hablantes de la frontera y no sabemos si se usa fuera de la comunidad de nuestros hablantes.

Ahora bien, el término *aprimorar* que significa mejorar y que en portugés también podría decirse *amelhorar* es una palabra que tiene un registro menos formal pero tiene un grado alto de transparencia. Por eso, no sabemos si el uso de *aprimorar* es utilizado como una estrategia de comunicación o tiene otro objetivo, en el caso de que lo haya. Igual que el ejemplo anterior, no tenemos datos para proponer una interpretación sobre las motivaciones que llevaron al hablante a recurrir a estas palabras.

Lo que resulta curioso es que en muchos casos, estas alternancias llegan a ser hasta desapercibidas y no parecen extrañas al contexto en el que nos encontramos inmersos.

Especialistas como Elizaincín (2007), explican que partiendo del contacto como eje central de análisis, este puede relacionarse con otros dos fenómenos lingüísticos que son la variación y el cambio. El trinomio que acabamos de mencionar está igualmente interrelacionado con el uso del lenguaje y, al mismo tiempo, con una red de motivaciones, causalidades y objetivos. Si bien la variación es un fenómeno social, a más grande escala que la comunidad de habla en la cual realizamos nuestro estudio, las marcas transcódicas como las interferencias, también se encuentran interrelacionadas con la red de motivaciones, causalidades y objetivos. Aunque nuestros datos no nos permiten identificar todos los factores que producen el fenómeno de alternancias, el proceso de compilarlos y describirlos permitieron observar una serie de elementos interesantes para futuros estudios y, a la vez, nos permitió cuestionarnos sobre el alcance des aspectos más macro lingüísticos o sociales.

A modo de conclusión, podemos decir que intentar describir y analizar los procesos de identificación y de marcas transcódicas en la situación de contacto lingüístico de la UNILA, nos permitió percibir el alto grado de disposición al cambio, al contacto y a la interacción bilingüe. Asimismo, se observa la tolerancia e incorporación de formas de habla, ya sea por medio de préstamos que reflejan la conciencia lingüística marcada y la competencia plurilingüe que este tipo de ambientes contribuyen a desarrollar:

> *L'ouverture face au contact et la prédisposition à l'emprunt semblent déterminantes sur le terrain en amont des processus d'emprunt qu'elles viennent d'une expérience répétée de contacts et d'une attitude dynamique face à l'innovation, ou du fait qu'un certain type de contact fait sens dans les réseaux de mise en sens propres à la culture* (Bornes Varol, 2011, p.434).

Esta actitud de apertura al contacto que relata Bornes Varol, refleja bien lo que encontramos en nuestros datos y nos permite observar cómo esta apertura se modula en un contexto académico. Así, el siguiente capítulo sobre el fenómeno de intercomprensión y de habla bilingüe (Parler Bilingüe) nos permitirá abordar otros fenómenos del contacto lingüístico en el marco académico plurilingüe.

8

Contacto y comunicación: conversación plurilingüe, asimetrías e intercomprensión

Como pudimos observar en los capítulos anteriores de este análisis, nuestro recorrido comenzó con la descripción del paisaje lingüístico en las diversas situaciones de aprendizaje. De esta manera, pudimos proporcionar un tipo de mola kuna[84] o de patchwork para observar a través de diferentes capas cómo la diversidad lingüística y, por ende, el contacto lingüístico son elementos presentes y constitutivos que tejen la imagen global de las interacciones sociales de los estudiantes y profesores de la UNILA. En esta misma perspectiva, en el segundo capítulo se analizaron algunos fenómenos de contacto lingüístico como la identificación y las marcas transcódicas, poniendo en relieve la compleja dinámica de la interacción y la comunicación entre hablantes multilingües dentro de un contexto académico. Estos elementos analizados, al estar en constante movimiento y dentro de un continuum no nos permiten clasificarlos ni generalizarlos pero sí dejar registro de algunas situaciones que emergen en un momento especifico y en un espacio particular como el de la UNILA (2012-2014), proporcionando una imagen de esta

---

[84] Nos permitimos usar esta metáfora que ya tanto en el patchwork como en las "molas" el uso de varias telas sobrepuestas nos permiten generar una imagen global.

experiencia a partir de la superposición de los diversos factores analizados.

Una vez descritos los diferentes componentes presentes en el terreno de nuestra investigación nos proponemos abordar, en este capítulo, algunas formas de comunicación y de comprensión en contexto plurilingüe observadas y relatadas por los propios actores sociales. Pues, como ya lo evocamos en los objetivos y en la contextualización, nos enfrentamos a un terreno institucional donde a pesar de declararse una institución bilingüe, ha sido difícil encontrar las directivas u orientaciones explícitas con respecto al manejo o planeamiento lingüístico, lo que no significa que sean inexistentes. De hecho, a través del discurso y sobreponiendo las voces institucionales a las de los actores, de una forma sucinta podemos decir que la política lingüística de la universidad se revela a través de los siguientes aspectos: 1) en la composición de los alumnos y profesores oriundos de varios países de América Latina; 2) en la enseñanza (de cualquier materia) en alguno de los dos idiomas; 3) en la posibilidad para los profesores y alumnos de presentar concursos, evaluaciones, proyectos y convocatorias en español y portugués; y, por último, 4) en la obligación del aprendizaje del portugués y español de los estudiantes, por medio del módulo del Ciclo común, una vez el alumno haya ingresado a la institución. Como se resume en "Na concepção da Unila, sobressai como da mais alta relevância a de ser uma instituição bilíngue, com professores e alunos do Brasil e dos diversos países da América Latina" (IMEA, 2009a, p.17).

Entonces, frente a esta situación, procedemos a describir los procedimientos de comprensión y comunicación, por parte de los estudiantes y profesores, mediante el tránsito sobre tres conceptos claves en nuestro trabajo: la comunicación bi-plurilingüe, la situación diglósica y di-lingüística y la intercomprensión. A partir de estos tres ángulos podremos observar el potencial didáctico del contacto lingüístico y de la intercomprensión como forma de comunicación y aprendizaje en un ambiente académico plurilingüe, lo cual abarca las opciones para responder a la siguiente pregunta: ¿Cuáles son las posibilidades y limitaciones de la intercomprensión como forma de comunicación dentro de este contexto académico?

8.1 Comunicación bi-plurilíngüe

Como lo hemos tratado desde el inicio de este trabajo, el plurilingüismo es un hecho social mucho más presente de lo que imaginamos. En una gran parte de situaciones de interacción, el lenguaje se presenta como un facilitador de comunicación pues la lengua es uno de los medios de comunicación que el individuo tiene a disposición. Asimismo, el lenguaje además de un factor de socialización es también un vector de enseñanza/aprendizaje, pues interviene directamente en los procesos de transmisión de conocimientos, así como en todo este complejo proceso de la adquisición.

Antes de entrar a analizar la comunicación en el contexto bi-plurilingüe académico que propone la UNILA, vamos a recordar algunas discusiones sobre este concepto que nos permitirán abordar el análisis.

Los trabajos de Lüdi y Py (2003) y de Py y Gajo (*in* Simonin y Wharton, 2013, p.73) destacan el carácter normal del bilingüismo y del plurilingüismo. A pesar de la complejidad de estas dos nociones, coincidimos con la posición de los autores: " Pour certains le "bilinguisme" signifie un intérêt pour deux langues ou plus. Pour d'autres, le bilinguisme n'est qu'un cas particulier de plurilinguisme. L'intuition a tendance à donner raison à cette option". En este orden de ideas, los trabajos de estos autores se proponen la descripción del fenómeno del bi-plurilingüismo, a partir de tres categorizaciones generales, las cuales Py y Gajo (2013) llaman: *les niveaux d'appréhension du bilinguisme: collectif, institutionnel et individuel.*

El primer nivel, *macro* o colectivo (Estado, país, región) responde al criterio de diversidad, a la presencia y al reconocimiento de lenguas. El segundo nivel *meso* o institucional (empresa, escuela, grupo de trabajo) responde al criterio de diversificación, es decir, a visibilizar las lenguas utilizadas y a darles, o no, un lugar y una utilidad (brindar servicio en una o más lenguas). El tercer nivel *micro* o individual abarca los términos de recursos, alteridad e identidad pues estudia el desarrollo y la apropiación del repertorio plurilingüe en el individuo. Estos tres niveles nos permiten encaminar nuestro análisis dentro del marco *meso* o institucional, tratándose de la Universidad; sin embargo, igual que las situaciones de aprendizaje estudiadas en el capítulo anterior, todas las dimensiones del bilingüismo están también interrelacionadas.

Nuestro foco de estudio es la universidad UNILA, que es una institución educativa declarada bilingüe (español / portugués), como lo vimos anteriormente. A pesar de ser un organismo con cierta independencia del ámbito nacional por su carácter internacional, la UNILA es, también, una institución pública brasilera. Por esta razón esta institución puede servirnos como crisol para el estudio a niveles más amplios, o, por el contrario, al ser compuesta por individuos, también nos permite realizar un estudio a nivel micro. Debido a la naturaleza de los datos, comenzaremos por penetrar nuestra discusión desde el punto de vista institucional donde se reflejan evidentemente algunos aspectos individuales. Tanto en este capítulo del análisis como en la presentación del contexto, hemos evocado los decretos, indicaciones y directivas institucionales, en los que aparece el concepto del bilingüismo. Sin embargo, y como ya se ha demostrado, la universidad carece de orientaciones explícitas y legales donde se establezcan, por un lado, las bases teóricas para la adopción y aprehensión de concepto del bilingüismo y, por otro lado, la política o el manejo (planeamiento) con respecto al uso de las lenguas reconocidas por la UNILA.

Resumimos algunos elementos que afloran del levantamiento de los textos donde se utiliza la palabra de bilingüismo a nivel *meso*. Primero, según los documentos oficiales, la enseñanza en la universidad es bilingüe. Segundo, el bilingüismo es una herramienta de integración. Tercero, la UNILA no exige ninguna competencia específica en las lenguas institucionales para el ingreso o el proceso de selección de los estudiantes[85], ni para la contratación de profesores, democratizando así el acceso. Y cuarto, la enseñanza de estas lenguas es obligatoria para los alumnos durante los primeros tres semestres de todas las carreras ofrecidas, convirtiendo así esta forma de educación lingüística en uno de los medios privilegiados para garantizar lo que se adopta como bilingüismo.

En este marco, el concepto de bilingüismo implica directamente a los siguientes actores: estudiantes y profesores. Otros actores sociales no son nombrados ni implicados en este proceso de bilingüismo, a pesar del papel fundamental que cumplen dentro de la institución, como lo son el cuerpo de técnicos administrativos, el equipo de servicio externos (médicos, psicólogos, servicio de alimentación, diversos sectores, programas del servicio nacional de educación o ministerios) y el Ministerio de Educación Nacional (MEC) de Brasil.

En nuestro trabajo, nos interesaremos por observar principalmente los discursos de los estudiantes y los profesores[86] sobre la institución, para así describir las formas de comunicación que emergen en este contexto y algunas dinámicas lingüísticas. Por ello, aunque de forma resumida volver a recordar el interés de nuestra investigación, permite al lector situarse frente al foco de análisis.

En lo que concierne la comunicación bi- plurilingüe recordamos que todo tipo de situación comunicativa requiere la cooperación de los interlocutores, en este sentido, los hablantes en situación de bilingüismo están negociando continuamente y llegan

---

[85] Anexamos la página de la convocatoria de selección de alumnos 2016, donde se puede observar que no hay ningún criterio de idioma para el proceso de selección y calificación de los postulantes. https://unila.edu.br/sites/default/files/files/Edital%20017_2015%20-%20Processo%20de%20Seleção%20de%20Estudantes%20Estrangeiros%202016%20-%20ESPANHOL%20-%20Versão%20final.pdf (Recuperado el 30 de abril de 2020).
[86] Sin embargo, otros actores también son evocados en los discursos.

a menudo a una elección de la(s) lengua(s) utilizada(s). Como lo afirman Lüdi y Py (2003), "Être bilingue ne signifie donc nullement employer indistinctement deux langues. Très souvent, au contraire, chacune des langues se voit conférer des fonctions communicatives soigneusement distinctes" (p.11), como lo observamos a continuación:

> **ILAESP-PB Entr.:** (1:10) É... quando, quando esses alunos formam um grupo majoritário de, de, de falantes de português, a comunicação é em português. / E quando eles fazem parte de um grupo majoritariamente de falantes de espanhol, a aula normalmente é em espanhol. // Só que, aí, dependendo, de, de, de quem pergunta o quê, a resposta, ela é dada na língua que o professor julga que é a que facilita mais a compreensão da resposta...

> **BR-12 GF:** (02:31) ... Na primeira semana, a turma só tinha 28 alunos, 18 eram *hispanohablantes* e 10 eram brasileiros. E isso deu um *plus* muito bom na nossa formação inicial, porque os brasileiros, no meu caso, eu acabava me ariscando para falar español...

> **CL2-12 GF:** (41:19) Una cosa más [¿sí], por eso a veces prefiero dirigirme a la otra persona, por ejemplo, escribir un correo al profesor en español, aunque sepa que el profesor no me vaya a entender, como implícitamente tratando de hacerle saber que quiero que mi forma de expresarme también sea escuchada, también sea entendida, respetada.

Podemos ver que la elección de lengua está motivada por diversos factores que no solo se limitan a lo lingüístico. Podemos destacar factores estratégicos (conscientes o inconscientes) de comprensión o desempeño profesional como en el primer caso, factores de socialización como en el segundo caso, y factores personales y políticos como en el último ejemplo. Aunque los hablantes no tengan una competencia equilibrada en las lenguas de uso, para alcanzar el objetivo del intercambio, los interlocutores aprovechan al máximo el repertorio lingüístico global, al poner en relación tanto los conocimientos previos como los nuevos, para incentivar así el aprendizaje y la adquisición lingüística y de contenidos.

Igualmente, como se ve en los ejemplos, es usual que en una situación de bilingüismo y frente a una dificultad léxica o una dificultad de comunicación, el hablante recurra a la otra lengua o a diversas formas de hacerse entender y entender al otro, consciente de que el repertorio lingüístico de su interlocutor está a un nivel similar o, por lo menos, en condiciones de entender la otra lengua (Matthey 1997).

Sin embargo, cuando el hablante es consciente de las dificultades de su interlocutor recurre a una serie de posibles soluciones para poder equilibrar este tipo de situaciones comunicativas, como lo observamos a continuación:

> **ILACVN-PH Entr.:** (03:47) ... porque siempre tenemos de todos: alumnos que les interesa y quieren aprender y quieren ir más allá de lo que se da en la clase y... ellos no tienen problema también de que sea en español y portugués, pero los otros que tiene la dificultad ya del idioma, mejor que lo vean en su propio idioma. Entonces siempre el material lo busco en español y portugués.

> **ILACVN-EH Entr.:** (01:36) Para mí es tranquilo. Hay variaciones de palabras que no voy a entender de todo, porque no es mi lengua nativa, pero trato de sacar dudas con mis profesoras de portugués.

> **BR2-14 GF:** (11:21) É, o mesmo, acho que a questão é foco mesmo, tem que estar focado na aula. E, no começo, a gente tinha que parar a aula o tempo todo para perguntar, principalmente pela diferença de sotaque entre os professores. [Os sotaques eram muito diferentes.] Eram muito diferentes e também porque, no começo, dividiam a sala, né? Os hispano hablantes e os brasileiros.

> **CL1-12 GF:** (28:00) A los profesores nuevos les cuesta [um-hum]. A los que están recién entrando en la Unila, ellos están "¿qué?, ¿qué?", uno les tiene que repetir varias veces. Y ahí cuando llevan un año acá, ya se manejan. Ya nos les cuesta tanto aprender. [Entendí].

A partir de este pequeño extracto podemos decir que, siendo conscientes del repertorio lingüístico propio y del otro, además del papel de cada uno dentro de la interacción, los actores buscan diversas maneras de hacer que la comunicación sea mínimamente comprensible utilizando, no solo su repertorio lingüístico, sino también una serie de estrategias comunicativas y comprensivas como el hablar pausado, la repetición, la compresión global de la conversación, la solicitación, la traducción o la disposición de la información en las dos lenguas. Como lo indica Degache (2006), con respecto a la conversación bi-plurilingüe y a la intercomprensión: "Cette communication exolingue-plurilingue se caractérise elle aussi par l'asymétrie des compétences linguistiques dont disposent les interlocuteurs, et par l'utilisation conjointe de plusieurs codes dans l'interaction" (p.14). En este sentido, observamos que la comunicación en contexto bi-plurilingüe no es siempre simétrica en cuestión de competencias, ni tampoco será simétrica en cuestión de estatus de las lenguas. Por ello consideramos importante regresar a la definición de Simonin y Wharton, (2013), sobre interacción exolingüe: "Une interaction est dite «exolingue» lorsqu'elle se déroule dans une langue connue de manière inégale par les interlocuteurs, cette inégalité étant à l'origine des obstacles qu'ils traitent comme tels" (p.86).

Sobre el primer punto de la asimetría de las competencias lingüísticas, cabe notar en el contexto de la UNILA, que el tiempo de exposición al contacto y a la interacción bilingüe, es un factor determinante pues si muchos relatan haber tenido grandes dificultades iniciales, también expresan que con el transcurrir del tiempo se desarrollan capacidades de comprensión mutua y muy probablemente otras competencias lingüísticas y culturales:

BR2-11 GF: (02:33) Eu acho que para mim foi engraçado e divertido, porque... é... eu não entendia nada. Quando a gente chegou, nós fomos para o hotel, né, e tinha aquelas reuniões entre os estrangeiros e os brasileiros e a gente não... era bem assim confuso, sabe, com a língua, porque no primeiro contato você não está acostumado a ouvir o outro idioma, então, pra mim, foi divertido e legal.

AR2-10 GF: (07:03) En lo personal, creo que, al encontrarme con distintos tipos castellano o español, por así decirlo, y con el portugués mismo fue algo raro, porque el significado de algunas palabras que para nosotros tienen un significado, para otros países y otras regiones (tienen) distinto significado, o para los chicos de Argentina mismo, pero de regiones diferentes, los significados de las palabras varían, expresiones varían. Entonces fue, al comienzo, fue algo raro, extraño, hasta que te adaptás a las jergas diferentes de que hay, de que escuchás, te adaptás a eso y hasta un momento lo hablás...

AR1-10 GF: (13:04) ...en relación al portugués fue un dolor de cabeza las primeras dos, tres semanas porque no entendía nada.... De ahí como que uno ya se va acostumbrando y ya es menos complicado y uno empieza a creer que entiende.

ILAACH-EB Entr.: (7:40) Nas primeiras aulas, eu não conseguia entender nem os alunos, nem os colegas. // Minha cabeça doía, achava que eu nunca ia aprender o espanhol. Tanto que, no primeiro momento, eu tive isso como uma grande barreira, até mesmo achando que, se eu não conseguisse, eu não ia nem continuar na Unila. Mas aí isso foi superado, logo no primeiro semestre mesmo.

BR1-11 GF: (11:26) A maioria das aulas são em português, isso é um fato, então a gente não enfrenta muito problema com isso. Mas, quando tem alguns professores, principalmente argentinos, acho que é o acento que eu mais tenho dificuldade de entender, mas, só... Acho que leitura é bem tranquilo nesse ponto.

> **BR3-14 GF:** (42:59) Forçada não no sentido assim, porque não tem como você dizer: "não vou aprender espanhol", não tem como, é forçada no sentido em que você, não é uma coisa que você decide que você quer ou não apreender espanhol, porque ou senão você fica incomunicável com seus colegas de grupo e com os professores. Forçado no sentido que não tem como você não aprender.

Parece sencillo y hasta divertido llegar a un ambiente académico donde dos lenguas de comunicación están en constante relación y uso, pero como lo acabamos de ver, esta experiencia puede resultar desafiante y al mismo tiempo puede dificultar el aprendizaje. Otro factor a tener en cuenta es que las clases de lenguas se imparten solo a partir del ingreso de los alumnos en la universidad; es decir, al mismo tiempo que las otras clases de disciplinas no lingüísticas. Así, los hablantes tienen papel determinante en el desarrollo, el mantenimiento y la estabilidad de este bi- plurilingüismo comunicativo e inmerso en el proceso de aprendizaje de todas las materias, pues de ellos depende que se genere o no esta situación de comunicación bi- plurilingüe y que el mensaje sea transmitido y comprendido. El papel activo de los actores en este proceso contribuye a generar en el estudiante y en el profesor una responsabilidad dentro del procesos de transmisión de conocimientos, del aprendizaje y de la comunicación. En este sentido, nos encontramos frente a las corrientes sobre la autonomía del aprendizaje (Giordan, Nivou y Zimmermann-Asta, 2015; Holec, 1999; Gremmo y Poteaux, 2014), pues el estudiante (o profesor) se convierte en actor y sujeto activo de su propio proceso de enseñanza/aprendizaje, y de él mismo depende la posibilidad de realizar las actividades ligadas a su labor profesional o académica.

Aquí podemos ver algunos ejemplos descriptivos sobre los procedimientos que los estudiantes y profesores emplean para potencializar y facilitar la comprensión, en este caso no solo de la lengua sino de contenidos no lingüísticos.

ILAACH-PB Entr.: (12:11) ... Agora, no caso dessa disciplina que eu falei, na turma em que a grande maioria e eram 55 alunos, se não me engano, era bastante, era uma turma grande, 55 ou 56, 4 brasileiros, então, eu tive que criar essas estratégias para eu me fazer compreender e eu tentei falar o espanhol de uma forma mais...assim, muito pausada, com algumas dúvidas que iam sendo é... colocadas na sala de aula.

ILAESP-EB Entr.: (5:44) É, aí já acho diferente. Acho que alguns professores têm dificuldades. Não que ele não entenda, mas de primeira não é tão fácil assim. Você tem que repetir ou uma outra pessoa... dar um sinônimo daquela pergunta, né, aprofundar a pergunta. Mas nem todos os professores entendem de uma vez, assim, você fala a pergunta, eles entendem. É o que eu vejo. Principalmente os, os professores brasileiros.

AR1-14 GF: (11:59) Cuando yo llegué, tuve un profesor que hablaba súper bien calmado, así, portugués, ¿no? Entonces como que puedes comprender casi la totalidad de lo que estaba hablando. Pero, después, comenzamos a tener distintos profesores, que en un cierto punto del aula se emocionaban (risas) y empezaban a hablar rápido y entonces, yo, digamos, no conseguía entender, digamos, y escribir a la vez, entonces, prefería prestar atención, e intentar entender mejor el aula, digamos, y, después, fijarme en el material y las fotocopias, digamos, lo que habían intentado hablar, lo que habían explicado, ¿no?...

CL2-12 GF: (10:32) Yo, igual, hacía lo de la listita con las palabras que no entendía. Pero, al principio, era mucha ((atención)) tratar de leer un texto en portugués. Es bastante esfuerzo. E, igual, trataba de no frustrarme tanto, así entendí la mitad, bueno, me voy con la mitad del texto y en la clase lo veo y como que en la clase se me aclaraba más el mapa completo.

ILAACH-EB Entr.: (9:18) Eu optei pelas leituras em espanhol, quando os textos eram nas duas línguas... Eu sempre buscava optar... lógico que, quando estava em véspera de prova, eu pegava na minha língua, porque era mais fácil de apreender o conteúdo. Mas essa era uma primeira estratégia, a segunda era... sempre ter um ouvido bastante atento e uma percepção, tipo ver as pessoas gesticulando. Então eram as estratégias que eu tinha, ver as pessoas gesticular e ouvir como que elas pronunciavam principalmente os sons como R, que é diferente do nosso, *la J, la G*. Então foi um pouco essas as estratégias.

BR4-14 GF: (18:29) O que eu percebia era que no começo, pelo menos para mim, quando eu escutava em espanhol, eu tinha que traduzir para o português para depois entender, aí, agora, já dá para escutar e entender as coisas...

Como observamos, el discurso de los actores se podría considerar meta cognitivo y, a la vez, en referencia a la autonomía del aprendizaje, pues ellos mismos son quienes realizan una reflexión sobre su propio aprendizaje y relatan los procedimientos realizados (por ellos o por los otros) para alcanzar los objetivos académicos y comunicativos. Además, son los mismos sujetos quienes escogen y establecen los medios, las herramientas o los caminos para conseguir sus objetivos. Pues una vez más recordamos que no hay ni indicaciones ni directivas institucionales para facilitar este proceso.

Aunque la noción de estrategia es un concepto que proviene inicialmente del arte de dirigir operaciones militares, se utiliza en varias áreas del conocimiento, ya que sirve para designar el conjunto de reglas y pasos que aseguran una decisión óptima en un momento indicado. En el área de la educación así como en didáctica de lenguas, las nociones de estrategia, habilidad, técnica, método, destreza y procedimientos son palabras recurrentes a la hora de estudiar los diferentes procesos y procedimientos que utilizan tanto profesores como estudiantes, cuando se habla del proceso de enseñanza/aprendizaje de cualquier disciplina. En los últimos ejemplos hemos podido realizar un pequeño esbozo de algunas estrategias en el proceso de aprendizaje y de comunicación tratándose del aprendizaje de contenidos no lingüísticos en lengua extranjera.

Los trabajos sobre estrategias de aprendizaje de lenguas, parten inicialmente de las investigaciones sobre las estrategias de aprendizaje en general, de la comunicación y de la psicología cognitiva. Como ya mencionamos, nuestro trabajo al no tener un anclaje didáctico o cognitivo, puramente, las estrategias fueron decantadas a partir del discurso y las experiencias, más las mismas, no fueron observadas, evaluadas y controladas por medio de un estudio preciso. Es así como este descriptivo nos condujo solo a una breve descripción de los procesos relatados y a una reflexión en cuanto a ellos, tomando en cuenta las posibilidades que propone la noción de estrategia, sin alcanzar todas las dimensiones que sugiere Degache (2000), "la prendre en question, la discuter, se l'approprier, la revisiter ainsi que les taxonomies qui lui sont associées" (p.158). A pesar de los límites de nuestro trabajo, aunque no podremos discutir y analizar en profundidad este tema tan importante, consideramos necesario hacer algunas referencias. No obstante, llevar una discusión, apropiarnos y clasificar estas prácticas, como dice Degache, nos permite una reflexión didáctica, y a su vez, tocar temas que están relacionados con las estrategias y que son fundamentales en el área de la didáctica: la autonomía del aprendizaje; el aprendizaje a todo momento y a lo largo de la vida; y el aprendizaje integrado de contenido y lenguas extranjeras AICLE[87]. Desafortunadamente, ninguna de estas dimensiones es considerada dentro de los documentos de la institución; sin embargo, sí están presentes en las prácticas lingüísticas y académicas y en las reflexiones de los propios estudiantes y profesores, reflejadas en los ejemplos.

---

[87] Llamado en inglés CLIL Content and Language Integrated Learning y en Francés EMILE Enseignement de Matières par l´Intégration d´une Langue Étrangère.

8.2 Diglosia y asimetrías emergentes en contextos plurilingües

> *Las nociones de repertorio y de competencia comunicativa, así como los estudios sobre la variación lingüística ponen en cuestión la existencia de comunidades lingüísticas homogéneas (anglófona, hispana, por ejemplo), imaginadas por el hecho de compartir una misma lengua en determinados espacios geográficos.*
>
> Luci Nussbaum (2012, p.276)

Tal como lo revisamos anteriormente, las competencias lingüísticas en el caso de los hablantes bilingües no son completamente equilibradas ni están en el mismo nivel; en consecuencia, en el ámbito social, el estatus que tienen las lenguas en un contexto bi-plurilingüe tampoco aparece completamente equilibrado. En este sentido, y tratándose de un ambiente bi-plurilingüe de aprendizaje, encontramos en los discursos indicios de una asimetría en cuanto al estatus de la lengua, es decir, situaciones de diglosia. La diglosia y el bilingüismo, a pesar de ser términos que se usan de manera diferente, tienen un mismo origen y significan "dos lenguas". La diglosia es una de las nociones más estudiadas en el campo de la lingüística de contacto, por lo cual encontramos una amplia bibliografía en torno a este término. Muchos autores concuerdan en el carácter social de la diglosia como forma de estudiar el bi-plurilingüismo y el contacto lingüístico. Ferguson en 1959 es uno de los pioneros en introducir este tema tomando en cuenta las variedades al interior de una lengua y sus funciones sociales, categorizando así en variedades altas (*High*), utilizadas en situaciones de prestigio social y en variedades bajas (*Low*), en situaciones familiares o informales. Posteriormente, Fishman (1967) amplía este término para el estudio de estas funciones no solo dentro de las variedades de la lengua sino también dentro de aspectos sociales como el estatus de las diversas lenguas en una comunidad. Para Fishman (1972): "Bilingualism is essentially a characterization of individual linguistic versality while diglossia is a characterization of societal allocation of functions to different languages or varieties" (p.145).

Como observaremos a continuación, una de las lenguas institucionales[88] no está en pie de igualdad, ya una de las lenguas es la más utilizada, cumple funciones más determinantes y goza de una posición privilegiada.

> **UY-10 GF:** (28:58) Claro, para mí, el idioma de la Unila es el portugués. O sea, cuando hay una interacción predomina ampliamente el portugués.
>
> **BR-10 GF:** (20:02) Quase tudo era em português.
>
> **AR1-10 GF:** (25:19) Creo que los brasileños les cuesta más entender el español, por ejemplo, cuando en Biología llegó un profesor que era argentino y que hablaba en español, los brasileños se quejaban que no entendían nada, entonces el profesor tuvo que dar las clases alternadas en español y en portugués. Y hasta ellos no sabían porque no habían aprendido, porque ya había pasado un año y... como que nosotros ya podíamos perfectamente tener clases en portugués. *Discusión*.
>
> **BR-10 GF:** (30:06) Eu acho que ainda fica parte, alguma parte defici... com deficiência, faltando alguma coisa, não seria uma

---

[88] Aunque en este trabajo solo nos concentramos en la situación bilingüe portugués/español, un estudio posterior sobre la representación de las lenguas dentro de las comunidades locales, nacionales y dentro de la institución sería interesante como complemento. Pues así consideremos que el plurilingüismo es un *plus* del ciudadano, observamos que muchos estudiantes que hablan lenguas indígenas (guaraní o quechua) o lenguas de herencia (talian) presentan una cierta dificultad para reconocer públicamente el conocimiento de las mismas. Igualmente, remarcamos que la percepción del hispanohablante en la ciudad de Foz no siempre es positiva dentro del imaginario colectivo. Además, sabemos bien que en Paraguay, a pesar de ser un país bilingüe, la diglosia español/ guaraní está presente como lo indican los estudios de Bartomeu Melià.

coisa... constante, uma constante... ia ser algumas lacunas (30:26) ... Mais de 90%, eu falo em português.

ILAACH-PB Entr.: (8:49) Vamos ser sinceros, eu tenho mais facilidade, toda a minha formação em antropologia se deu ou em português ou em línguas como o inglês e o francês. Não tenho fluência nessas duas línguas, mas é a língua exigida tanto no mestrado quanto no doutorado. O espanhol era muito pouco utilizado, agora, eu, eu, eu, eu tento fazer um esforço para procurar... a dificuldade que eu tive para encontrar... mas não é só bibliografia na língua espanhola, é bibliografia, assim, que sejam de autores de língua espanhola, pensando sobre o contexto da América Latina, sobre a temática da nossa disciplina.

AR1-10 GF: (31:35) Me pasó a veces, digo ya en el último año, que ingresan profesores nuevos, así brasileros que no entienden español, entonces en algunas clases como ((indescifrable)) porque nosotros entendemos y los profesores no, porque acaban de ingresar, entonces por ahí hay hacer preguntas en portugués o explicar en portugués.

Varios pueden ser los factores que han contribuido a que esta situación se genere dentro de este contexto plurilingüe, apuntamos algunas de ellos:

Primero, como lo vimos anteriormente y en concordancia con Elizaincín (2007), el lugar importante que tienen los flujos migratorios como motores de contacto y las dinámicas de concepción de Estado o Institución. Para el autor, el contacto que emerge en situación de migración y desplazamiento de población es diferente al que se da en las fronteras donde hay contacto.

> *Ello lleva a distinguir, por un lado, el contacto promovido por estas razones, que se dan en el seno de la sociedad receptora, dentro de los límites de un estado (hispanos en Estados Unidos, hispanoamericanos en España, turcos en Alemania, etc.), del que surge en las fronteras entre países diferentes, usuarios o no de lenguas diferentes (frontera*

Estados Unidos/México, España/Portugal, Uruguay/ Brasil, etc.) (Elizaincín, 2007, p.121).

Como lo vimos en el apartado anterior, sobre la inmigración y frontera, los hispanohablantes se encuentran en una situación más similar a la de un inmigrante. Igualmente, la UNILA es una institución brasilera, por lo cual a nivel nacional e institucional toda la comunicación debe llevarse en la lengua oficial del país, lo que es reivindicado como lo vemos a continuación:

> **BR1-11 GF:** (23:34) O que contribui para esses problemas da universidade em geral é o despreparo da grande maioria dos técnicos da universidade nessa questão do idioma. Não estão preparados para receber *tampoco* brasileiros, que dirá, *hispano hablantes*. A questão de toda a documentação formal ser sempre em português, são coisas que realmente tem que melhorar, que cria, além do próprio obstáculo da timidez, se criam esses obstáculos que são concretos, né, de realmente negar, porque muitas vezes as coisas são negadas porque elas estão ali, mas estão em outro idioma, né. E eu acho que são coisas que a gente deve... ainda enfrentam problemas hoje em dia com essa questão, principalmente de documentação referente a questões da universidade.

> **CL2-12 GF:** (39:02) Yo creo que... la Unila ha dado las herramientas, pero no han sido suficientes. Creo que debería capacitar primeramente mucho mejor a sus profesores en general. Me parece que un profesor que no está dispuesto a entender a un estudiante que habla otra lengua, es una actitud violenta hacia el estudiante y es algo que, a mí, realmente me indigna cuando los profesores hacen eso.

> **BO-11 GF:** (24:28) Y hay puntos que son súper importantes, por ejemplo, en el primer semestre, era el tercer mes o algo así, y yo estaba pasando por algunos problemas y fui a desesperadamente hablar con la psicóloga, y yo trataba de explicar lo que me estaba pasando y ella no conseguía entender por completo todo lo que

yo le estaba explicando, y eso en lugar de ayudarme como psicóloga, me dejó más estresada, porque no podía explicarle lo que me estaba sucediendo. Ella entendía sólo una parte y yo buscaba las preguntas para explicarle que era una situación muy compleja y son momentos en que la Universidad debe dar más apoyo a los Estudiantes.

Segundo, y retomando también las discusiones pasadas, la universidad no cumple con una distribución poblacional equitativa de 50% de hispanohablantes y brasileros, este hecho se refleja también en el uso de la lengua. Si hay una sobrerrepresentación del portugués es evidente que las prácticas lingüísticas, comunicativas y académicas se desarrollen en esta lengua.

> **ILAACH-EH Entr.:** (3:52) Eehh... A ver, la clase se presenta en portugués y los materiales... hay un intento de que sea bilingüe... en portugués y en español, pero, el material, me parece que hay más materiales en portugués. /// Aún la intención es que sea también es español.

> **BR-10 GF:** (51:25) Questão de atitude dos brasileiros e, também, eu acho que a universidade podia, podia, como diz o outro, reforçar um pouco mais isso também. Eu acredito que tem muitas linhas de resistências, eu acredito, dentro da instituição, da universidade... (57:58) Coisa também que eu não achei certa, essa questão da diminuição de vagas para estudantes de outros países, eu acho que tem que ser 50% de estrangeiros, 50% de brasileiros, como foi a ideia principal, no princípio da UNILA, que não está sendo cumprida atualmente. Isso é, é um retrocesso [um-hum]. Eu não sei quem foi que mudou isso, não sei se isso veio lá de Brasília, mas eu acho que... mexeram na parte fundamental, principal, o princípio da criação da UNILA, nessa questão da proporção de vagas [um-hum] para brasileiros e para *hispano hablantes*.

> **PY-14 GF:** (39:59) ... pero no tenemos ningún profesor hispano hablante...

Un tercer elemento para resaltar sería el de que la formación y la interacción bilingüe se da principalmente entre los estudiantes o entre estudiantes y profesores y en sala de aula o en ambientes informales. Como lo vimos anteriormente, el equipo técnico-administrativo y los miembros externos de la universidad, además de no tener contacto directo con la población hispanohablante (que son principalmente estudiantes), están amparados por las leyes nacionales donde la lengua oficial es el portugués. Por otro lado, recordamos que es obligatorio única y exclusivamente para los estudiantes, el aprendizaje de la segunda lengua, por lo cual este aprendizaje depende solamente de la voluntad del otro, como lo demuestran estos extractos:

> **BO-11 GF:** (19:02) Y... también hubo una vez un profesor y una chica le hizo una pregunta en español, y él la ignoró completamente la pregunta porque no la entendió y la chica hizo la misma pregunta tres veces. Ahí esta chica le dijo: "profesor, ¿usted no tiene pensado aprender español?". Y el profesor le dijo: "sí, voy a aprender después de terminar mi doctorado" (risas). Entonces, era más tipo.

> **CO-12 GF:** (42:04) ... Pero con los funcionarios de la Unila, eso ahí sí es impresionante, ya sea de sacar un libro, hasta pedir un certificado en la Prograd. Y ahí es donde yo realmente siento la presión de la universidad brasilera, pero con los profesores yo creo que es diferente, por lo menos en mi caso. Ahora con los funcionarios es increíble, porque ellos, no sé, está en la disposición de ellos, en la disposición que ellos tienen cuando se acerca un estudiante, mismo porque hay estudiantes también que tienen una mala disposición con ellos, pero yo por lo menos siento que voy en tono normal, y, sí, me pasa mucho y me molesta mucho, porque en realidad ellos no tienen ninguna, ninguna sensibilidad, ninguna flexibilidad, ninguna comprensión con nada con la persona que ((recurre a ellos)) y yo intento hablar bien, lo más neutral y claro posible y no da, y no da, es casi imposible.

Esta asimetría lingüística acompañada de las asimetrías sociales propias de toda institución, en la que la repartición del poder no es equitativo, pues cada uno de los actores sociales (estudiantes, profesores, técnicos) tiene una función y estatus diferenciado, puede, en efecto, provocar situaciones de conflicto y resistencias que se revelan en la dificultad de aprendizaje:

> **BR1-11 GF:** (21:20) Em alguns casos, no caso em sala de aula, a gente consegue perceber que tem alguns colegas que enfrentam bem mais dificuldades que outros... na questão de idioma. E isso... nos primeiros semestres foi inclusive um dos fatores que levaram muita gente a realmente reprovar nas disciplinas. Os colegas não entendiam e a gente via que eles tinham uma dificuldade. Esse foi, do meu ponto de vista, o maior problema logo no início, dos que chegavam aqui e não tinham tido nenhum contato com o português, geralmente iam mal nas disciplinas, por conta do idioma. Se você não entende o idioma, não tem como conseguir...

> **BR4-14 GF:** (18:29) ...Também das dificuldades que eu vi dos *hispanos* é que... teve uma prova que a gente teve que foi mais extensa e que tinha uns textos no começo, aí eles começaram a ler e se perdiam no meio do texto e não achavam a questão, não sabiam o que tinham que responder....

> **EC3-12 GF:** (43:50) Pero creo que pasa en la universidad. Y, personalmente yo, gusto cuando puedo de hablar en portugués, mismo como un ejercicio personal, pero, sí, es muy molesto cuando tengo que verme presionada dentro de la universidad, que se supone que respeta esta pluralidad, que tenga que expresarme en portugués, porque de otro modo no se puede. Y eso generalmente pasa en las instancias burocráticas, en todas, y creo que muchas veces, los profesores son mucho más permeables, o sea, incluso, si el profesor llega con esa actitud, va a notar que de los estudiantes también va a haber una presión de pedir ser respetados y los profesores van a ceder en ese sentido. Pero no, fuera no, y en las instancias burocráticas también.

> **CL2-12 GF:** (39:02) yo como hispano hablante tengo que hacer un esfuerzo por aprender la lengua del brasilero, pero el brasilero no hace ningún esfuerzo por aprender mi lengua, me parece que es una relación media como de poder. Yo lo interpreto de esa manera. Por otro lado, cuando veo que un profesor no está dispuesto a tolerar esa diferencia, también me parece que es violento. Entonces, creo que, sí, a nivel institucional se deberían dar todas esas herramientas para todos los profesores, para que sea realmente un bilingüismo, o sea, que sea equilibrado, que exista tolerancia y respeto hacia ambas lenguas. Ahora, en mi caso particular ...

Aunque puede haber muchos más factores de análisis, consideramos que sobre estos tres puntos se observa un desequilibrio o diglosia en relación con el uso de las dos lenguas. Y que las directivas lingüísticas institucionales, a pesar de la voluntad de promover el bilingüismo, pueden llegar a ser contradictorias con los objetivos de promoción plurilingüe. Este tipo de situaciones en la que nos encontramos frente a individuos y/o territorios bilingües han sido ampliamente estudiadas. Fishman, uno de los autores más importante en esta área, combina la noción de bilingüismo y diglosia proponiendo cuatro categorizaciones a nivel social: bilingüismo con diglosia, bilingüismo sin diglosia, diglosia sin bilingüismo y ni bilingüismo ni diglosia. En algunos casos, podríamos acercar la situación de la UNILA a una intersección de las tres primeras categorías, pues el panorama no siempre es completamente delimitado y se presentan características y elementos mixtos.

El primer caso, bilingüismo con diglosia lo define García (2011) como: "Where speakers are bilingual and there is a societal arrangement with each of the languages fulfilling a different function" (p.76). En la UNILA, hay individuos bilingües y la posibilidad de uso de las lenguas (español y portugués) está permitida o tolerada tácitamente en casi todos los ámbitos de la entidad; sin embargo, en las cuestiones administrativas y más aún a nivel de orden nacional, es una realidad el hecho de que el portugués se impone frente al español. No obstante, el arreglo social de la distribución funcional de las lenguas no está estipulado ni limitado formalmente pero si es notorio en las prácticas.

En el segundo caso, bilingüismo sin diglosia, vemos también que la UNILA cumple con algunas de esas características: "Where there is much individual bilingualism, but there is not societal arrangement for its maintenance and endurance" (García, 2011, p.76). En este sentido, encontramos que el bilingüismo pasa a ser una condición casi natural del estudiante y del profesor en la UNILA, después del ingreso y la convivencia; sin embargo, el planeamiento lingüístico institucional no abarca a todos los actores de la institución, así como tampoco los programas para la promoción y el mantenimiento del mismo; pues, como lo hemos anunciado las clases de lenguas solo son obligatorias para un público específico.

El último caso, diglosia sin bilingüismo, puede ser considerado es el más próximo a las características de la UNILA, descrito de la siguiente manera por García (2011) "where there is a political societal arrangement so that different languages are spoken in different territories or by different groups, but the groups themselves do not have to be bilingual" (p.76). La UNILA es una institución declarada bilingüe, donde diferentes comunidades o grupos de personas se encuentran para llevar actividades académicas (hispanohablantes y luso hablantes), pero cada uno escoge en la lengua en la que desea llevar la comunicación. En este sentido, encontramos situaciones semejantes en territorios donde se reconoce el multilingüismo, o sea, en los que hay multilingüismo social, pero los individuos no están obligados a ser plurilingües pues pueden efectuar sus actividades en una sola lengua.

Observamos que, según el discurso de nuestros interlocutores en el contexto académico de la UNILA y tomando en cuenta estas situaciones lingüísticas, el caso de la universidad podría ser comparado a lo que se califica como una situación di-lingüística[89] (Borel, 2012), ya que en ella se presenta la coexistencia no sólo de dos sino de tres comunidades lingüísticas principales: los que podrían ser llamados monolingües hispanohablantes, los monolingües lusohablantes y los bilingües.

La población llamada monolingüe (o más bien unilingüe), es porque en su caso, recurre al uso principalmente de una sola lengua y no porque carezca de conocimientos de otras lenguas. Esta categoría podríamos compararla con la de los alumnos, profesores o técnicos administrativos, que recién llegan a este entorno sin nunca haber tenido contacto con la L2 de la institución y que se expresan principalmente en español o en portugués. Asimismo, si regresamos a la categorización inicialmente mencionada, podemos decir también que los "monolingües hispanos o luso hablantes" se aproximan a la situación de diglosia sin bilingüismo, ya descrita. Por lo tanto, la población bilingüe sería aquella que, ya después de un periodo de inmersión, es capaz de comunicarse, comprender y llevar todo tipo de actividades (de diferentes niveles) en las dos lenguas, como el caso de los alumnos más veteranos, los técnicos y los profesores que llevan un buen tiempo dentro de la institución. Conforme con la categorización anterior, en este contexto nos acercamos más a una situación de bilingüismo sin diglosia, pues se trata de un bilingüismo individual.

Esta noción de diglosia y de situación di-lingüística nos sirvió para poder observar y analizar dimensiones más sociales e institucionales, a través del uso de las lenguas y su función. En este orden de ideas, coincidimos con Lüdi y Py (2003), "la notion de diglossie est utile pour désigner la juxtaposition fonctionnelle de deux langues dans une population" (p.13).

---

[89] Para estos autores la situación di-lingüística es la que se presenta en la ciudad de Biena (Biel/Bienne) en Suiza. Estamos aquí comparando con la UNILA únicamente pues consideramos que en la ciudad de Foz do Iguaçu, otras situaciones di-lingüísticas y de diglosia se pueden evidenciar no solo entre el español y el portugués sino también con otras lenguas como el guaraní, el árabe o el chino.

Una vez analizado este efecto de la comunicación bi-plurilingüe, pasamos ahora a tratar un aspecto igualmente relacionado con el mismo tema y un punto neurálgico de nuestro trabajo: la intercomprensión de lenguas próximas. Esta práctica y didáctica constituye un enfoque que desarrolla las competencias plurilingües, a partir de la práctica y el desarrollo de estrategias de comprensión mutua que, al tomar como punto de inicio la semejanza entre las lenguas, facilita el proceso de comprensión (escrita y oral) de una o varias lenguas desconocidas, lo cual hemos observado ampliamente en los discursos que emergen dentro de la practica comunicativa, como lo veremos en la siguiente parte.

8.3 Prácticas intercomprensivas

> *El Mercosur integra a sus países-miembros en torno a una política del lenguaje que fomenta un bilingüismo receptivo en español y portugués, sin necesidad de recurrir al inglés* (R. Enrique Hamel, 2013a, p.335).

Los estudiantes y profesores que llegan a la UNILA, por primera vez, se encuentran confrontados, desde el primer momento, a interactuar, ya sea de forma escrita u oral en español y en portugués, dentro del ambiente académico, sin tener todos un dominio de las dos lenguas.

La intercomprensión como la describen Degache y Melo (2008), es un término multifacético, que se encuentra en un cruce de caminos disciplinarios y está marcado por la diversidad de habilidades lingüísticas desarrolladas, las cuales circulan en diferentes espacios de movilidad o de situaciones. Lo que quiere decir que, debido a todo lo que engloba el concepto (tanto en la práctica como en la didáctica), hay varias formas de entenderlo, de tratarlo y sobre todo de estudiarlo. En nuestro caso, vamos primero a observar el lugar de la intercomprensión como forma de comunicación. Para ello, recordamos la definición de Doyé (2005): "L'intercompréhension est une forme de communication dans laquelle chaque personne s'exprime dans sa propre langue et comprend celle de l'autre" (p.7).

Parece un ejercicio sencillo comunicarse en su lengua[90] y entender la del otro, pero no siempre es la posibilidad más recurrente a la hora de la interacción plurilingüe y por eso vemos cómo en ambientes con características similares, esta posibilidad de comunicación emerge y, en otros casos, no. Por ejemplo, en el trabajo de campo sobre el Eurocorps de Breugnot (2014), a pesar de que esta institución se encuentre en el corazón de Europa (Estrasburgo) y esté compuesta por hablantes de lenguas de la misma familia, con diferentes niveles de proximidad como el francés y el español, o el inglés y el alemán, esta práctica de la intercomprensión no fue observada ni fue recurrente en el trabajo de Breugnot; de igual manera como lo indicaron otros investigadores que estudiaron el mismo entorno. En este sentido, Breugnot (2014) constata con respecto a la intercomprensión que "Cette pratique n'est pas naturelle ni spontanée pour la plupart des locuteurs. A aucun moment, nous ne l'avons vue choisi par les personnels de l'Eurocorps" (p.103). Sin embargo, aclara el autor, que este hecho no significa que la intercomprensión no sea utilizada en otros ámbitos y que su potencial comunicativo no sea eficaz, a pesar de no haber aparecido en sus observaciones, sino por el contrario, el autor considera estas prácticas plurilingües como prometedoras en este tipo de situaciones.

Lo que nos llamó la atención es que en el contexto del Eurocorps, el inglés fue la lengua de comunicación establecida, designada así como lengua franca de comunicación, una vez entró España a formar parte de esta organización. Lo que puede indicar que el establecimiento de políticas o directivas institucionales en cuestión de lenguas puede afectar directamente las prácticas espontáneas de los hablantes como lo constata Breugnot (2014):

---

[90] Cuando se hace referencia al término lengua propia estamos incluyendo no solo la lengua materna, la lengua de uso, la L1 y a toda la "constelación de nociones" que pueden entenderse dentro del mismo (Degache, 2006, p.15 Dabène 1994, p.27).

> *A la création de l'Eurocorps, les deux langues de communication étaient l'allemand et le français, et les personnes renvoyées à Strasbourg devaient toutes avoir des connaissances de l'autre langue. La nécessité de recours à l'anglais est apparue avec l'arrivée des Espagnols, même si la plupart des Espagnols se débrouille plutôt bien en français* (p.62).

Recurrimos a este ejemplo por dos razones de similitud con nuestro contexto. La primera, porque se trata de un ambiente de trabajo, instrucción y comunicación plurilingüe, localizado en los dos casos, en ciudades de frontera, Estrasburgo y Foz do Iguaçu, y en los dos casos compuesto por una población internacional. La segunda, porque el objetivo político que persiguen las dos instituciones, tanto la UNILA como el Eurocorps, a pesar de encontrarse cada una en campos diferentes –la educación y la seguridad militar–, están ligadas a los acuerdos de cooperación y movilidad internacional dentro de los espacios del MERCOSUR y la Unión Europea[91]. A diferencia del Eurocorps, la UNILA no exige, ni obliga a sus hablantes a tener ningún nivel de conocimiento previo de las lenguas de comunicación institucional, en el momento de ingreso. Se supone, en la mayoría de los casos, que la lengua oficial del país de origen es la prueba del conocimiento lingüístico[92] y que a partir de eso se garantiza que haya dominio al menos de una de las dos lenguas institucionales.

---

[91] Es verdad que existen otros ambientes con los cuales podríamos comparar el contexto de la UNILA, ya que pueden parecer más próximos en cuestiones de lenguas y aspectos institucionales como el caso de las escuelas bilingües de fronteras (Programa de educación de Brasil) o bien las universidades plurilingües europeas como Luxemburgo, Suiza o Canadá. Sin embargo, en cuestión de público (adulto), metodología de investigación (trabajo de campo) y ámbitos de movilidad, el trabajo de Breugnot nos pareció muy interesante pues refleja bien ciertas prácticas, dificultades y actitudes que emergen en estos contextos. Asimismo, tanto las dos ciudades de fronteras como las instituciones ya eran conocidas por nosotros.

[92] Recordamos bien que hasta 2014 no hubo ingreso de alumnos haitianos y tanto profesores como alumnos tenían la libertad de

Ahora bien, procedamos a observar las prácticas comunicativas que los diferentes actores relatan. En este caso, comenzamos por los estudiantes y lo comparamos con algunas definiciones de intercomprensión proporcionadas por diversos especialistas o por trabajos sobre el tema.

En este sentido, recordamos la posición de Nussbaum (2012), quien apunta sobre la necesidad del estudio del habla plurilingüe, en la cual se incluye la intercomprensión:

> *Una discusión relevante, en este sentido, es considerar si estas prácticas en que se usan recursos pertenecientes a distintos sistemas lingüísticos deben considerarse, en la investigación, desde un paradigma que contempla las lenguas como realidades separadas o bien desde un paradigma que, alejado de consideraciones normativas, observa la interacción plurilingüe como un tipo específico de comunicación* (Nussbaum, 2012, p.277).

Aunque el concepto de intercomprensión no sea conocido por los hablantes, ni utilizado para describir el proceso de comunicación entre hispanohablantes y luso hablantes, encontramos en las descripciones relatadas, elementos claros que definen la intercomprensión desde el aspecto comunicativo. De esta manera, cuando indagamos sobre las formas de comunicación dentro del aula, las lenguas utilizadas y los modos de comunicación de los hablantes, nos encontramos con una serie de testimonios que encajan plenamente en el concepto de intercomprensión.

Según Martins (2014), "Na dinâmica da intercompreensão, cada um faz uso de sua língua materna ou L1 para se fazer compreender" (p.119). En este orden de ideas, identificamos los siguientes ejemplos:

---

responder a sus obligaciones institucionales en cualquiera de las dos lenguas (español y portugués).

BR3-14 GF: (26:46) Tipo, é como ela falou assim, ela está falando em espanhol e eu estou compreendendo, pergunta algo em espanhol, eu respondo em português, eu não consigo...

ILACVN-EH entr.: (00:56) Bueno, cada profesor tiene su idioma, así, por los argentinos, algunos tratan de hablar en portugués con los brasileiros, pero ellos no tienen problema en que nosotros entreguemos en español o en portugués, es libre. Tanto los profesores brasileros también, dicen que si somos hispano hablantes, bueno, que pregunten en español.

BR1-14 GF: (49:47) E que possa se expressar na língua dela. Nós estamos conversando e você está falando espanhol, eu estou falando português e nós estamos nos entendendo. E acho que fora daqui não vou ter isso aqui em outro lugar.

Cuando recurrimos a las definiciones de la intercomprensión, encontramos que esta práctica es, por un lado, una forma de comunicación plurilingüe, resaltado por los discursos anteriores, pues tanto el español como el portugués hacen parte del repertorio de comunicación, en el que uno de los estudiantes habla en portugués y escucha la respuesta en español o viceversa (resumiendo las diferentes combinaciones posibles[93]) para entenderse mutuamente.

Sin embargo, institucionalmente, el hecho de que las directivas o indicaciones establecidas por la universidad, en el ámbito comunicativo y lingüístico, sean un poco imprecisas,

---

[93] En el Repositorio de Habilidades de Comunicación en intercomprensión multilingüe (REFIC) encontramos una explicación más amplia pues se trata de una guía para la programación de enseñanzas y al mismo tiempo de una herramienta para la evaluación de competencias en intercomprensión. En este documento encontramos un marco de apoyo para definir las actitudes, conocimientos y capacidades en intercomprensión que facilitan la comunicación plurilingüe e intercultural. Asimismo, algunos elementos que permitan la promoción inserción curricular de la intercomprensión, como práctica pedagógica y comunicativa. https://www.miriadi.net/es/refic (Recuperado el 30 de abril de 2020).

amplias, flexibles y, a veces hasta confusas, las mismas permiten a sus hablantes una cierta libertad para escoger y movilizar los recursos que cada uno tiene para poder comunicarse. En este sentido, acudimos al trabajo de Degache (2006), quien realizando un recorrido sobre las diferentes definiciones de la intercomprensión nos recuerda la potencialidad del desarrollo de esta práctica y porqué no pensarla en el ámbito académico, cuando se trata de buscar recursos para la comunicación así: "donner la priorité au développement de l'intercompréhension [...] devrait permettre [...] à chacun d'utiliser sa propre langue tout en se faisant comprendre" (Degache, 1996, p.389).

> **CO-12 GF:** (37:35) ...y yo creo que, si la Unila se ha esforzado en generar en nosotros un cierto bilingüismo, ha sido un bilingüismo muy oral, muy cultural. Es más la sensibilidad que nos generó para entender.

> **BR1-14 GF:** (36:53) Sem dúvidas, um primeiro ponto que os professores e alunos frisam, a todo o momento, é a liberdade de falar na língua em que você foi educado, na língua que você se sente mais confortável, desde que uma delas seja espanhol ou português. E a todo o momento eu ouço isso, todos os dias eu ouço isso pelo menos uma vez, que esta é uma universidade bilíngue e eu posso falar na língua que eu me sinto mais confortável.

Consideramos que el mensaje de Degache de 1996 se materializa y encuentra un eco claramente en la UNILA, a pesar de que el mismo no sea la consecuencia de la aplicación consciente y programada de la didáctica de la intercomprensión, tal como lo establecen los diferentes estudios y proyectos. Sin embargo, las actitudes positivas que los mismos estudiantes relatan, muestra que el reconocimiento del bilingüismo –para los propios actores– está caracterizado por la libertad de poderse comunicar en su idioma y entenderse mutuamente. Así el término no sea utilizado, se observa la acogida de la intercomprensión por parte de la institución, los profesores y los alumnos como una forma de comunicación, instrucción, tolerancia, integración, interacción y bilingüismo concordando con la posición de Capucho (2008):

> *Dans ce sens, l'intercompréhension n'est pas une invention artificielle dans le champ de la didactique des langues, mais tout simplement la reconnaissance de processus naturels et spontanés mis en oeuvre par des individus "non-savants" lors de contacts exolingues* (p.239).

Así, recurrimos a los siguientes extractos para ilustrar nuestro análisis:

> **BR3-11 GF:** (03:46) Sim, também a compreensão assim de ambas partes, porque muitas vezes você queria é... se comunicar com uma pessoa, tal, e às vezes você conseguia entender, mas também existe uma compreensão das duas partes, não só da minha, mas a outra pessoa também e... com isso você vai criando tipo um vínculo para trocar informação e experiências, ah, fala assim, esse termo é... se adequa a isso e... também essa, essa necessidade talvez de querer entender o idioma para você conseguir conversar com a pessoa que não é da mesma língua sua, então, para você criar mais amizade, tal, isso foi bem legal assim.

> **EC2-12 GF:** (33:58) A veces uno se siente más cómodo hablando su lengua materna que el portugués, porque a veces también te da miedo decir algo que no era.

Como observamos, dentro de la intercomprensión no solo se recurre a la movilización de conocimientos y destrezas puramente lingüísticas, pues el objetivo comunicativo va más allá de la transmisión de información, ya que se pretende llegar a la comprensión del otro, a pensar el lugar del otro dentro de la interacción, a resolver problemas de comunicación instantáneos y de aprendizaje, tomando en cuenta la diversidad de lenguajes y culturas y, por ende, a establecer puentes de contacto e interacción entre las naciones y pueblos que conforman el espacio, en este caso, latinoamericano.

Para concluir esta primera etapa retomamos la definición de intercomprensión propuesta por Degache (2006):

> *il s'agit d'abord de s'efforcer à comprendre l'autre, puis d'employer des moyens jugés aptes à se faire comprendre, donc ouverts à la négociation et portant, bien entendu, sur le choix du code linguistique, mais pas seulement tant il est vrai que l'intercompréhension reste trop souvent entendue au niveau linguistique, alors que, comme le souligne Blanchet (2004), elle ne relève pas «que de la proximité typologique, mais aussi d'autres proximités – gestuelles, culturelles, sociales...– et de l'implication des locuteurs»* (p.21).

Conforme a esta definición y aplicada al contexto de la UNILA, vemos que tanto estudiantes como profesores son conscientes no solo de la necesidad de comprensión mutua sino del esfuerzo requerido en este tipo de interacciones, pues de su éxito depende también el proyecto institucional y educativo. La compresión mutua es para los profesores esencial en su trabajo, como para los estudiantes es obligatoria en su desempeño académico.

La comprensión mutua no depende únicamente de cuestiones lingüísticas como lo aclara Degache, sino también de una serie de factores de diferente índole (sociales, identitarias, didácticas, culturales) que contribuyen y promueven la comprensión y la interacción plurilingüe. Es este sentido, expresan los profesores algunas reflexiones acerca de su experiencia didáctica de comunicación e interacción en este entorno plurilingüe con respecto al aprendizaje, a las actitudes y a las percepciones de este proyecto de la UNILA.

> **ILACVN-PH Entr.:** (02:05) ... yo pienso que hay alumnos a los que lo beneficia el hecho de tener más cosas para estudiar, les resulta fácil aprender, incluso es una... es un plus, un crédito más, estudian más entonces acaban desarrollando más el aprendizaje ((indescifrable)). Pero los que ya tienen dificultades

así... de aprendizaje, o dificultad porque son más tímidos, depende de la persona, ahí entonces acaba complicando. Yo veo que el que no entiende, no entiende la materia porque la materia es difícil, entonces ahí no pregunta ni en español ni en portugués, a pesar de que saben que tienen las dos posibilidades, entonces acaban no aprendiendo..

ILAESP-PB Entr.: (1:10) Se eu recebo uma resposta de um baiano em português numa aula que é normalmente dada em espanhol, essa resposta, ela vai em português, porque parece que ela facilita a comunicação e compressão, o diálogo se estabelece, sempre levando em consideração aquilo que parece, é, é, facilitar a, a comunicação e a compreensão mútua.

ILATIT-PH Entr.: (02:09) Una grande ventaja que yo veo es que el alumno se ve forzado, utilizando la palabra "forzado" de la mejor forma, forzado a mejorar su desempeño, o sea, a sacarlo de esa caja de confort que tenemos los estudiantes convencionales y un grande beneficio es que, cuando ellos regresen a sus países, tendrán una... serán más maduros, serán más maduros en el sentido de tomar mejores decisiones, de estar más inestables dentro de su formación, y seguramente será un diferencial para, para que de aquí a unos cuatro o cinco años, no tengo la menor duda, que, que será así.

ILAACH-PB Entr.: (4:35) dar aula não é uma coisa simples e quando nós começamos a discorrer, a pensar, a discutir teorias, questões práticas, nós funcionamos numa velocidade que é muito diferente e só a própria língua consegue definir algumas questões. Então foi um exercício muito interessante, de eu ter que dar uma aula usando uma língua que não era a que eu estava acostumada para pensar todas essas questões, mas foi muito interessante e eu inclusive sinto falta. Porque é... eu não tive mais essa experiência. E quanto menos se fala, menos se aprende, infelizmente (7:40) (...) Às vezes as pessoas falam assim, cada um... fala-se português, fala-se espanhol, se faz compreender, tudo OK. Não... eu acho que é uma questão maior, ele é um esforço maior pra tentar compreender questões que não são só da língua, eu acho que não é só bilinguismo assim, eu acho que é mais... é uma questão cultural mesmo, porque a língua. É cultural.

Los hablantes confirman así la necesidad de una comprensión mutua en contextos plurilingües académicos y como consecuencia de ello, la movilización de una diversidad de recursos lingüísticos, cognitivos, didácticos, sociales y culturales, lo cual confirma que: "l'intercompréhension n'est pas la conséquence automatique d'une certaine proximité linguistique" (Blanchet, 2004, p.34), sino que, para que de ambas partes se pueda llevar a cabo una comunicación coherente y un proceso de enseñanza /aprendizaje eficaz, se deben considerar una serie de procedimientos y estrategias de intercomprensión que los mismos actores consciente o inconscientemente elaboran, planifican y mejoran a medida que se van integrando y adecuando a las circunstancias del contexto particular bilingüe y multicultural de la universidad.

Si bien, podemos decir que el recurso a la intercomprensión en la UNILA puede visualizarse como la forma de comunicación bi- plurilingüe, a gran medida, es posible que este recurso comunicativo no sea utilizado todo el tiempo. Como no tenemos elementos para decir en qué momento o hasta qué etapa los individuos utilizan la comunicación en intercomprensión, no nos atrevemos a proponer generalizaciones. Lo que si es un hecho es que esta práctica comunicativa y de aprendizaje ha encontrado un eco en la comunidad de la UNILA y, probablemente, podrá ser una herramienta interesante para explorar dentro de los procesos de integración regional como en el MERCOSUR.

En este orden de ideas, la constatación que De Castilho (2008) anunciaba con cierto asombro y mencionando la necesidad de una investigación lingüística en nuestro territorio: "A experiência escandinava mencionada por Born (1996), aparentemente refletida na proposta de Claire Blanche-Bienveniste e na ideia de intercomunicabilidade românica de Jurgen Schmidt-Jensen, parece não ter encontrado eco entre nós";

(p.142), hoy, en 2016, con el ejemplo de la UNILA, y tal vez con muchos otros ejemplos, podemos mostrar que si tiene lugar.

Al analizar la comunicación bi-plurilingüe en torno a categorías observadas como la situación di-lingüística, la diglosia y la intercomprensión, estamos en el centro mismo de lo que contemplan las competencias plurilingües y culturales, como lo indica Nussbaum (2012):

> *la competencia plurilingüe no es la suma de competencias en diversas lenguas o variedades, sino una competencia nueva y original que contiene elementos estabilizados de variedades lingüísticas y de formas de comunicar, así como formas inéditas, acuñadas ad hoc por los participantes en instancias precisas de la interacción y para alcanzar propósitos prácticos* (p.274).

Esta competencia permite a los hablantes, el desarrollo de capacidades y recursos para interrelacionar y mezclar saberes adquiridos en diversas situaciones y así construirlos de forma innovadora en la interacción. Por ello, estudiar bajo esta perspectiva, las experiencias de los estudiantes y profesores en la UNILA, además de visualizar ese conjunto de capas constituyentes de una imagen global, nos ha permitido ver el potencial didáctico y cultural inherente en las prácticas plurilingües y en las interacciones sociales. Por tanto, concluimos este capítulo recogiendo las voces de los propios actores sobre esta experiencia bi- plurilingüe que no solo resultó enriquecedora en el campo lingüístico sino humano:

> **AR2-14 GF**: (45:41) Para mí Unila es un espacio integrador de ideas y de intercambio que no sólo es lingüístico, sino que la lengua es una herramienta de transmitir ideas. Y la lengua va mucho más allá, porque no existe sin el humano, quien las produce y las colectiviza, entonces, me parece que Unila es un espacio donde confluyen estructuras más que lenguas.
>
> **PY-14 GF**: (52:08) Cuando pensamos en Unila, no pensamos en un carácter bilingüe, sino en algo más intercultural, ya no da para

clasificarla en dos idiomas, sino que llegas acá y ves una diversidad cultural demasiado grande, tanto que, si cualquiera de nosotros quisiera irse a cualquier otra Universidad, diría: "*que coisa mais sem graça*", dónde está el bilingüismo. No se puede encuadrar o clasificar las personas aquí, te acostumbras a la idea de un montón de cosas diferentes, pero juntas, a pesar de ser hasta extrañas para tu cultura.

BR1-14 GF: (51:43) É por isso que eu disse para mim a Unila não é bilíngue, é mais do que isso, é plurilíngue, porque a língua funciona, como você mesma disse, de uma forma em que comunica culturas e estruturas, a cultura de cada um, e não estamos falando de dois países, estamos falando de 11 países com culturas diferentes.

Discusiones y Conclusiones

> *Los procesos de integración regional requieren de instrumentos para su consolidación (...). La lengua, referente primordial para la cristalización de identidades, se presenta una vez más como un instrumento válido para avanzar en la construcción, en este caso, de una cultura de globalización.*
>
> Graciela Barrios (2006, p.12)

En esta última parte, nos proponemos sintetizar la manera como abordamos nuestras preguntas de investigación y los objetivos, haciendo también un recorrido por los procedimientos que nos condujeron a los resultados aquí expuestos.

Este trabajo de investigación se planteó, esencialmente, la exploración de las diversas interpretaciones y prácticas lingüísticas que emergen de un terreno bilingüe y de contacto lingüístico y cultural como el que propone la Universidad Federal de Integración Latinoamericana (UNILA). En este sentido, comenzamos por indagar los aspectos relacionados con las formas y situaciones en la que los intercambios bi-plurilingües se manifestaban dentro de la institución y, al mismo tiempo, hacer una lectura comparada entre la documentación institucional y las prácticas sociales. El interés por centrar nuestro estudio en esta institución se debe al carácter inédito de este proyecto académico en América Latina, al tratarse de una institución bilingüe en portugués y español (lenguas romances), lo cual ofreció un terreno amplio y una amalgama en prácticas intercomprensivas.

Inicialmente, partimos de la premisa de una cierta ausencia de lineamientos por parte de las directivas de la UNILA, que estipularan el uso de las lenguas y su contexto dentro de la universidad. Esta situación permite un cierto marco de libertad de elección, en el uso de una lengua, según la circunstancia y la posición del hablante. Uno de los aspectos estructurales de la investigación tuvo como propósito analizar cuáles eran las circunstancias o situaciones que inducían al estudiante o profesor a la elección de una lengua, ya sea su L1 o su L2, o a recurrir a las formas de comunicación bi-plurilingüe. Observamos que, generalmente, debido a situaciones externas, el hablante se ve obligado a adaptarse a formas de comunicación delimitadas por diversas circunstancias, como el contexto geográfico, su posición o rol en la institución y su identificación, conforme a las políticas lingüísticas nacionales.

A partir de la lectura detallada de documentos oficiales, encontramos una falta de directivas o lineamientos específicos que estipularan sobre el uso de las lenguas y su contexto dentro de la universidad. Al mismo tiempo, hallamos un vacío en la reflexión o sustento teórico alrededor del concepto del bilingüismo como pilar de un proyecto pedagógico. Sin embargo, esta situación de "ausencia de lineamientos", aunque puede tener múltiples interpretaciones, proporciona una cierta libertad al hablante para la elección del código lingüístico por utilizar en una u otra circunstancia y permite potencializar las posibilidades de comprensión mutua y las prácticas intercompresivas. Pues, si bien se encuentran dificultades a la hora de las interacciones entre hablantes de diferentes lenguas, la intercomprensión es un instrumento de comunicación y de transmisión de saberes privilegiado en este entorno. Esta posibilidad de comunicación bi-plurilingüe es, en primera instancia, una herramienta de contacto entre población hispanohablante y luso hablante y facilita las actividades didácticas e institucionales. Las clases en la UNILA son impartidas en las dos lenguas y los trabajos académicos presentados por los estudiantes, tienen este mismo perfil, lo que contribuye a una visión lingüística integrada en los estudiantes y estimula el desarrollo de habilidades comunicativas en el ámbito bi-plurilingüe.

Como quedó demostrado en el marco teórico y metodológico, son evidentes las ventajas y el interés existente en la aplicación de la metodología etnográfica, para el estudio de las prácticas comunicativas y de los recursos lingüísticos utilizados por interlocutores plurilingües. Para ello, nos servimos de los aportes y herramientas que disciplinas como la sociolingüística, la antropología y la etnografía de la comunicación ponen a disposición, para observar y describir las formas de comunicación y los repertorios plurilingües que emergen del contacto entre hispanohablantes y lusohablantes, en el contexto académico de la UNILA. Como indica Nussbaum (2012): "Se trata de estudiar el contacto de lenguas allí donde se produce; es decir, en las actividades de los hablantes, para determinar cuándo, cómo y para qué las personas emplean formas pertenecientes a más de un sistema lingüístico" (p.273). En este sentido, la aplicación de la metodología etnográfica, mediante un trabajo de campo y una inmersión en el contexto de estudio fue esencial y brindó, a pesar de las dificultades encontradas, una serie de datos, además de una experiencia única al propio investigador. Sabemos que, tratándose de un estudio en ciencias del lenguaje, era importante explicar y justificar nuestra elección por un enfoque etnográfico, el cual fue abordado ampliamente en las dos partes correspondientes al marco teórico y metodológico.

La segunda parte de este trabajo correspondió a la contextualización y metodología, en las que se explicó detalladamente el terreno al cual fuimos confrontados, retomando las discusiones sobre la educación universitaria en América Latina, el papel del MERCOSUR en los procesos de integración regional y la articulación entre estos dos aspectos reflejados en la creación de la UNILA, una universidad integradora, bilingüe e interdisciplinar. Esta articulación la resume Hamel (2013a) de la siguiente manera:

> *El Mercosur integra a sus países-miembro en torno a una política del lenguaje que fomenta un bilingüismo*

> *receptivo en español y portugués, sin necesidad de recurrir al inglés. En el campo científico y de la educación superior, esta integración avanza con el reconocimiento recíproco de los diplomas y grados y un sistema creciente de movilidad profesional y de certificación mutua de dominios del español y portugués. En 2010 Brasil fundó (UNILA) que funciona de manera bilingüe en español y portugués* (p.335).

De esta forma, y una vez inmersos en el contexto académico de la UNILA y expuesto el enfoque metodológico, igualmente, las herramientas de recolección y la explicación de los datos obtenidos, contenidas en la parte 2, (2.3) *Diseño metodológico: procedimientos, técnicas, herramientas de recolección de datos y de análisis,* aportan los datos cualitativos que constituyeron el corpus, compuesto de observaciones, entrevistas y grupos focales, que permitieron la construcción de un conjunto de narrativas personales y colectivas que, posteriormente, fueron tejiéndose con los conceptos teóricos en el análisis, con el fin de crear, en un sentido analógico, nuestra propia mola kuna; es decir, ese tejido multicolor a varias voces y conformado por la superposición de capas que, aunque de cerca parece un laberinto, observado a distancia, crea una imagen global y un paisaje compuesto de elementos entrelazados, como resultado de la experiencia investigativa. Recurrir a la metáfora de la MOLA KUNA nos permitió, por un lado, representar lo que realmente percibimos de este estudio: las diversivas capas y elementos encontrados, que superpuestos crean una especie de imagen de la práctica lingüística general. Por otro lado, este tejido tiene un valor simbólico importante pues es un arte textil elaborado por los indígenas Kuna, una comunidad colombiana y panameña principalmente. Es la labor de las mujeres Kunas entrelazar en las MOLAS la literatura oral, las creencias, la memoria colectiva y su percepción del universo.

Desde esta misma perspectiva, la tercera parte contiene el análisis estructurado a través de la selección de categorías, inspiradas en la propuesta de análisis de contenidos, con el propósito de tejer una interpretación propia, y a la vez, responder a las preguntas de investigación. Asimismo, tuvimos que proporcionar al lector una explicación detallada sobre el tratamiento de la dimensión narrativa, pues no es evidente describir y crear una imagen de una situación, a partir de la voz, los relatos y las experiencias de los otros. Por ello, el capítulo 1 de esta tercera parte *Discurso y situación* fue dedicado a este fin.

A partir de los hallazgos, se fundamenta el material por medio de la descripción del paisaje lingüístico, como metodología para responder a uno de los planteamientos iniciales: ¿Cuáles son los procedimientos que los estudiantes y los profesores utilizan para comunicarse y entenderse mutuamente, en el entorno bilingüe/multilingüe que propone la UNILA?

Nos servimos, primero, de la división por situaciones de aprendizaje (formal, no formal e informal) describiendo y observando las lenguas que eran utilizadas en cada una de estas situaciones y de qué manera los actores sociales se servían y se apropiaban de su repertorio lingüístico. Aspectos relevantes concluyentes: 1) en espacios formales, el español y el portugués eran las lenguas principales de uso, en concordancia con las directivas institucionales; 2) en un ambiente bilingüe de aprendizaje hay una diversidad de combinaciones posibles para el uso de las lenguas de enseñanza, a la que se suman también otras formas de lenguaje como el lenguaje no verbal, alternancia de lenguajes y situaciones de interlingua como el portunhol /portuñol; 3) este contexto permite una gran libertad y flexibilidad en la comunicación; 4) se evidencia una cierta oposición entre las materias lingüísticas y no lingüísticas, pues parte del bilingüismo institucional está representado en la enseñanza de las lenguas adicionales. En este sentido, consideramos que una reflexión en torno a los enfoques plurales y al aprendizaje integrado de contenidos y lenguas extranjeras aporta en gran medida al proyecto institucional.

En lo que concierne a las situaciones informales de aprendizaje, concluimos que: 1) El aprendizaje en contextos informales y la interacción extra institucional ha contribuido positivamente al desarrollo de la conciencia lingüística y a la práctica de la interacción plurilingüe; 2) Estos ambientes son plurilingües y permiten la circulación de lenguas y lenguajes como las lenguas indígenas, las variantes del español y portugués y las lenguas de herencia, muchas de ellas no contempladas en la UNILA; 3) A través del análisis del componente étnico y de las nacionalidades de la población, se evidencia la presencia de un número importante de variedades lingüísticas y de lenguas; 4) La inscripción de la UNILA en el contexto nacional (Brasil) y local (Foz do Iguaçu) afecta directamente el equilibrio del uso y la percepción de las dos lenguas (español y portugués) y de sus hablantes, porque la situación de aprendizaje lingüístico de los hispanohablantes se aproxima más a la situación de un inmigrante y del aprendizaje de una L2, mientras que los brasileros se encuentran en situación de aprendizaje de una lengua extranjera, a pesar de la proximidad con usuarios y territorios de lengua española. Esta reflexión no está contemplada en ninguna directiva o justificativa institucional.

Partiendo de la sociolingüista de contacto, analizamos, posteriormente, los elementos relativos a la identificación y a las marcas transcódicas, situaciones que emergen de la convivencia e interacción entre hablantes plurilingües. En el primer caso, por medio de los discursos sobre identidad y alteridad pudimos extraer dos categorías de identificación presentes: los hispanohablantes y los brasileros o *lusofalantes*. En estas categorías hallamos elementos lingüísticos, simbólicos y culturales compartidos por el colectivo dentro de la institución, que rompen con las marcas fijas por la concepción de Estado nacional y fronteras territoriales.

En el segundo caso, el de las *marcas transcódicas*, pudimos analizar fenómenos de interferencia lingüística como préstamos lingüísticos, alternancia códica o extranjerismos neutralizados. A través de los extractos, consideramos que estos fenómenos están relacionados con el vocabulario académico y tienen una funcionalidad en el contexto universitario plurilingüe, como la de evitar malentendidos culturales o proporcionar explicaciones. Por ejemplo, los préstamos lingüísticos analizados corresponden a términos académicos que no tienen un equivalente exacto en la otra lengua como *turma, calouro,* y *relatório*. Todos estos elementos son el reflejo de una predisposición al préstamo, una actitud tolerante frente al contacto y la innovación, que emergen de la interacción plurilingüe, lo cual se sustenta con la explicación que proporciona al respecto Nussbaum (2012):

> *Por lo tanto, más que como activación de un conjunto de reglas, la gramática en la interacción debe ser entendida como el despliegue de procedimientos dinámicos, cuyas formas se ajustan al contexto y se ordenan de manera local y en tiempo real en la actividad en curso. Las formas lingüísticas, a pesar de que pueden sedimentarse por el uso reiterado, son, en gran manera, maleables, moldeables y reconstruidas en una 'gramática emergente'* (Hopper, 1988; Mondada, 2001), *plasmada en actividades de bricolaje orientadas hacia doing speaking of a language* (Mondada, 2004; Lüdi, 2011, p.273).

En la última parte del análisis, *Contacto y comunicación: conversación plurilingüe, asimetrías e intercomprensión*, se pudo establecer la relación entre la política lingüística institucional y las prácticas lingüísticas observadas a través de estos tres conceptos, desde los que se generan aspectos estructurales que responden a la siguiente pregunta de investigación: ¿Cuáles son las posibilidades y limitaciones de la intercomprensión como forma de comunicación dentro de este contexto académico?

En el contexto de la UNILA, diversas manifestaciones de práctica plurilingüe son observadas; no obstante, notamos en los relatos que, sin duda, la intercomprensión es una forma de comunicación y medio de instrucción bastante utilizado en este entorno. En esta perspectiva y con el objetivo de evidenciar el lugar de la intercomprensión, procedimos, inicialmente, a tratar la comunicación bi-plurilingüe. Por medio de este concepto, tejimos el lazo contrastivo entre las directivas e indicaciones institucionales (explícitas o inferidas) en torno al bilingüismo y a las interpretaciones y experiencias de los hablantes, determinando que: 1) La elección de las lenguas en la comunicación académica plurilingüe responde a una intencionalidad y a una función que cada una de estas lenguas presenta en el contexto académico y en la situación de aprendizaje; 2) Frente a las dificultades de comunicación, los actores sociales recurren a una serie de estrategias y procedimientos, con el fin de resolver sus problemas comunicativos, interrelacionando conocimientos adquiridos y nuevos repertorios, para potencializar la efectividad de la comunicación y las actividades de enseñanza y aprendizaje; 3) En esta situación de bilingüismo institucional, al no ofrecer una política y un planeamiento lingüístico explícito y coherente, la responsabilidad del mantenimiento, el planeamiento y el uso lingüístico se ve delegado a los hablantes, en particular, a los profesores y estudiantes.

Recalcamos que la noción de esfuerzo es bastante recurrente en los discursos: esfuerzo en la comunicación, esfuerzo de comprensión mutua, esfuerzo de aprendizaje. Como lo hemos mencionado, queda a cargo del estudiante y del profesor que el proceso de enseñanza y aprendizaje de todas las disciplinas, así como las actividades académicas cumplan sus objetivos. Esta dinámica permite observar la necesidad de estudiar a mayor escala el impacto y el potencial didáctico que pueden aportar nociones, no contempladas por la institución, como la autonomía del aprendizaje, el aprendizaje a todo momento y a lo largo de la vida, y el aprendizaje integrado de contenido y lenguas extranjeras.

En este ambiente bi-plurilingüe y de contacto lingüístico, las relaciones entre lenguas y hablantes no son completamente homogéneas. Observamos en nuestros datos, indicios de situaciones asimétricas en cuanto a las lenguas y sus usuarios, los cuales analizamos a partir de la noción de diglosia. Si bien este término puede evocar una situación conflictiva, para autores como Lüdi y Py (2003), es a través de la noción de diglosia que puede observarse la relación funcional de dos lenguas en una comunidad. Estas relaciones asimétricas están presentes en el contexto de la UNILA y se reflejan principalmente en el uso y, a veces, hasta en la imposición del portugués como lengua de comunicación privilegiada en el contexto académico e institucional. Amparado por las leyes nacionales brasileras y justificado por la alta presencia de lusohablantes (frente a la población minoritaria hispanohablante), el uso privilegiado del portugués sobre el español es una realidad. Esta asimetría no solo se refleja en el uso de las lenguas sino también se traduce en las relaciones de estatus social y de poder (funcionarios lusohablantes frente a estudiantes hispanohablantes). Los mismos actores relatan las dificultades de aprendizaje y socialización que esta situación conlleva, ya que para muchos significó la reprobación de disciplinas, enfrentar dificultades psicológicas y, probablemente, la deserción escolar (esta última por verificar).

Una vez más, se pone en evidencia la necesidad de una reflexión colectiva sobre la política lingüística de la universidad que implique a todos los actores sociales (profesores, alumnos, técnicos, instituciones y órganos) y que genere una cohesión social que permita el desarrollo, el mantenimiento y una funcionalidad del bi-plurilingüismo académico.

El último aspecto tratado fue el de la intercomprensión entre lenguas próximas, observado en nuestro contexto como forma de comunicación e interacción plurilingüe. Para abordar la intercomprensión como forma de comunicación en el contexto académico bi-plurilingüe tuvimos que hacer un largo recorrido, ya que todas las cuestiones anteriormente expuestas, están interrelacionadas siguiendo dos de los cuatro pasos propuestos en los objetivos específicos de este trabajo: 1) *Describir* la situación lingüística de la UNILA, a través de las experiencias narradas por los actores sociales, con el fin de proporcionar una imagen global de esta situación; 2) *Analizar* los procedimientos de comprensión y comunicación dentro del aula, así como las experiencias de vida de un grupo de estudiantes que ingresaron en la UNILA, en los años 2010-2011-2012 y 2014, desde el reconocimiento de las formas de comunicación empleadas y sus experiencias en este universo académico bilingüe/plurilingüe.

Desde el inicio del análisis, se observó que una de las formas de comunicación académica más recurrente para los hablantes fue la posibilidad de expresarse en su lengua y comprender la del otro. En consonancia con esta situación, exploramos diferentes características y definiciones de la intercomprensión, a partir de los aportes de los especialistas y las contrastamos con el discurso que los estudiantes y profesores proporcionaron sobre lo que para ellos significaba el bilingüismo en la UNILA y cómo ellos lo habían vivenciado. Evidentemente, la palabra intercomprensión no es utilizada y, tal vez, desconocida por los hablantes; no obstante, el concepto de intercomprensión sí es descrito y vivenciado por los actores. Este punto permitió alcanzar el tercer objetivo específico: *observar* el uso espontáneo de la intercomprensión en cuanto a interacción bi-plurilingüe entre hablantes de diferentes lenguas, dentro del contexto académico de la UNILA.

Esta última parte permitió comprobar que en el contexto académico bi-plurilingüe de la UNILA: 1) La intercomprensión como práctica comunicativa y como forma de enseñanza y aprendizaje es altamente utilizada 2) La libertad y flexibilidad que posibilita una política lingüística no delimitada y no explícita, permite a los hablantes desarrollar por sí mismos formas de comunicación e interacción que, aunque no siempre son estables y fijas, pueden resolver naturalmente las necesidades comunicativas y brindar respuestas a esta situación. Por tanto, la intercomprensión se muestra aquí como una respuesta a esas necesidades y como una forma de equilibrar, en cierta medida, las dificultades comunicativas y las asimetrías entre lenguas y hablantes; 3) La comunicación intercomprensiva no emerge por la simple proximidad entre dos lenguas, sino que necesita la voluntad y la disposición de los hablantes para recurrir a esta práctica, así como de un conjunto complejo de procedimientos para la movilización de recursos lingüísticos, cognitivos y sociales, que posibiliten que esta comunicación sea percibida y evaluada como eficaz; 4) La práctica de la intercomprensión despertó en los propios hablantes una conciencia plurilingüe y resultó una experiencia de comunicación multilingüe e integradora de las diferencias y las particularidades de todo el conjunto de culturas que compone la UNILA.

Conscientes de que este trabajo no exploró en todas las dimensiones posibles la amalgama de elementos que pudieron ser observados, descritos y analizados, es importante enunciar algunos aspectos que, por razones teóricas y dificultades técnicas y humanas, no fueron contemplados en la investigación, pero que permitirán un primer paso para reflexiones futuras. En lo que concierne directamente al tema de nuestra investigación, los fenómenos que emergen de la interacción plurilingüe, tres dimensiones por profundizar serían interesantes, debido al nivel de incidencia encontrado en el corpus: la primera de ellas, se trata del interés por llevar a cabo un trabajo más profundo sobre lo que los hablantes llaman: portuñol/portunhol, como un fenómeno del habla plurilingüe.

La segunda, por explorar en profundidad, es la noción de competencia plurilingüe y pluricultural (Coste, Moore, y Zarate, 1997) y de repertorio plurilingüe (Gumperz, 1964, Unamuno y Maldonado, 2012), tanto en el área de la comunicación e interacción como en la didáctica (de todas las asignaturas), ya que probablemente no fue explorada en todas sus dimensiones, como por ejemplo, en la perspectiva inter o pluricultural. La tercera, corresponde a la necesidad de ampliar el debate y el análisis sobre el parentesco lingüístico, así como la influencia de la L2 en la L1, por medio de las nociones de transferencia e interferencia.

En lo concerniente a otros aspectos de la enseñanza /aprendizaje e interacción en contextos universitarios, señalamos la importancia del estudio de la lectura y escritura (la alfabetización) de textos y discursos académicos[94], tanto en lengua

---

[94] La complejidad y la relevancia de este tema se refleja en las múltiples líneas de investigación sobre esta problemática bajo el concepto de entrar en la comunidad discursiva que lee y escribe de una determinada

materna como extranjera, ya que en los países hispanohablantes como lusohablantes, el español y el portugués con fines académicos y profesionales se ha convertido en un problema y en un desafío importante que afrontan la mayoría de universidades. En este orden de ideas, Camargo, Uribe y Caro (2011), apuntan:

> *En primer lugar, y a pesar de la creencia en que los estudiantes que llegan a la universidad han desarrollado estrategias de lectura y escritura adecuadas para asumir con solvencia textos académicos de su especialidad, la experiencia nos demuestra que buena parte de las dificultades de su aprendizaje se deben a fallas en la comprensión y en la incapacidad manifiesta para el desarrollo de escrituras específicas para las cuales, en buena medida, no han sido preparados* (p.13).

Esta discusión no ha sido planteada desde la perspectiva institucional de la UNILA, a tal punto que ni siquiera se imparten ni se ofertan formaciones o asignaturas (obligatorias u optativas), dirigidas al desarrollo de competencias y habilidades de comprensión y expresión de textos académicos, ya sea en lengua materna como extranjera.

En coherencia con la línea de investigación, por último, abarcamos el objetivo propuesto que fue el de *visualizar* las potencialidades y lineamientos pedagógico-didácticos de la intercomprensión y del contacto entre lenguas, como herramienta de comunicación y adquisición, para facilitar la integración de los estudiantes y el acceso a la información académica, abordando nuestra reflexión desde una perspectiva más amplia y regresando a los espacios de integración regional en los cuales se enmarca la UNILA.

---

manera. Autores como Bronckart, Halté, Petitjean, Plane, Dolz, Schneuwly, Carlino, Castelló, Camargo, Uribe & Caro, Álvarez, estudian esta dinámica en las líneas de: *academic writing, writing across the curriculum, writing in disciplines, writing to learn.*

El espacio latinoamericano y caribeño presenta como característica, a diferencia de la Unión Europea, que las lenguas oficiales y co-oficiales de los países, que componen los bloques transnacionales citados, en su mayoría son el español, el portugués y el francés, lo cual supone una gran ventaja para el desarrollo y la implantación de propuestas de intercomprensión entre lenguas latinas, sin negar la importancia de las lenguas y dialectos indígenas, vernaculares y de inmigración declarados en varios países como co-oficiales. Todas estas lenguas pueden incluirse en las dinámicas de intercomprensión, lo cual no solo permitiría la promoción del plurilingüismo sino también un proceso de tolerancia, respeto y sensibilización hacia lenguas y lenguajes que fueron durante mucho tiempo silenciados, negados y hasta exterminados del panorama público, nacional e internacional. En este sentido, recordamos la posición de Hamel (2008):

> La nueva relación que emerge entre el español y el portugués como lenguas de integración regional en el Mercosur refleja de hecho una orientación que pretende ampliar y potencializar los "campos enunciativos" (Giamarães, 1999) de ambas lenguas y crear un bi-plurilinguismo aditivo. Cualquier política lingüística que impulse este objetivo no podrá ceñirse a las tradicionales políticas homogeneizadoras del Estado Nacional que se limitaron a estandarizar las lenguas en sus territorios nacionales (p.73).

Cada vez son más las propuestas y las necesidades de abrir espacios de intercambio económico, social y cultural, que promuevan la movilidad, la cooperación y los contactos, pero para que estas propuestas se puedan llevar a cabo, son indispensables diversos puentes de comunicación, esfuerzos de comprensión y la implantación de políticas lingüísticas coherentes. Algunos investigadores apuntan hacia el estudio y la práctica del plurilingüismo no solo como realidad sino como necesidad en el mundo globalizado. Según indica Calvet (2001): "podemos pensar, o esperar, que el plurilingüismo, por la pluralidad y la diversidad que pone en evidencia, por la coexistencia que impone y por los intercambios que permite puede ser un factor de participación, de convivencia, de apertura hacia los demás" (p.6).

De este modo, la intercomprensión se convertiría en una herramienta de comunicación y mediación, de promoción del plurilingüismo y como una forma de mantener y reconocer los dialectos, las lenguas locales, las formas lingüísticas propias de cada país, región y comunidad. Recordamos que los diversos proyectos de intercomprensión no solo abarcan las familias de lenguas europeas tales como germánicas, latinas, eslavas, sino también las referentes a lenguas indígenas como el caso de las familias lingüísticas Pano, Arawak y Quechua (Romani Miranda, *in* Degache y Ferrão Tavares, 2011). Así, para Conti y Grin (2008), la intercomprensión potencializa las competencias de comunicación en relación con el respeto a la diversidad, que garantiza, a la vez, el plurilingüismo de las sociedades y la armonía de las relaciones individuales.

Consideramos que los temas abordados en este trabajo, como la intercomprensión, las alternancias y los repertorios plurilingües, inmersos en el ámbito académico, y descritos a través de la experiencia de los hablantes, presentan líneas interesantes de análisis y pistas para futuras investigaciones. Estas temáticas concentran un gran potencial didáctico que, aplicado a espacios de contacto e integración, puede contribuir enormemente para el porvenir de este proceso, así como para los estudios en didáctica de lenguas que amplíen nuevas perspectivas y campos de aplicación. En este sentido, Gajo y Fonseca (2014) apuntan:

> *Les perspectives sur l'alternance méritent toutefois d'être élargies, ceci selon deux perspectives au moins. Premièrement, il s'agit d'identifier différents niveaux d'organisation discursive et didactique auxquels l'alternance peut intervenir. Entre le niveau micro (affectant les énoncés sous la forme de "code-switching") et le niveau macro (déterminant des choix de langue pour des disciplines, des parties données du curriculum)* (p.87).

De hecho, mediante nuestro análisis hemos observado que la intercomprensión se convierte también en una herramienta que se aplica para contribuir con el proceso de comunicación e integración en la UNILA; de igual modo, favorece la adquisición de contenidos. En este orden de ideas, Gajo y Fonseca (2014) analizan esta posibilidad bajo el nombre de intercomprensión integrada: "Cette approche plurilingue a l'avantage de mettre en rapport le travail à partir de plusieurs langues proches avec des contenus scolaires relevant de différents domaines disciplinaires (mathématiques, sciences, histoire, etc.)" (p.95).

En la intercomprensión integrada, la competencia lingüística y/o comunicativa desarrollada no se limita a la adición o cúmulo de herramientas lingüísticas y discursivas, sino que intenta trabajar todos los recursos disponibles de manera global incluyendo estrategias, procesos de indagación (construcción del pensamiento) y una relación entre lenguas, cultura y conocimientos. En este sentido, la intercomprensión integrada fusionaría diferentes mecanismos propuestos en los enfoques plurales dentro de una misma perspectiva: la didáctica integrada de lenguas y contenidos, el enfoque intercultural, el despertar a las lenguas, la intercomprensión de lenguas emparentadas. Para los autores mencionados, esta integración se refleja en la articulación de tres conceptos fundamentales: 1) *Éveil* (despetar), a partir de la observación de varias lenguas, lo cual visibiliza la transversalidad entre ellas y sus especificidades; 2) *Intégration* (integración), el aprendizaje de lenguas articulado y orientado hacia el uso de varias lenguas, también contribuye a la adquisición de otros conocimientos. *Alternance* (alternancia), si las lenguas de trabajo se alternan en la comprensión, también se pueden alternar en la producción, considerando que se encuentra aplicado e inmerso en el contexto académico y encaminado hacia los objetivos del aula.

A pesar del carácter novedoso y de las ventajas que se pueden percibir al explorar este concepto de intercomprensión integrada, los autores apuntan a que su articulación, aplicación e implantación no emergerá naturalmente, por lo cual, recomiendan apoyarse en procesos de dirección y de didactización, así como en la necesidad de una formación adecuada para los profesores y actores involucrados en este proceso. Además, Gajo y Fonseca (2014) señalan que "Derrière ces mécanismes, on retrouve la notion d'étrangeté qui, elle aussi, ne doit pas être comprise comme un état de fait lié aux langues dites "étrangères", mais comme un principe de travail favorisant le questionnement, y compris dans la L1" (p.96).

Por su parte, autores como García y Wei (2014) proponen una perspectiva similar en educación, bajo el nombre de *translanguagin in education*. Candelier y Schröder-Sura (2015), explican la diferencia de focalización en estas dos perspectivas, de la siguiente manera:

> *Les tenants du translaguaging s'intéressent prioritairement, au départ, à l'éducation bilingue et considèrent que ce qu'ils développent peut s'appliquer à l'éducation en général, alors que les personnes engagées dans les approches plurielles pensent l'emblée à l'éducation en général et estiment que ce qu'ils proposent peut s'appliquer aussi aux enseignements bilingues* (p.17).

Consideramos que estas dos perspectivas (translaguaging y los enfoques plurales), al explorar las convergencias y las complementariedades entre enseñanza/aprendizaje y comunicación plurilingüe, pueden contribuir con el desarrollo de proyectos de educación, en el marco de los espacios de integración regional e intercambio cultural. En este orden de ideas, y bajo una reflexión más amplia y colectiva, se podrían evaluar las posibilidades de aplicación de estas perspectivas para el planeamiento de un currículum educativo plurilingüe adaptado al contexto y a las particularidades de la UNILA y, de esta manera, tejer coherentemente las prácticas comunicativas y culturales, en consonancia con las directivas institucionales y pedagógicas (locales y nacionales), con el propósito de integrar los principios fundamentales de la universidad: integración, bilingüismo e interdisciplinariedad.

Igualmente, la reflexión propuesta en este trabajo, puede aportar elementos para evaluar, desde la experiencia de los actores, las potencialidades de la comunicación plurilingüe y los enfoques plurales en el marco de la educación superior. Del mismo modo, estimamos esencial mencionar las indicaciones metodológicas que sugieren Gajo y Fonseca (2014), a la hora de planificar proyectos de la intercomprensión integrada: "la formation des enseignants, d'une part, et la conception de matériaux didactiques davantage orientés sur l'intégration des paradigmes linguistiques et disciplinaires. C'est dans la conjugaison de ces deux éléments que se trouve, à notre sens, l'avenir de cette méthodologie" (p.95).

Actualmente, la mayoría de currículos educativos incluyen un nuevo propósito: no solo aprender lenguas y asignaturas, sino también aprender a aprender, aprender nuevas formas de ver el mundo, aprender a convivir, a entendernos y a aceptar las diferencias que constituyen la riqueza de nuestra América Latina, para convertir todos estos elementos en herramientas positivas de transformación social.

Biografía

Ángela Maria Erazo Muñoz profesora e investigadora, es Doctora en Ciencias del Lenguaje con especialidad en lingüística y didáctica de la Université Grenoble-Alpes- Francia, Magíster en Didáctica de Lenguas Extranjeras y en Antropología social de la Université de Strasbourg -Francia. Actualmente, ocupa el cargo de profesora adjunta en el Departamento de Mediaciones Interculturales de la Universidad Federal de Paraíba dentro del programa de pregrado en Lenguas Extranjeras Aplicadas a las Negociaciones Internacionales. Actúa principalmente en temas relacionados con el plurilingüismo, la intercomprensión entre lenguas próximas, la didáctica de lenguas, mediación lingüística, etnolingüística, políticas del lenguaje y contextos migratorios. Está vinculada a los programas de investigación MOBILANG de la Universidad de Brasilia (Brasil) y es miembro del Laboratorio de investigación LIDILEM de la Université Grenoble – Alpes (Francia). Tiene una amplia trayectoria en la enseñanza del español lengua extranjera para público universitario en Francia y en Brasil. Igualmente ha participado y coordinado diversos proyectos de investigación y de extensión en instituciones públicas brasileras y francesas. Cuenta con publicaciones en español, francés, portugués e inglés que abordan líneas sobre didáctica de lenguas extranjeras, plurilingüismo, internacionalización y políticas lingüísticas en países como Argentina, Brasil, Estados Unidos, Francia, Italia y Portugal.

Referencias

Abdallah-Pretceille, M. (2013). *L'éducation interculturelle* (4e édition). Paris: Presses Universitaires de France.

Abdelilah-Bauer, B. (2007). *El desafío del bilingüismo: crecer y vivir hablando varios idiomas*. Madrid, España: Ediciones Morata : Ministerio de Educación y Ciencia, Secretaría General Técnica.

Adami, H. (2009). *La formation linguistique des migrants*. Paris: CLE International.

Aguirre Pérez, C., & Vásquez Molini, A. (2004). Consideraciones generales sobre la alfabetización científica en los museos de ciencia como espacios educativos no formales. REEC *Revista Electrónica de Enseñanza de las Ciencias, 3,* (3), 339-362. Recuperado el 30/06/2020, de http://reec.uvigo.es/volumenes/volumen3/REEC_3_3_6.pdf

Alber, J.-L., & Py, B. (1986). Vers un modèle exolingue de la communication interculturelle: interparole, coopération et conversation, ELA *Études de Linguistique Appliquée, 61,* Paris: Didier Érudition, 78–90.

Albuquerque Costa, E., Da Silva, R., & Alas Martins, S. (2014). IC na universidade : perspectivas para o desenvolvimento do plurilinguismo e de estratégias de compreensão em três universidades públicas brasileiras. En S. Garbarino & C. Degache (Eds.), *Colloque IC 2014 – Université Lyon 2 « Intercompréhension en réseau : scénarios, médiations, évaluations »*. Université Lumière - Lyon II. Recuperado el 30/06/2020, de http://ic2014.miriadi.net/programme/

ALFAL. Cuadernos de Lingüística, Asociación de Lingüística y Filología de América Latina. Recuperado el 30/06/2020, de http://www.mundoalfal.org/?q=es/content/cuadernos-de-ling%C3%BC%C3%ADstica

Alonso, L. E. (1994). *Métodos y técnicas cualitativas de investigación en ciencias sociales*. Madrid: Síntesis.

Álvarez Martínez, S. (2008). *Interacciones sincrónicas escritas en línea y aprendizaje del español* (Tesis de doctorado). Université Stendhal Grenoble 3 y Universidad de Lleida, Grenoble- Francia y

Lleida- España.

Ammon, U., Dittmar, N., Mattheier, K. J., & Trudgill, P. (Eds.). (2004). *Sociolinguistics / Soziolinguistik An International Handbook of the Science of Language and Society / Ein internationales Handbuch zur Wissenschaft von Sprache und Gesellschaft*, Berlín, Alemania: Mouton de Gruyter.

Araújo e Sá, M. H., Degache, C., & Spiţa, D. (2010). Viagens em intercompreensão... Quelques repères pour une "Galasaga". En *Formação de formadores para a intercompreensão : princípios, práticas e reptos*. Aveiro: Universidade de Aveiro - CIDTFF – LALE. Recuperado el 30/06/2020, de http://www.galapro.eu/wp-content/uploads/2010/07/formacao-de-formadores-para-a-intercompreensao-principios-praticas-e-reptos.pdf

Araújo e Sá, M. H., & Melo-Pfeifer, S. (Eds.). (2010). *Formação de Formadores para a Intercompreensão, princípios, práticas e reptos*. Aveiro, Portugal: Universidade de Aveiro, (CIDTFF) – LALE.

Araya, J.; Oregioni, M. (Eds.).(2015). *Internacionalización de la universidad en el marco de la integración regional / Fernando Julio Piñero. [et al.]*. Tandil: Grafikart.

Arthur, J., Waring, M., Coe, R., & Hedges, L. (2012). *Research Methods and Methodologies in Education*. United Kingdom: Sage Publications.

Bardin, L. (2013). *L'analyse de contenu* (2a ed.). Paris, France: Presses Universitaires de France, DL 2013.

Barrios, G. (2006). Minorías lingüísticas y globalización: el caso de la Unión Europea y el Mercosur. *Revista Letras, Santa Maria*, (32), 11–25.

Bauer, M. W., & Gaskell, G. (2002). *Pesquisa Qualitativa com o Texto, Imagem e Som*. (P. Guareschi, Trad.) (2da ed.). Petrópolis, Brasil: Vozes.

Bayley, R., Cameron, R., & Lucas, C. (Eds.). (2015). *The Oxford handbook of sociolinguistics*. Oxford, GB: Oxford University Press.

Beacco, J.-C. (2007). *L'approche par compétences dans l'enseignement des langues: enseigner à partir du Cadre européen commun de référence pour les langues*. Paris, France: Didier.

Beacco, J.-C., & Byram, M. (2007). *Guide pour l'élaboration des politiques linguistiques éducatives en Europe*. Strasbourg, France: Division des Politiques linguistiques Conseil de l'Europe.

Bermúdez Jiménez, J. R., & Fandiño Parra, Y. J. (2012). El fenómeno bilingüe: perspectivas y tendencias. *Revista de la Unierversidad de la Salle, 59*, 99–124.

Berthoud, A.-C., Grin, F., & Lüdi, G. (Eds.). (2013). *Exploring the dynamics of multilingualism: the DYLAN project*. Amsterdam, Pays-Bas.

Bigot, M. (2010). *Apuntes de lingüística antropológica*. Argentina: Centro Interdisciplinario de Ciencias Etnolingüísticas y Antropológico-sociales. Universidad Nacional de Rosario. Recuperado el 30/06/2020, de http://rephip.unr.edu.ar/handle/2133/1367?show=full

Billiez, J. (Ed.). (1998). *De la didactique des langues à la didactique du plurilinguisme*. Grenoble: CDL-LIDILEM, Université Stendhal-Grenoble III.

Bisquerra Alzina, R. (Ed.). (2009). *Metodología de la investigación educativa* (2a ed.). Madrid: La Muralla.

Blanche-Benveniste, C., & Valli, A. (Eds.). (1997). *L'intercompréhension:Le cas des langues romanes*. Paris, France: Hachette Edicef.

Blanchet, P. (2004). L'identification sociolinguistique des langues et des variétés linguistiques : pour une analyse complexe du processus de catégorisation fonctionnelle. En *Modélisations pour l'identification des langues et des variétés dialectales* (pp. 31–36). Paris: LIMSI-CNRS y ENST.

Blanchet, P. (2012). *La linguistique de terrain. Méthode et théorie. Une approche ethnosociolinguistique de la complexité Deuxième édition revue et complétée* (2a ed.). Rennes: PUR, Presses universitaires de Rennes.

Blanchet, P., & Chardenet, P. (2011). *Guide pour la recherche en didactique des langues et des cultures*. Paris: Éditions des archives contemporaines (EAC) et l'Agence universitaire de la Francophonie (AUF). Recuperado el 30/06/2020, de http://www.bibliotheque.auf.org/doc_num.php?explnum_id=819

Bloomfield, L. (1933). *Language*. London, GB: G. Allen and Unwin.

Bloomfield, L. (1973). *Aspectos lingüísticos de la ciencia*. Madrid, España: Taller.

Boas, F. (1969). *Handbook of American Indian languages*. (Bureau of American ethnology & B. Smithsonian Institution. American ethnology, Eds.) (Vols. 1–2). Oosterhout, Holanda: Anthropological Publications.

Boni, V., & Quaresma, S. J. (2005). Aprendendo a entrevistar: como fazer entrevistas em *Ciências Sociais. n 1, janeiro-julho*, 2, 68–80.

Bonvino, E., Caddéo, S., & Vilagines Serra, E. (2011). *EuRom5: Ler y compreender 5 líguas românicas*. Madrid, España, Francia, Italia: SGEL.

Borel, S. (2012). *Langues en contact, langues en contraste: typologie, plurilinguismes et apprentissages*. Bern, Suisse: Peter Lang.

Bornes Varol, M.-C. (Ed.). (2011). *Chocs de langues et de cultures? Un discours de la méthode*. Paris: PUV Université Paris.

Breugnot, J. (2014). *Communiquer en milieu militaire international. Enquête de terrain à l'Eurocorps*. Paris, France: Editions des Archives Contemporaines.

Briceño Ruíz, J. (Ed.). (2011). *El Mercosur y las complejidades de la integración regional*. Buenos Aires, Argentina: Teseo.

Bulot, T., & Blanchet, P. (2013). *Une introduction à la sociolinguistique: pour l'étude des dynamiques de la langue française dans le monde*. Paris, France: Éditions des Archives Contemporaines.

Byram, M., Nichols, A., & Stevens, D. (Eds.). (2001). *Developing intercultural competence in practice*. Clevedon, UK: Multilingual Matters.

Calsamiglia, H., & Tusón Vals, A. (2001). *Las cosas del decir, manual de análisis del discurso* (1999a ed.). España: Editora Ariel.

Calvet, L.-J. (1999). *Pour une écologie des langues du monde*. Paris: Plon.

Calvet, L.-J. (2001). Identidades y plurilingüismo. En *Tres espacios lingüísticos ante los desafíos de la mundialización Actas del Coloquio Internacional, París, 20 y 21 de marzo de 2001* (pp. 93–104). España: Organización de Estados Iberoamericanos para la Educación, la Ciencia y la Cultura, OEI, Servicio de Publicaciones. Recuperado el 30/06/2020, de http://dialnet.unirioja.es/servlet/libro?codigo=376664

Calvet, L.-J. (2002). *Le Marché aux langues : Les Effets linguistiques de la mondialisation*. Paris, France: Plon.

Camargo, Z., Uribe, G., & Caro, M. A. (2011). *Didáctica de la comprensión y producción de textos académicos*. Armenia, Colombia: Universidad del Quindío.

Candelier, M., et al. (2012). *CARAP: un cadre de référence pour les approches plurielles des langues et des cultures*. (Centre Européen pour les Langues Vivantes, Ed.). Strasbourg, France: Conseil de l'Europe.Candelier, M. (Ed.). (2003). *Evlang – l'éveil aux langues à l'école primaire*. Bruxelles, De Boek / Duculot

Candelier, M., & Schröder-Sura, A. (2015). Les approches plurielles et le CARAP: origines, évolutions, perspectives. *Babylonia, La Revue pour l'enseignement et l'apprentissage des langues, 3*, 12–19.

Canut, C., & Caubet, D. (2002). *Comment les langues se mélangent: codeswitching en francophonie*. Paris: l'Harmattan.

Capucho, F. (2008). L'intercompréhension est-elle une mode ? *Rev. Pratiques. Linguistique, littérature, didactique*, (139-140), 238–250.

Capucho, F., Degache, C., & Tost, M. A. (2007). Introdução à temática do Colóquio. En guise d'ouverture.... En F. Capucho, A. Martins, C. Degache, & M. A. Tost (Eds.), *Diálogos em intercompreensão; Édition numérique revue et augmentée [CD-ROM]* (pp. 15–20). Lisboa, Portugal: Universidade Católica Potuguesa.

Capucho, F., Martins, A., Degache, C., & Tost, M. A. (Eds.). (2007). *Diálogos em intercompreensão*. Lisboa, Portugal: Universidade Católica Potuguesa.

Carullo, A. M., & Torre, M. L. (Eds.). (2007). *Intercomprension en lenguas romances (InterRom). Propuesta didactica par el desarrollo de estragias de lectura plurilingüe*. Córdoba, Argentina: Del Copista, Universidad Nacional de Córdoba.

Carullo de Díaz, A. M. et al. (2002). InterRom: un proyecto para el desarrollo simultáneo de la comprensión lectora entre lenguas romances. En *Actas del IX Congreso de la Sociedad Argentina de Lingüística*. Argentina.Castellotti, V., & Moore, D. (2002). *Representations sociales des langues et enseignements: guide pour l'élaboration des politiques linguistiques éducatives en Europe, de la diversité linguistique à l'éducation plurilingue*. Strasbourg, France: Division des Politiques Linguistiques (DGIV) :

Direction de l'éducation scolaire, extrascolaire et de l'enseignement supérieur : Conseil de l'Europe.

Castellotti, V., & Py, B. (Eds.). (2002). *La notion de compétence en langue.* Lyon, France: ENS Éditions, DL 2002.

Ceberio, M. H. (2009). *Galanet: prácticas e investigación sobre las prácticas en UNRC - Argentina.* UNERC, Argentina: UNERC, Argentina. Recuperado el 30/06/2020, de http://eprints.aidenligne-francais-universite.auf.org/ 89/1/pdf_Ceberio_Lima-Analyses_sur_pratiques_Public.pdf

Centro Europeo para el Desarrollo de la Formación Profesional - CEDEFOP. (2008). *Glosario de Terminología de la política europea de educación y formación. Selección de 130 términos clave* (2da, 2014a ed.). U.E.: Publications Office of the European Union.

Cervantes. CVC. Diccionario de términos clave de ELE. Recuperado el 11 de junio, de http://cvc.cervantes.es/ensenanza/biblioteca_ele/diccio_ele/

Chaudenson, R., Organisation internationaIe de la francophonie, & Institut de la Fancophonie. (2006). *Éducation et langues: français, créoles, langues africaines.* Paris: L'Harmattan.

Corbetta, P. (2007). *Metodología y ténicas de la investigación social.* (M. Díaz Urgate & S. Días Urgate, Trads.) (Edición revisada). Madrid, España: Mc Graw-Hill Interamericana.

Coste, D. (2005). *Plurilinguisme et apprentissages: mélanges Daniel Coste.* (M.-A. Mochet, Ed.). Lyon, France: Ecole Normale Supérieure, Lettres et sciences humaines.

Coste, D. (2003). Construire des savoirs en plusieurs langues. Les enjeux disciplinaires de l'enseignement bilingue. Association pour le Développement de l'Enseignement Bi/plurilingue.

Coste, D., Moore, D., & Zarate, G. (1997). *COMPETENCE PLURILINGUE ET PLURICULTURELLE : Vers un Cadre Européen Commun de référence pour l'enseignement et l'apprentissage des langues vivantes: études préparatoires* (Division des Politiques linguistiques, COE Strasbourg). Strasbourg, France: Conseil de l'Europe.

Coulmas, F. (Ed.). (1998). *The handbook of sociolinguistics.* Oxford, GB: Wiley-Blackwell Publishers.

Coupland, N. (Ed.). (2010). The handbook of language and globalization. En *The Cambridge Handbook of Language Policy* (p. 676). United Kingdom: Wiley-Blackwell Publishers.

Cruz Neto, O., Moreira, M., & Sucena, L. (2002). Grupos focais e pesquisa social qualitativa: o debate orientado como técnica de investigação. En *ENCONTRO DA ASSOCIAÇÃO BRASILEIRA DE ESTUDOS POPULACIONAIS*. Ouro Preto, Brasil: ABEP. Recuperado el 30/06/2020, de http://www.moodle.ufba.br/file.php/12824/Texto_Pesquisa_Qualitativa.pdf

Cummins, J. (2000). *Language, power and pedagogy*. Clevedon, GB: Mutilingual matters.

Cummins, J., & Swain, M. (1986). *Bilingualism in education: aspects of theory, research, and practice*. London, New York: Routledge.

CVC, I. C. (1997, 2015). Variación lingüística. *Diccionario de términos clave de ELE*. Recuperado el 30/06/2020, de http://cvc.cervantes.es/Ensenanza/biblioteca_ele/diccio_ele/indice.htm#v

Dabène, L., & Candelier, M. (1988). Frontières, étanchéité, perméabilité. *Langues Modernes, 1*, 11–17.

Dahlet, P. (2011). Le plurilinguisme sur un baril de poudre: splendeur d'un idéal et violences des pratiques. En P. Blanchet & P. Chardenet (Eds.), *Guide pour la recherche en didactique des langues et des cultures: approches contextualisées* (pp. 45–60). Paris, France, Canada: Éditions des Archives Contemporaines.

De Castilho, A. (2008). Integrando América Latina através da pesquisa lingüística. En D. Da Hora & R. Marques de Lucena (Eds.), *Política Linguística na América Latina* (pp. 141–147). Joao Pessoa, Brasil: Ideia, Editor universitária.

Degache, C. (1996). *L'activité métalinguistique de lecteurs francophones débutants en espagnol* (Thèse de doctorat). Grenoble, France.

Degache, C. (2000). La notion de "stratégie" dans l'espace interdidactique. En J. Billiez & D.-L. Simon (Eds.), *La didactique des langues dans l'espace francophone : unité et diversité* (pp. 147–159). Grenoble: Université de Grenoble.

Degache, C. (2006). *Didactique du plurilinguisme: travaux sur l'intercompréhension et l'utilisation des technologies pour l'apprentissage des langues* (Vols. 1–2). Grenoble, France.

Degache, C. (2003). Romance cross-comprehension and language teaching: a new trend towards linguistic integration in Europe. The Galanet project solution. Presentado en The International Conference: Teaching and learning in higher education: new trends and innovation, Universidade de Aveiro (Portugal). Recuperado el 30/06/2020, de https://www.funmooc.fr/c4x/ENSCachan/20006/asset/dc2003a.pdf

Degache, C., & Garbarino, S. (Eds.). (2017) *Itinéraires pédagogiques de l'alternance des langues: l'intercompréhension.* Grenoble: UGA, «Didaskein».

Degache, C., & Ferrão Tavares, C. (2011). *Investigação sobre a metodologia de ensino da intercompreensão / Recherches sur la méthodologie d'enseignement de l'intercompréhension* (Chamusca, Edições Cosmos, Vols. 1–1). Santarém, Portugal: Edições Cosmos. Recuperado el 30/06/2020, de http://www.redinter-intercompreensao.eu/numeros-publies/numero-2

Degache, C., & Melo, S. (2008). Introduction. Un concept aux multiples facettes. *Les Langues Modernes, 1,* 7–14.

Del Valle, J. (2014). Lo político del lenguaje y los límites de la política lingüística panhispánica. *Boletín de Filología, Tomo XLIX, 2,* 87–112.

De Pietro, J.-F. (1988). Vers une typologie des situations de contact. *Langage et Société, 43,* 65–89.

De Pietro, J.-F. (1995). Vivre et apprendre les langues autrement à l'école. *Babylonia. La revue suisse pour pour l'enseignement et l'apprentissage des langues, 2*(95), 32–36.

De Pietro, J.-F., Matthey, M., & Py, B. (1989). Acquisition et contract didactique: les séquences potentiellement acquisitionnelelles de la conversation exolingue. En D. Weil & F. Fugier (Eds.), *Actes du troisième colloque régional de linguistique* (pp. 99–124). Strasbourg, France.

De Swaan, A. (2001). *Words of the World: The Global Language System* (Vol. Polity Press). United Kingdom: Cambridge Scholars Publishing.

DGLFLF. (2015). Références: Intercompréhension. Paris, France: Délégation générale à la langue française et aux langues de France.

Dixon, A. P. (2008). Hélgio Trindade habla sobre la creación de la UNILA. *Universidades, vol. LIX*(40), 45–48.

Doyé, P. (2005). *L'intercompréhension, guide pour l'élaboration des politiques linguistiques éducatives en Europe – de la diversité linguistique à l'éducation plurilingue*. Strasbourg: Conseil de l'Europe

Duverger, J. (1995). Repères et enjeux. *Revue Internationale d'Éducation, Enseignements bilingues, 7*, 29–44.

Elizaincín, A. (1992). Historia del español en el Uruguay. En C. Hernández Alonso (Ed.), *Historia y presente del español de América* (pp. 743–758). España: Junta de Castilla y León.

Elizaincín, A. (2007). Ocho precisiones sobre el contacto lingüístico. *Asociación de Lingüística y Filología de la América Latina, 19*, 117–132.

Ellis, R. (2000). *Second language acquisition* (4a ed.). Oxford, GB: Oxford University Press.

Erazo-Munoz, A., & Chavez Sólis, C. (2014). Propuestas plurilingües para la integración latinoamericana: la intercomprensión de lenguas emparentadas como práctica de comunicación y educación. *REVISTA SURES, 3*, 1–17.

Erazo-Munoz, A., & Munoz-Burgos, M. T. (2013). *L'intercompréhension à travers l'expérience des ateliers. Une introduction à la pratique de l'Intercompréhension: expériences et propositions pédagogiques en Centres de Langues*. Saabrücken, Alemania: Editions Universitaires Européenes.

Erazo-Munoz, A. (2016). L'intercompréhension dans le contexte plurilingue de l'Université Fédérale de l'intégration Latino-Américaine (UNILA): expériences, contact et interaction plurilingue. Tesis de doctorado, Université Grenoble Alpes, Grenoble, Francia. Recuperado el 30/06/2020, de: https://tel.archives-ouvertes.fr/tel-01370807/document

Faerch, C., & Kasper, G. (1987). *Introspection in second language research*. Clevedon: Multilingual Matters.

Ferguson, C. A. (1971). *Language structure and language use: essays*. (A. S. Dil, Ed.). Stanford, USA: Stanford University Press.

Fishman, J. A. (1967). Bilingualism with and without diglossia; diglossia with and without bilingualism. *Journal of Social Issues (23)*, 2,

29-38.

Fishman, J. A. (1972). *Sociolinguistics: A brief introduction*. Rowley (Mass.), USA: Newbury House Publishers.

Gadet, F. (2003). *La variation sociale en français*. Gap, France: Ophrys.

Gajo, L. (2006). D'une société à une éducation plurlingue: constat et défi pour l'enseignement et la formation des enseignants. *Synergie Monde, (1)*, 62–66.

Gajo, L. (2013). Le plurilinguisme dans et pour la science : enjeux d'une politique linguistique à l'université. *Synergies Europe n°8 - 2013*, 97–109.

Gajo, L., & Fonseca, M. (2014). Didactique du plurilinguisme et intercompréhension intégrée à la lumière d'Euromania. *Revista MOARA - Universidade Federal do Pará.*, 42, julho, 83–98.

Gajo, L., & Malgorzata, P.-B. (Eds.). (2013). *Français et plurilinguisme dans la science* (REVUE DU GERFLINT). Sylvains-les-Moulins, France: GERFLINT.

Gajo, L., Matthey, M., & Moore, D. (Eds.). (2004). *Analyse de "Un parcours au contact des langues: Textes de Bernard Py commentés*. Paris, France: CREDIF DIDIER.

Gajo, L., & Mondada, L. (2000). *Interactions et acquisitions en contexte: modes d'appropriation de compétences discursives plurilingues par de jeunes immigrés*. Fribourg, Suisse: Editions universitaires Fribourg Suisse.

GALANET. Recuperado el 30/06/2020, de http://www.galanet.eu

Galindo, J. F. (2009). Volviéndose investigador en un contexto intercultural: Las paradojas de la "nueva" artesanía intelectual. *Trabajo y Sociedad, Univeraidad Nacional Santiago del Estero*, (13), XII, 1-11.

Garatea Grau, C. (2011). NOTAS PARA UNA EXPLICACIÓN INTEGRAL DEL CONTACTO DE LENGUAS. *Lingüística, Asociación de Lingüística y Filología de la América Latina, (26)*, 248–259.

García, O. (2011). *Bilingual education in the 21st century: a global perspective* (2a ed.). Malden (MA), USA: Wiley-Blackwell.

García, O., & Wei, L. (2014). *Translanguaging: Language, Bilingualism and Education*. New York: Palgrave Macmillan.

Gargatagli, A. (2007). LA TRADUCCIÓN DE AMÉRICA. *1611 Revista de Historia de la Traducción, Departamento de Filología Hispánica, Universidad Autónoma de Barcelona, (1)*, 1.

Gibbs, A. (2012). Chapter 26: Techniques to Assist with Interviewing. En J. Arthur, M. Waring, R. Coe, & L. Hedges, *Research Methods and Methodologies in Education* (p. 456). United Kingdom: Sage Publications.

Gimenez, T., & De Góes Monteiro, M. C. (Eds.). (2010). *Formação de Professores de Línguas na América Latina e transformação social*. Sao Paulo, Brésil: Pontes Editores. Recuperado el 30/06/2020, de https://pos.letras.ufg.br/up/26/o/formacao_professores.pdf?1354038733%20

Giordan, A., Nivou, R., & Zimmermann-Asta, M.-L. (2015). *Apprendre par l'autonomie: l'appropriation du savoir par l'apprenant*. Lyon: Chronique sociale.

Goffman, E. (1988). *Erving Goffman: Exploring the interaction order*. (P. Drew & A. J. Wootton, Eds.). Cambridge, GB: Polity Press.

Gómez Fernández, R. (2013). *Becoming a Plurilingual Child*. Madrid - España: Bubok Publishing.

González Álvarez, D., Chardenet, P., & Tost, M. A. (Eds.). (2011). *L'intercompréhension et les nouveaux défis pour les langues romanes*. Canada, France: Union Latine, Agence universitaire de la Francophonie.

Gorter, D. (Ed.). (2006). *Linguistic landscape: a new approach to multilingualism*. Clevedon: Multilingual Matters.

Gorter, D., & Shohamy, E. (Eds.). (2009). *Linguistic landscape: Expanding the scenery*. New-York: Routledge.

Gremmo, M.-J., & Poteaux, N. (Eds.). (2014). *La médiation éducative entre dispositif et espace: essai de conceptualisation*. Paris, France: L'Harmattan.

Grin, F., & Conti, V. (2008). *S'entendre entre langues voisines : vers l'intercompréhension*. Geneve, Suisse: Georg.

Grosjean, F., & Py, B. (1991). La restructuration d'une première langue: intégration de variantes de contact dans la compétence de migrants espagnolsà Neuchâtel (Suisse). *La linguistique, (27)/2*, 35–60.

Guber, R. (2001). *La Etnografía, método, campo y reflexividad* (2001a ed.). Bogotá - Colombia: Editorial Norma.

Gumperz, J. J. (1964). Linguistic and Social Interaction in Two Communities. *American Antropologist, 66*(6), 137–153. Recuperado el 30/06/2020, de http://doi.org/10.1525/aa.1964.66.suppl_3.02a00100

Gumperz, J. J. (1982). *Discourse strategies.* Cambridge, GB: Cambridge University Press.

Gumperz, J. J. (1989). *Sociolinguistique interactionnelle: une approche interprétative.* (Centre National de la Recherche Scientifique, Ed.). Paris, France: l'Harmattan.

Gumperz, J. J., & Hymes, D. H. (Eds.). (1972). *Directions in sociolinguistics: the ethnography of communication.* New York, USA: Holt Rinehart and Winston.

Guth, S. (2012). *Robert E. Park: itinéraire sociologique de Red Wing à Chicago.* Paris, France: L'Harmattan.

Hamel, R. E. (1983). *Análisis conversacional: un método de análisis sociolingüístico y pragmático con algunas proposiciones de investigación en México.* México, D.F., México: Centro de Investigaciones y Estudios Superiores en Antropología Social.

Hamel, R. E. (1984). Análisis Conversacional. *Centro de Enseñanza de lenguas Extranjeras de la Universidad Autónoma de México,* 9–89.

Hamel, R. E. (1997). Language conflict and language shift: a sociolinguistic framework for Linguistic human Rights. *International Journal of the Sociology of Language, (127),* 105–134.

Hamel, R. E. (1988). Determinantes sociolingüísticas de la educación indígena bilingüe. Signos. Anuario de Humanidades. Recuperado el 30/06/2020, de http://hamel.com.mx/Archivos-Publicaciones/1988a%20Determinantes%20sociolinguisticas%20de%20la%20educacion%20indigena%20bilingue.pdf

Hamel, R. E. (2000). Políticas del lenguaje y estrategias culturales en la educación indígena. En: Inclusión y diversidad. Discusiones recientes sobre la educación indígena en México, IEEPO (ed.). Oaxaca: IEEPO, 130-167. Recuperado el 30/06/2020, de http://hamel.com.mx/Archivos-Publicaciones/2000b%20Politicas%20del%20lenguaje%20y%20estrategias%20culturales%20en%20la%20educacion%20indigena.pdf

Hamel, R. E. (2008). La globalización de las lenguas en el siglo XXI entre la hegemonía del inglés y la diversidad lingüística. En *Política Lingüística na América Latina* (ALFAL, pp. 45–79). Brasil: Idéia, Editora Universitária.

Hamel, R. E. (2010). L'aménagement linguistique et la globalisation des langues du monde. *2010, (16)*, 1–21.

Hamel, R. E. (2011). *T'arhexperakua -Creciendo Juntos: Insvestigación-accíoncolabotativa y educación Intercultura bilíngüep'urhepecha*. Recuperado el 30/06/2020, de https://www.youtube.com/watch?v=18Uo9TNuZGs

Hamel, R. E. (2013a). El campo de las ciencias y la Educación superior entre el monopolio del inglés y el plurilingüismo: elementos para una política del lenguaje en América Latina. *Trabalhos em Lingüística Aplicada, (52).2*, 321–384.

Hamel, R. E. (2013b). Language policy and ideology in Latin America. En R. Bayley, R. Cameron, & C. Lucas (Eds.), *The Oxford handbook of sociolinguistics* (pp. 609–628). Oxford, GB: Oxford University Press.

Hamel, R. E. (2013c). Multilingual Education in Latin America. En Chapelle, Carol A. (Ed.), *The Encyclopedia of Applied Linguistics*. Iowa State University, USA: Blackwell Publishing Ltd.

Hamers, J. F., & Blanc, M. (1983). *Bilingualité et bilinguisme*. Bruxelles, Belgique: P. Mardaga.

Haugen, E. (1953). *The Norwegian language in America: A study in bilingual behavior*. Philadelphia, USA: Univ. of Pennsylvania Press.

Heller, M. (Ed.). (1988). *Codeswitching: anthropological and sociolinguistic Perspectives*. Berlín, Allemania: Mouton de Gruyter

Heller, M. (2008). Chapter 14: Doing Ethnography. En L. Wei & M. G. Moyer (Eds.), *Blackwell Guide to Research Methods in Bilingualism and Multilingualism* (pp. 249–263). Wiley-Blackwell.

Hernández Sampieri, R., Fernández Collado, C., & Baptista Lucio, M. del P. (2006). *Metodología de la Investigación. Cuarta edición* (4a ed., Vol. 1). México D.F.: Mc Graw-Hill Interamericana.

Holec, H. (1999). De l'apprentissage autodirigé considéré comme une innovation. *Mélanges du Crapel, (24)*, 91–110.

Hovelacque, A. (1876). Ethnologie et ethnographie. *Bulletins de la Société d'anthropologie de Paris*, *(11)*, 298–306. Recuperado el 30/06/2020, de http://doi.org/10.3406/bmsap.1876.9622

Hudson, R. A. (1980). *Sociolinguistics*. Cambridge, Etats-Unis d'Amérique: Cambridge University Press.

ICC, G. de C. Instituto Caro y Cuervo. Recuperado el 30/06/2020, de http://www.caroycuervo.gov.co/

Instituto Cervantes CVC, & Consejo de Europa (Eds.). (2002). *Marco Común Europeo de Referencia para las Lenguas: aprendizaje, enseñanza, evaluación (MCER)*. Madrid, España: Ministerio de Educación, cultura y deporte. Subdirección general de información y publicaciones.

Instituto Mercosul de Estudos Avançados-IMEA. (2009a). *A UNILA em Construção, Um projeto universitário para a América Latina* (Comissão de Implantação da Universidade Federal da Integração Latino-Americana, Vol. I). Brasil: Publicações IMEA. Recuperado el 30/06/2020, de https://unila.edu.br/sites/default/files/files/Unila%20em%20constru%C3%A7%C3%A3o.pdf

Instituto Mercosul de Estudos Avançados-IMEA. (2009b). *UNILA Consulta Internacional Contribuições à concepção, organização e proposta político-pedagógica da Unila* (Vol. II). Brasil: Instituto Mercosul de Estudos Avançados.

International Congress of Linguists. (1974). Sociological Aspects of Semantic Change. En L. Heilmann (Ed.), *Proceedings of the eleventh International congress of linguists: Bologna-Florence, Aug. 28-Sept. 2, 1972* (Vols. 1–2, pp. 853–859). Bologna, Italie: Il Mulino.

Isaac, J. (2009). *Erving Goffman et la microsociologie* (2009a ed.). Paris: PUF, Presses Universitaires de France.

Jamet, M. C. (2010). L'intercompréhension: de la définition d'un concept à la délimitation d'un champ de recherche ou vice versa? Autour de la définition. *Publifarum*, *11*. Recuperado el 30/06/2020, de http://www.publifarum.farum.it/ezine_pdf.php?art_id=144

Johnstone, B., & Marcellino, W. (2010). Dell Hymes and the Ethnography of Communication. *The Sage Handbook of Sociolinguistics*, 1–17.

Kaufmann, J.-C. (2011). *L'entretien compréhensif.* (F. de Singly, Ed.). Paris, France: Armand Colin.

Krashen, S. (1982). *Principles and practice in second language acquisition* (2a ed.). Oxford ; New York ; Toronto: Pergamon Press.

Krueger, R. (1991). *El grupo de discusión: guía práctica para la investigación aplicada.* España: Ediciones Pirámide.

Labov, W. (2006). *The social stratification of English in New York city* (2nd Edition, 1st Edition 1966). Cambridge, BG: Cambridge University Press.

Laime Ajacopa, Teofilo. (2011). *TRILINGÜISMO EN REGIONES ANDINAS DE BOLIVIA.* UNIVERSITÉ CATHOLIQUE DE LOUVAIN, Louvain-La-Neuve, Belgique.

Lam, A. (2001). Bilingualism. En R. Carter & D. Nunan (Eds.), *The Cambridge Guide to Teaching English to Speakers of Other Languages.* Cambridge, GB: Cambridge University Press.

Latorre, A., del Rincón, D., & Arnal, J. (1996). *Bases Metodológicas de la Investigación Educativa* (Ediciones Experienca SL). Barcelona: Hurtado Mompeo.

Lavandera, B. (1988). The Study of Language in its Socio-cultural Context. En F. Newmeyer (Ed.), *Linguistics: The Cambridge Survey.* Cambridge: Cambridge University Press.

Le Page, R. B., & Tabouret-Keller, A. (1985). *Acts of identity: Creole-based approaches to language and ethnicity.* Cambridge, Etats-Unis d'Amérique: Cambridge Univ. Press.

Lévi-Strauss, C. (1962). *La pensée sauvage.* Paris, France: Pocket, 1996, cop.

López Barrios, M. (2009). Intercomprensión en lenguas germánicas: rasgos característicos de la familia lingüística. En *Actas de la XIII Jornadas de Enseñanza de Lenguas Extranjeras en Nivel Superior: Lenguas y diversidad.* UNER, Paraná: UNER.

López Segrera, F. (2007). *Notas para un estudio comparado de la educación superior a nivel mundial. En publicacion: Escenarios mundiales de la educación superior. Análisis global y estudios de casos.* (2007a ed.). Argentina: CLACSO, Consejo Latinoamericano de Ciencias Sociales. Recuperado el 30/06/2020, de http://bibliotecavirtual.clacso.org.ar/ar/libros/campus/segrera/0 3LSegrera.pdf

Lüdi, G. (1991). Les apprenants d'une L2 code-switchent-ils et, si oui, comment ? En *Papers the Symposium on code-switching in bilingual studies: theory, significance and perspectives* (Vol. 2, pp. 47–71). Barcelona: European Science Foundation.

Lüdi, G. (2011). Vers de nouvelles approches théoriques du langage et du plurilinguisme. *Travaux neuchâtelois de linguistique*, (53), 47-64.

Lüdi, G., Centre de linguistique appliquée, & Colloque sur le bilinguisme. (Eds.). (1987). *Devenir bilingue, parler bilingue: actes du 2e colloque sur le bilinguisme, Université de Neuchâtel,, 20-22 septembre 1984.* Tübingen, Allemagne: M. Niemeyer.

Lüdi, G., & Py, B. (2003). *Être bilingue*. Bern, Allemagne: Peter Lang.

Lyons, J. (1981). *Language and linguistics: an introduction*. Cambridge GB: Cambridge University Press.

Mackey, W. (1978). The importation of bilingual education models. En *Georgetown University Round Table on Languages and Linguistic* (pp. 1–18). Washington D.C. (États-Unis).

MacNamara. (1967). The bilingual's linguistic performance: a psychological overview. *The Journal of Social Issues*, (23), 58–71.

Marchiaro, S. (2012). InterRom: experiencias didácticas y formación en intercomprensión en Argentina. En S. Garbarin & C. Degache (Eds.), *Colloque IC 2012 : compétences, corpus, intégration - 21/23 juin 2012 - Université Stendhal Grenoble 3 (France).* Grenoble. Recuperado el 30/06/2020, de http://ic2012.u-grenoble3.fr/index.php?pg=3&lg=fr

Martins, S. A. (2014). A intercompreensão de línguas românicas: proposta propulsora de uma educação plurilíngue. *Revista MOARA, n.42*, 117–126.

Matthey, M. (Ed.). (1997). *Contacts de langues et représentations*. Neuchâtel, Suisse: Université de Neuchâtel.

Matthey, M., & De Pietro, J.-F. (Eds.). (1997). La société plurilingue: utopie souhaitable ou domination domination acceptée acceptée ?. In Boyer, Henri. (Ed.). Plurilinguisme: « contact » ou « conflit » de langues langues? Paris, L'Harmattan, 133-190. Recuperado el 30/06/2020, de (http://lesla.univ-lyon2.fr/IMG/pdf/doc-262.pdf,

Matthey, M. (2003). *Apprentissage d'une langue et interaction verbale: sollicitation, transmission et construction de connaissances linguistiques en situation exolingue*. Bern, Pays multiples.

Meirieu, Philippe. *Petit dictionnaire de pédagogie.* http://www.meirieu.com/DICTIONNAIRE/ dictionnaireliste.html

Meissner, F.-J., Meissner, C., Klein, H., & Stegmann, T. (2004). *EuroComRom - Les sept tamis : lire les langues romanes dès le départ. Avec une introduction à la didactique de l.* Aachen: Shaker Verlag.

Meo, A. (2010). Consentimiento informado, anonimato y confidencialidad en investigación social. la experiencia internacional y el caso de la sociología en argentina. Recuperado el 30/06/2020, de http://www.apostadigital.com/revistav3/hemeroteca/aines.pdf

Ministério da Educação (Brasil), & Universidade Federal da Integração Latino-Americana/ Gabinete de Reitoria. (2012). Estatuto, 32 Portaría 32 de 11/04/2012 27 (2012). Recuperado el 30/06/2020, de https://unila.edu.br/sites/default/files/files/ESTATUTO%20UNILA(1).pdf

Ministerio de Educación, Colombia. Programa Nacional de Bilingüismo-Colombia 2004-2019 (2004). Recuperado el 30/06/2020, de http://www.mineducacion.gov.co/1621/articles-132560_recurso_pdf_programa_nacional_bilinguismo.pdf

Ministerio de Educación de la Provincia de Córdoba. (2012). *Documento de Síntesis de las Orientaciones 2012 - 2015.* Córdoba, Argentina: Ministerio de Educación de la Provincia de Córdoba.

Ministerio de Educación Nacional de Colombia. *Programa Nacional de Bilingüismo* 2004-2019 [pública]. Recuperado el 30/06/2020, de http://www.colombiaaprende.edu.co/html/productos/1685/article-158720.html

Ministerio de la Presidencia de Bolivia. Constitución Política del Estado Plurinacional de Bolivia (2009). Recuperado el 30/06/2020, de http://www.harmonywithnatureun.org/content/documents/159Bolivia%20Consitucion.pdf

Moore, D. (2006). *Plurilinguismes et école.* Paris, France: Didier.

Moore, D., & Brohy, C. (2013). Identités plurilingues et pluriculturelles. En J. Simonin & S. Wharton (Eds.), *Sociolinguistique du contact: dictionnaire des termes et concepts* (pp. 289–316). Lyon, France: ENS éditions.

Muller, C. (2011). *Paroles sur images : Les interactions orales déclenchées par des photographies d'auteur en classe de français, langue étrangère* (Tesis de doctorado). Université Sorbonne Nouvelle - Paris 3, Paris - France.

Negura, L. (2006). L'analyse de contenu dans l'étude des représentations sociales. *SociologieS [En ligne], Théories et recherches, 2006,* 17. Recuperado el 30/06/2020, de http://sociologies.revues.org/993

Nunan, D. (1992). *Research Methods in Language Learning* (17a ed.). New York: Cambridge University Press.

Nussbaum, L. (2012). De las lenguas en contacto al habla plurilingüe (Post-scriptum). En V. Unamuno & Maldonado, Ángel (Eds.), *PRÁCTICAS Y REPERTORIOS PLURILINGÜES EN ARGENTINA* (CREIP, pp. 273–284). Barcelona, Buenos Aires: Universitat Autónoma de Barcelona.

Palacios Alcaine, A. (Ed.). (2008). *El español en América: contactos lingüísticos en Hispanoamérica.* Barcelona, España: Ariel, 2008.

Patton, M. Q. (1990). *Qualitative evaluation and research methods.* Newbury Park, California, USA: Sage Publications.

Pavlenko, A. (2008). Chapter 18: Narrative Analysis. En L. Wei & M. G. Moyer (Eds.), *Blackwell Guide to Research Methods in Bilingualism and Multilingualism* (pp. 311–325). United Kingdom: Wiley-Blackwell.

Poplack, S. (1980). Sometimes I'll start a sentence in Spanish Y TERMINO EN ESPANOL: toward a typology of code-switching. *Linguistics, 18*(7/8.), 581–618.

Poplack, S. (2004). Code-switching. En *Sociolinguistics / Soziolinguistik An International Handbook of the Science of Language and Society / Ein internationales Handbuch zur Wissenschaft von Sprache und Gesellschaft* (2a ed., pp. 589–596) Berlín: De Gruyter Mouton.

Porquier, R. (1979). Stratégies de communication en langue non-maternelle. *Travaux du Centre de Recherche Sémiologiques, Université de Neuchâtel (33)* , 39–52.

Py, B., & Gajo, L. (2013). Bilinguisme et Plurilinguisme. En J. Simonin & S. Wharton (Eds.), *Sociolinguistique du contact: dictionnaire des termes et concepts* (pp. 71–94). Lyon, France: ENS Éditions.

Py, B., Moore, D., Gajo, L., Matthey, M., & Serra, C. (2004). *Un parcours au contact des langues: textes de Bernard Py commentés.* Paris,

France: Didier.

Ramírez, D. (1992). Excecutive Summary. *Bilingual Research Journal*, (*16*), 1–62.

Ressel, B., Colomé Beck, C., Gualda, D., Hoffmann, I., da Silva, R., & Dutra Sehnem, G. (2008). O USO DO GRUPO FOCAL EM PESQUISA QUALITATIVA. *Texto Contexto Enfermagem*, out-dez(17), 779– 785.

Revista X UFPR: *Dossiê Especial: Didática sem Fronteiras*. UFPR. (2014, v2).

Recuperado el 30/06/2020, de http://ojs.c3sl.ufpr.br/ojs/index.php/revistax/issue/view/1899

Revista *Lingüística en el aula* | Departamento Editorial Facultad de Lenguas. Universidad

Nacional de Córdoba. Recuperado el 30/06/2020, de http://publicaciones.fl.unc.edu.ar/node/49

Revista MOARA, Revista do Programa de Pós-Graduacão em Letras No 42 (2014).

Universidade Federal do Pará. Recuperado el 30/06/2020, de http://www.periodicos.ufpa.br/index.php/moara/issue/view/42/showToc

Rinesi, E. (Coord.). (2013). *Ahora es cuando. Internacionalización e integración regional universitaria en América Latina*. Buenos Aires: Colección Educación: Universidad Nacional de General Sarmiento.

Ruiz, R. (1984). Orientations in language planing. *The Journal of the National Association for Bilingual Education*, *8*, 15–34.

Sabatier, C., Moore, D., & Dagenais. (2013). Espaces urbains, compétences littératiées multimodales, identités citoyennes en immersion française au Canada. *Lieux de ségrégation sociale et urbaine : tensions linguistiques et didactiques?* (21), 140–161.

Santos Gargallo, I. (1999). *Lingüística aplicada a la enseñanza-aprendizaje del español como lengua extranjera*. España: Arco Iris.

Simonin, J., & Wharton, S. (Eds.). (2013). *Sociolinguistique du contact: dictionnaire des termes et concepts*. Lyon, France: ENS éditions.

Tassara, G., & Moreno Farias, P. (2007). *Manual Interlat: compreensão escrita em português, espanhol e francês*. Valparaíso, Chile, Chile: Ediciones Universitarias de Valparaíso.

Teodoro, A., & Guilherme, M. (Eds.). (2014). *European and Latin American Higher Education Between Mirrors* (2014a ed.). Boston, USA: Sense Publishers Rotterdam.

Trindade, H. (2013). Por un nuevo proyecto universitario: de la "universidad en ruínas" a la "universidad emancipatoria". (W. G. Rodrigues Antunes, Trad.) Brasil:IMEA *UNILA*, 1–36.

Troncy, C., Pietro, J.-F. de, Goletto, L., & Kervran, M. (Eds.). (2014). *Didactique du plurilinguisme: approches plurielles des langues et des cultures*. Rennes, France: Presses Universitaires de Rennes.

Truscott De Mejia, A.-M., López Mendoza, A., & Peña Dix, B. (Eds.). (2011). *Bilingüismo en el contexto colombiano: iniciativas y perspectivas en el siglo XXI*. Bogotá - Colombia: Ediciones Uniandes.

UDELAR. Historia de las lenguas del Uruguay [Institucional]. Recuperado el 30/06/2020, de http://www.historiadelaslenguasenuruguay.edu.uy/

UFPR Centro de línguas e interculturalidade. Recuperado el 30/06/2020, de http://www.celin.ufpr.br/index.php/o-celin/historia

Unamuno, V. (2003). *Lengua, escuela y diversidad sociocultural: hacia una educación lingüística crítica*. Barcelona, España: Graó.

Unamuno, V., & Maldonado, Á. (Eds.). (2012). *Prácticas y repertorios plurilingües en argentina* (CREIP). Barcelona, Buenos Aires: Universitat Autónoma de Barcelona.

UNESCO, Speller, P., Rob, F., & Meneghel, S. M. (2012). *Desafios e perspectivas da educação superior brasileira para a próxima década* (UNESCO Setor de Educação). Sao Paulo, Brasil: UNESCO, CNE, MEC, 2012.

UNILA. (2013a). Projeto pedagógico ciclo comum de estudos. Recuperado el 30/06/2020, de https://unila.edu.br/sites/default/files/anexo_da_resolucao_009-2013_-_ppc_ciclo_comum_de_estudos.pdf

UNILA. (2013b). Plano de Desenvolvimento Institucional (PDI) da Universidade Federal da Integração Latino-Americana (UNILA), relativo ao quinquênio 2013-2017. MINISTÉRIO DA EDUCAÇÃO -

MEC. Recuperado el 30/06/2020, de http://www.unila.edu.br/sites/default/files/files/PDI%20UNILA%202013-2017.pdf

UNILA. (2013c). Regimento geral da universidade. https://portal.unila.edu.br/institucional/documentos-oficiais/regimento-geral-da-unila, 1-34.

UNILA. A vocação da UNILA | UNILA. Recuperado el 30/06/2020, de https://www.unila.edu.br/es/conteudo/voca%C3%A7%C3%A3o-da-unila

UNILA. Propuesta Pedagógica UNILA. Recuperado el 30/06/2020, de http://www.unila.edu.br/es/conteudo/proposta-pedagógica

Unión Latina | Recuperado el 30/06/2020, de http://www.unilat.org/DPEL/Intercomprehension/Itineraires_romans

Université de Lyon | Lingalog (Institucional). Recuperado el 30/06/2020, de http://lingalog.net/dokuwiki/

Velasco, H., & Díaz de Rada, Á. (Eds.). (2006). *La lógica de la investigación etnográfica, Un modelo de trabajo para etnógrafos de la escuela* (5ta Edición). Madrid: Editorial Trotta.

Villalón, C. (2010). Presentación evaluativa de un Seminario de formación en intercomprensión de lenguas en Valparaíso. *Synergies Chili*, 6, 149–161.

Villalón, C., & Tassara, G. (2014). La intercomprensión de lenguas latinas: una herramienta para el desarrollo del plurilingüismo en Chile. *Colombian Applied Linguistics Journal, Universidad Distrital Francisco José de Caldas Colombia*, 16(2), 277–290.

Villalón, C., Tassara, G., & Moreno, P. (2011). La intercomprensión entre lenguas latinas en las políticas educacionales: el caso de Chile. En D. González Álvarez, P. Chardenet, & M. A. Tost (Eds.), *L' intercompréhension et les nouveaux défis pour les langues romanes*. Montréal (Québec), Canada, France: Agence universitaire de la francophonie.

Warnier, J. P. (1999). *La mondialisation de la culture*. Paris, France: éd. la Découverte.

Wei, L., & Moyer, M. G. (Eds.). (2008). *The Blackwell guide to research methods in bilingualism and multilingualism*. Malden (MA), USA, UK: Blackwell Publishing.

Weinreich, U. (1953). *Languages in contact: Findings and problems* (1rst ed.). The Hague: Mouton.

Werquin, P. (2010). *Reconnaître l'apprentissage non formel et informel.* France: OCDE. Recuperado el 30/06/2020, de http://www.cicic.ca/docs/oecd/rnfil.fr.pdf

Winford, D. (2003). *An introduction to contact linguistics.* Malden (Mass.), USA: Blackwell Publishing,

Woods, P. (1987). La escuela por dentro: La etnografía en la investigación educativa. Barcelona: Ediciones Paidos.

Zarate, G., Lévy, D., & Kramsch, C. (Eds.). (2011). *Handbook of multilingualism and multiculturalism.* Paris, France: Éditions des Archives Contemporaines.

DEEP EDUCATION PRESS

SCIENTIFIC BOARD MEMBERS

Dr. Araceli Alonso, Global Health Institute, Department of Gender and Women's Studies, University of Wisconsin-Madison, USA

Dr. Ronald C. Arnett, Chair and Professor, Department of Communication & Rhetorical Studies, Duquesne University, USA

Dr. Gilles Baillat, Rector, ex-Director of CDIUFM Conference of French Teacher Education Directors, University of Reims, France

Dr. Niels Brouwer, Graduate School of Education, Radboud Universiteit Nijmegen, The Netherlands

Dr. Jianlin Chen, Shanghai International Studies University, China

Dr. Yuangshan Chuang, President of APAMALL, NETPAW Director, Kaohsiung Normal University, Taiwan, ROC

Dr. Enrique Correa Molina, Professor and Vice-Dean, Faculty of Education, University of Sherbrooke, Canada

Dr. José Correia, Dean of Education, University of Porto, Portugal

Dr. Muhammet Demirbilek, Head, Educational Science Department, Suleyman Demirel University, Isparta, Turkey

Dr. Ángel Díaz-Barriga Casales, Professor, Autonomous National University of Mexico UNAM, Mexico

Dr. Isabelle C. Druc, Department of Anthropology, UW-Madison, USA

Dr. Bertha Du-Babcock, Professor, Department of English for Business, City University of Hong Kong, Hong Kong, China

Dr. Daniela Busciglio, University of Oklahoma, Normal, OK, USA

Dr. W. John Coletta, Professor, UW-Stevens Point, USA

Dr. Marc Durand, Professor, Faculty of Psychology and Education, University of Geneva, Switzerland

Dr. Manuel Fernández Cruz, Professor, University of Granada, Spain

Dr. Stephanie Fonvielle, Associate Professor, Teacher Education University Institute, University of Aix-Marseille, France

Dr. Elliot Gaines, Professor, Wright State University, President Semiotic Society of America, Intern. Communicology Institute, USA

Dr. Mingle Gao, Dean, College of Education, Beijing Language and Culture University (BLCU), Beijing, China

Dr. José Gijón Puerta, Professor, University of Granada, Spain

Dr. Mercedes González Sanmamed, Professor, Univ. of Coruña, Spain

Dr. Gabriela Hernández Vega, Professor, Univ. of Nariño, Colombia

Dr. Teresa Langle de Paz, Co-Director of UNESCO Chair on Gender, Wellbeing and Culture of Peace, University of Wisconsin-Madison, USA

Dr. Xiang Long, Guilin University of Electronic Technology, China

Dr. Liliana Morandi, Associate Professor, National University of Rio Cuarto, Cordoba, Argentina

Dr. Joëlle Morrissette, Professor, Department of Educational Psychology, Université of Montreal, Quebec, Canada

Dr. Martha Murzi Vivas, Professor, Univ. of Los Andes, Venezuela

Dr. Thi Cuc Phuong Nguyen, Vice Rector, Hanoi University, Vietnam

Dr. Shirley O'Neill, Professor and Dean, Faculty of Education, University of Southern Queensland, Australia

Dr. José-Luis Ortega, Professor, Foreign Language Education, Faculty of Education, University of Granada, Spain

Dr. Surendra Pathak, Head and Professor, Department of Value Education, IASE University of Gandhi Viday Mandir, India

Dr. Charls Pearson, Logic, Semiotics, Philosophy of Science, Peirce Studies, Director of Research, Semiotics Research Institute, China

Dr. Luis Porta Vázquez, Professor at the National University of Mar del Plata CONICET, Argentina

Dr. Shen Qi, Associate Professor, Shanghai Foreign Studies University (SHISU), Shanghai, China

Dr. Timothy Reagan, Professor and Dean, College of Education and Human Development, Univ. of Maine, USA

Dr. Antonia Schleicher, Professor, NARLC Director, NCTOLCTL Exec. Director, ACTFL Board, Indiana University-Bloomington, USA

Dr. Farouk Y. Seif, Exec. Director of the Semiotic Society of America, Center for Creative Change, Antioch University Seattle, Washington, USA

Dr. Gary Shank, Professor, Educational Foundations and Leadership, Duquesne University, Pittsburgh, Pennsylvania, USA

Dr. Kemal Silay, Professor, Flagship Program Director, Department of Central Eurasia, Indiana University-Bloomington, USA

Dr. José Tejada Fernández, Professor, Autonomous University of Barcelona, Spain

Dr. François Victor Tochon, Professor, University of Wisconsin-Madison, Deep Education Institute, President of the International Network for Language Education Policy Studies, USA

Dr. Brooke Williams Deely, Women, Culture and Society Program, Philosophy Department, University of St. Thomas, Houston, USA

Dr. Jianfang Xiao, Associate Professor, School of English and Education, Guangdong University of Foreign Studies, China

Dr. Dan Jiao, Henan University of Technology, Zhengzhou, China

Dr. Danielle Zay, University of Lille 3 Charles De Gaulle, France

Dr. Ronghui Zhao, Director, Institute of Linguistic Studies, Shanghai Foreign Studies University, Shanghai, China

Other referees may be contacted depending the Book Series or the nature and topic of the manuscript proposed.

Contact: publisher@deepeducationpress.org

DEEP ACTIVISM
BOOK SERIES

Book Series Editors:
Araceli Alonso and Teresa Langle de Paz

Deep politics could challenge the status quo. Examining everyday gender politics and reconceptualizing the position of the citizen, consider that acting on social representations might help the change process to address social hierarchies and inequalities. Our institutional systems do not tolerate critical examination but rather support conformity, norms, standards and obedience. Everyday politic is grounded in ruled relations. Feminist deep activism, rather than focusing on resisting the reproduction of gender hierarchies, centers on a freedom quest, it initiates a process that can create a new terrain for equality. Thus deep activism links aesthetics with inquiry as a living process. Its commitment to social justice manifests through aesthetics to envision and create alternative imaginaries.

Moral imagination provides the mythic ferment of the future, its inquiry process paints the new possibilities. Dream/critique forms political humanism. What appears crucial is to step for a while outside one's culture to establish an ethical distance vis-à-vis everyday judgment, as conformism is imposed by a culture that uses the instruments of assertiveness to make its claim and produce patriarchal authority, social hierarchies, power centralization, and delineate the margins of cultural acceptability. Feminist deep activism defines a new relationship with the world. It goes together with new, more interactional and open ways of expression. In this process, hope and love constitute non-foundational (i.e. non-universalist) foundations.

DEEP ACTIVISM
BOOK SERIES

Health by All Means.

Women Turning Structural Violence into Peace and Wellbeing

Araceli Alonso and Teresa Langle de Paz

Health by All Means documents the transformation of a community with, for, and by women who experience gender-based structural violence. It can be experienced as a story, a philosophy lesson, a walk with a treasured friend, and, at times, a song, and much dancing. The program was initiated in the context of a university partnership by a faculty member and students at the University of Wisconsin-Madison -including the Department of Gender and Women's Studies, the Global Health Institute and the 4W Women and Wellbeing Initiative. HbAM's success can be attributed to a broad network of actors -including community leaders, students who rotated through and were transformed by it, financial supporters, both individuals and organizations, and from support and recognition by UNESCO.

INCLUSIVE EDUCATION AND PARTNERSHIPS
BOOK SERIES

Book series editor: Danielle Zay

This collection aims at developing an in-depth understanding of inclusive education as well as its related practices. Inclusive education main principle is anchored in the right to education each citizen, coming from democratic societies, is endowed with. This person can develop to its full potential and live a better life. Biological, psychological, cultural, racial, social differences are not seen as problems meant to exclude but as resources and a wealth for the living together. Inclusive education is conceived so to emphasize the notions of sharing and partnerships. Sharing of ideas, sharing of research results, sharing of practices from partners coming from various fields and various perspectives, all those are seen as most helpful in the understanding of inclusion linked problems, thanks to a systemic perspective. Such a rich understanding will encourage the emergence of innovative solutions most susceptible to adequately meet growingly complex and technologically advanced societies needs.

INCLUSION THROUGH SHARED EDUCATION
Danielle Zay[1] and Joanne Deppeler[2] (Eds.)

[1]University of Charles de Gaulle Lille 3, France

[2]Monash University, Australia

This volume gathers data from investigators working in very diverse cultural environments: Australia, Canada, China, Spain, United States of America, France, Great Britain and Taiwan, analyzing the most recent development of a principle of orientation in politics and practices in OECD countries: inclusive education. Responding to the growing number of critics and challenges arising from the reforms of the education system going in the same direction, the authors of this volume study the evolution of this concept.

DEEP LANGUAGE LEARNING
BOOK SERIES

Language learning needs to be reconceptualized in two ways: first, as an expression of dynamic planning prototypes that can be activated through self-directed projects. Second, integrating structure and agency to meet deeper, humane aims. The dynamism of human exchange is meaning- producing through multiple connected intentions among language task domains.

Language-learning tasks have a cross-cultural purpose which then become meaningful within broader projects that meet higher values and aims such as deep ecology, deep culture, deep politics and deep humane economics. Applied semiotics will be a tool beyond the linguistic in favour of value-loaded projects that are chosen in order to revolutionize the current state of affairs, in increasing our sense of responsibility for our actions as humans vis-à-vis our fellow humans and our home planet. In this respect, deep instructional planning offers a grammar for action. Understanding adaptive and complex cross-cultural situations is the prime focus of such a hermeneutic inquiry.

A LIFE IN SIGNS AND SYMBOLS
BOOK SERIES
SIGNS AND SYMBOLS IN EDUCATION
EDUCATIONAL SEMIOTICS
François Victor Tochon

University of Wisconsin-Madison, USA

In this monograph on Educational Semiotics, Francois Tochon (along with a number of research colleagues) has produced a work that is truly groundbreaking on a number of fronts. First of all, in his concise but brilliant introductory comments, Tochon clearly debunks the potential notion that semiotics might provide yet another methodological tool in the toolkit of educational researchers. Drawing skillfully on the work of Peirce, Deely, Sebeok, Merrell, and others, Tochon shows us just how fundamentally different semiotic research can be when compared to the modes and techniques that have dominated educational research for many decades. That is, he points out how semiotic methods can provide the capability for both students and researchers to look at this basic and fundamental human process in inescapably transformational ways, by acknowledging and accepting that the path to knowledge is, in his words "through the fixation of belief."

In four brilliantly conceived studies, he shows us how semiotic concepts in general, and semiotic mapping in particular, can allow both student teachers and researchers alike insights in these students' development of insights and concepts into the very heart of the teaching and learning process. By tackling both theoretical and practical research considerations, Tochon has provided the rest of us the beginnings of a blueprint that, if adopted, can push educational research out of (in the words of Deely) its entrenchment in the Age of Ideas into the new and exciting frontiers of the Age of Signs. – Gary Shank, Duquesne University.

LANGUAGE EDUCATION POLICY BOOK SERIES

Language Education Policy (LEP) is the process through which the ideals, goals, and contents of a language policy can be realized in education practices. Language policies express ideological processes. Their analysis reveals the perceptions of realities proper to certain sociocultural contexts. LEPs further their ideologies by defining and disseminating the values of policymakers. Because Language Education Policies are related to status, ideology, and vision of what society should be and traditions of thoughts, such issues are complex, quickly evolving, submitted to trends and political views, and they need to be studied calmly. The way to approach them is to get comparative information on what has been done in many settings, which are working or not, which are their flaws and merits, and try to grasp the contextual variables that might apply in specific locations, without generalizing too fast.

Policy discourses and curricula reveal the ideological framing of the constructs that they encode and create, project, enact, and enforce aspects such as language status, power and rights through projective texts generated to forward and describe the contexts of their enactments. Policy documents are therefore socially transformative through their evaluative function that frames and guides action in order to achieve language reforms. While temperance and reflection are required to address such complex issues, because moving to fast may create trouble, nonetheless the absence of action in this domain may lead to systemic intolerance, injustice, inequity, mass discrimination and even, genocidal crimes.

LANGUAGE EDUCATION POLICY BOOK SERIES

DISPLACEMENT PLANET EARTH
Plurilingual Education and Identity for 21st Century Schools

K. Harrison, M. Sadiku, F.V. Tochon (Eds.)

Displacement Planet Earth engages an urgent call for action for displaced families—immigrant and refugee—whose children attend school in the host countries of the U.S., Europe, and Australia. The book develops the basis for a model of cultural and linguistic rights for these diverse students living under migration circumstances. The 19 scholars who contributed to this volume offer an in-depth look at these questions. This volume goes a long way in providing rationales and strategies, urging immediate action. Three sections address the conceptual, the policies and programs, and the narratives of experiences for particular groups, providing a spectrum written by international scholars.

Language Education Policies and teachers' practices can help repair the contextual, psychological ideological and social fabric of human lives and societies impacted by misconceptions based on language ideologies and language status that lead to miscommunication, discrimination, social divisions, violence, war, and human struggle; especially for those displaced.

LANGUAGE EDUCATION POLICY
BOOK SERIES

LANGUAGE EDUCATION POLICY UNLIMITED: GLOBAL PERSPECTIVES AND LOCAL PRACTICES

François Victor Tochon (Ed.)

This book is a first. Language Education Policy is a new field of study that establishes a cross section between educational policy and language policy studies. It inherits from an abundance of intellectual and methodological traditions while opening new perspectives that focus on the interface between policymaking and its enactment in a classroom or an educational setting. The study of the interface between the macro-policy level of the political stage and the micro-policies of education in practice implies a focus on how policy decisions are translated into regulations that affect the lives of people. 21 authors have contributed to this outstanding volume that situates the stakes in the new field of inquiry with examples in 14 countries.

"This essential book shows why language education policy will never work if it is top-down and ignores local contexts and stakeholders. It illustrates the fundamental importance of taking local contexts into consideration and actively engaging and empowering local stakeholders in the development and implementation of all language education policy. A better blueprint for successful language education policy would be hard to find."

– Dr. Andy Kirkpatrick, Griffith University

OUT OF HAVANA
Memoirs of Ordinary Life in Cuba
Araceli Alonso
University of Wisconsin-Madison

Out of Havana provides an uncommon ordinary woman's insight into the last half century of Cuba's tumultuous recent history. More powerfully than an academic study or historical account, it allows us intimately to grasp the enthusiasm, commitment and sense of promise that defined many average Cubans' experience of the 1959 Revolution and the first triumphant decades of the Castro regime. As the story shifts into the final decades of the last century (the 1980s Mariel Boatlift, the so-called "special period in time of peace" [from 1991 to the end of the decade], and the 1994 Balseros or Rafters Crisis), it starts gradually to reveal, with understated yet relentless eloquence, an ultimately insuperable rift between the high-flown official rhetoric of uncompromising struggle and revolutionary sacrifice and the harsh conditions and cruelly absurd situations that the protagonist, along with the majority of Cubans, begin routinely to live out. It is a rare and important document, a unique personal chronicle of an everyday Cuban reality that most Americans continue to know only fragmentarily.

Dr. Araceli Alonso is a 2013 United Nations Award Winner for her activism on women's health and women right. Associate Faculty at the University of Wisconsin-Madison in the Department of Gender and Women's Studies and in the School of Medicine and Public Health, she is the Founder and Director of the award-winning non-profit organization Health by Motorbike.

Other books published by Deep Education Press

- Language Policy or the Politics of Language: Re-imagining the Role of Language in a Neoliberal Society
- Deep Education Across the Disciplines and Beyond: A 21st Century Transdisciplinary Breakthrough
- The Deep Approach to Teaching and Learning World Languages and Cultures: Research on Turkish
- Policy for Peace: Language Education Unlimited
- Science Teachers Who Draw: The Red Is Always There
- Educational Imperialism: Schooling and Indigenous Identity in Borikén, Puerto Rico
- Help Them Learn a Language Deeply Deep Approach to World Languages and Cultures
- Global Language Policies and Local Educational Practices and Cultures
- My Cannibalized Self: An Autoethnography - Biliteracy Development in Japanese Heritage Language Study
- From Transnational Language Policy Transfer To Local Appropriation: The Case of the National Bilingual Program in Medellín, Colombia
- Traditional Potters: From the Andes to Vietnam
- Performing the Art of Language Learning: Deepening the Learning Experience through Theatre and Drama
- Transfer of Learning and the Cultural Matrix: Culture, Beliefs and Learning in Thailand Higher Education
- Family Child Care Relationship-Based Pedagogy: Provider Perspectives on Regulation, Education, and Quality Rating
- Formación y desarrollo de profesionales de la Educación: Un enfoque profundo

Guide for Authors

What our Publishing Team can offer:

- ➢ An international editorial team, in more than 30 universities around the world.
- ➢ Dedicated and experienced topic editors who will review and provide feedback on your initial proposal.
- ➢ A specific format that will speed up the production of your book and its publication.
- ➢ Higher royalties than most publishers and a discount on batch orders.
- ➢ Global distribution through Amazon and Barnes & Noble in the U.S., UK, Australia, Europe, Russia, China, South Korea, and many other countries with Expresso Book Machines, printed in minutes on site for in-store pickup.
- ➢ Fair recognition of your work in your area of specialization.
- ➢ Quality design. Using the latest technology, our books are produced efficiently, quickly and attractively.
- ➢ Dissemination through Deep Education campuses.
- ➢ Book Series: Deep Education; Deep Language Learning; Signs & Symbols in Education; Language Education Policy; Deep Professional Development; Inclusive Education; Deep Early Childhood Education; Deep Activism.

Contact:
publisher@deepeducationpress.org

Ángela Erazo Muñoz

Deep Education Press

10657 Mayflower Road

Blue Mounds, WI 53517 USA

Contact:

publisher@deepeducationpress.org

Correspondence for this volume:
Angela Erazo
angela.erazom@gmail.com

www.ingramcontent.com/pod-product-compliance
Lightning Source LLC
Chambersburg PA
CBHW060942230426
43665CB00015B/2036